见识城邦

更新知识地图　拓展认知边界

Kingdom of Characters

汉字王国

让中国走向现代的语言革命

The Language Revolution That Made China Modern

[美] 石静远（Jing Tsu）_著　林华_译

中信出版集团 | 北京

图书在版编目（CIP）数据

汉字王国：让中国走向现代的语言革命 /（美）石静远著；林华译. -- 北京：中信出版社，2023.8
书名原文：Kingdom of Characters: The Language Revolution That Made China Modern
ISBN 978-7-5217-5485-8

Ⅰ.①汉… Ⅱ.①石… ②林… Ⅲ.①中国历史－通俗读物 Ⅳ.① K209

中国国家版本馆 CIP 数据核字 (2023) 第 058637 号

Copyright © 2022 by Jing Tsu
Published by arrangement with Zachary Shuster Harmsworth LLC and The Grayhawk Agency, Ltd.
Simplified Chinese translation copyright © 2023 by CITIC Press Corporation
All rights reserved
本书仅限中国大陆地区发行销售

汉字王国——让中国走向现代的语言革命
著者：　[美] 石静远
译者：　林华
出版发行：中信出版集团股份有限公司
　　　　（北京市朝阳区东三环北路 27 号嘉铭中心　邮编　100020）
承印者：　北京盛通印刷股份有限公司

开本：880mm×1230mm　1/32　印张：8.75　字数：210 千字
版次：2023 年 8 月第 1 版　印次：2023 年 8 月第 1 次印刷
京权图字：01-2023-0477　书号：ISBN 978-7-5217-5485-8
定价：68.00 元

版权所有·侵权必究
如有印刷、装订问题，本公司负责调换。
服务热线：400-600-8099
投稿邮箱：author@citicpub.com

从进化淘汰之理,则劣器当废……必先废劣字。
——李石曾(1907年)

汉字不灭,中国必亡。
——鲁迅(1936年)

计算机终于能处理中文了!
方块字万岁!
——陈明远(1980年)

CONTENTS
目 录

中译本序 　　　　　　　　　　　　　　　　　　　　　i

导　言　长达一个世纪的汉字革命　　　　　　　　　　v

第一章　推动官话革命，统一全国语言　　　　　　　001

第二章　挤进打字机（1912 年）　　　　　　　　　　035

第三章　中文在电报领域的逆袭（1925 年）　　　　　074

第四章　林语堂与中文检索的创新　　　　　　　　　106

第五章　当"PEKING"变为"BEIJING"　　142
　　　　——简体字与现代拼音的诞生

第六章　计算机怎么输出中文（1979年）　　176

第七章　数字时代的汉文化圈（2020年）　　206

致　谢　　233
注　释　　236

中译本序

您知道如何在《新华字典》中查找"汉字"的"汉"吗？您又知道可以用多少种方式在手机里打出"汉"这个字吗？打开手机，您可能会选择拼音26键、五笔、笔画、注音、手写等不同的输入方式，但您知道这些输入方式与在《新华字典》中查找"汉"字的方式之间的渊源吗？呈现在您面前的这本《汉字王国——让中国走向现代的语言革命》，就将带您去领略古老的汉字如何突破字母文字的霸权而融入全球化信息时代，重显其独特而强大的生命力。

初看到《汉字王国——让中国走向现代的语言革命》这个题目，我的印象是又一本讨论汉字起源、发展演变的著作。但稍微读上两页，就马上明白这本书完全不是一般意义上讲解汉字学的著作，它并非仅仅是一本汉字学的入门书，一门让多数人觉得与我们的生活毫不相干的学问，而是一部讲述从1900年到2020年，中国知识分子、语言改革者、教师、工程师、发明家、图书馆学家和普通公民全体动员，为寻求汉字出路而发起的一场千年来非同凡响的革命。本书不仅对研究汉字的专家学者具有参考价值，也非常适合那些对汉字及其文化有浓厚兴趣的爱好者。

  本书的作者石静远，是哈佛大学东亚语言与文明系的博士，现为耶鲁大学东亚语言与文学系教授。在她的笔下，她立足宏大的叙事背景，以中国在 20 世纪的诸多重大事件和一个个传奇人物为视点，对汉字在过去一个世纪的现代化历程中的惊心动魄的际遇，进行了淋漓尽致的分析，深度展示出汉字如何既是一种有待完善的技术，又是一种有待使用和拓展的微妙力量。石静远博士用生动有趣的故事将深奥晦涩的事理写得清楚而精确，只要你读过就一定会感到作者所举故事的巧妙非凡，让看起来完全枯燥的汉字现代发展史，变得生趣盎然。再加上作者字里行间流露出的炽热的爱国热情和幽默感，就更使得这样一个学术味浓厚得几乎可以当成教科书用的著作，可以大受普通读者的欢迎。

  本书的中文译者林华是联合国高级翻译，在联合国总部工作三十多年，一直关注中西文化之间的交流，熟悉中西文化差异，因此翻译准确，文笔优美，通俗易懂，具有极强的可读性。

  本书之所以值得推荐，最主要的原因在于叙事视角新颖，将近百年来汉字的蜕变史置于错综复杂的国际视野之下，并与之互动。本书的原名直译过来是"汉字王国"，在"汉字王国"的叙事视角下，作者展开了两条主线：一是由点、横、竖、撇、捺等笔画组成的汉字集，这个"王国"阐述的是汉字适应时代变革，达到了任何一种活的文字所能希冀达到的永生；二是由所有汉字使用者组成的"王国"，这条线重点讲述了那些为使汉字与现代生活相适应而付出一切的汉字拯救者的故事，如：提倡官话革命的王照，发明汉语注音符号"波泼摸佛"的章太炎，作为中国人自己发明中文打字机的周厚坤、祁暄、舒振东等，提出中国式的新莫尔斯电码的张德彝，发明第一部中国人和西方人都能通用的中文打字机的著名作家林语堂，发明四角号码法的王云五，发明汉字形位分析法的中国现代图书馆学的创始人杜定友，创建国语罗马字系统的著名语言学家赵元任，以及创制东干语口语拉丁化方案并对瞿秋白创制汉语拉丁化新文字产生了重要影响的东干青年雅斯尔·十娃子，等等；新中国成立后，除了吴玉章、周有光等12位参与汉语拼音方案设计的专家学者外，还有发明汉字计算机信息化"见字识码"编码系统的支秉彝，以及在1981年成功造出计算机汉字激光照排系统的第一部国产原型机"华光一号"的北大方正系统的创立者王选。此外，本书还讲述了那些为汉字技术革新做出了巨大贡献却被遗忘的学者，如提出汉语照相排版的技术方案，并直接参与了在美国被称为第一台中文计算机的Sinotype项目的李凡和杨联陞。如果说汉字笔画是组成汉字系统的基本要素，那么这些为大众熟知或陌生的汉字拯救者就是世界上使用汉字人口最多的国家中的典型代表和中坚力量。正如英国《旁观者》杂志评论的："这是一个讲得很好的故事，讲述了那些不是通过枪杆子，而是通过字典、图书馆和印刷机创造现代中国的人。"

另一个值得推荐的方面是，本书将汉字的前途与汉语的大众化和实现中华文化复兴的理想相结合了。作者特别强调"提高大众识字率成为广泛的社会和教育改革的一项重要纲领"，书中每一章节都显示出将汉字与国家发展、技术更新等联系在一起的中心主题和价值取向，科技发展时时提醒汉字研究者紧跟时代，密切关注技术革新。阅读本书，可以形成这样的共识：汉字不跟上现代科技就要吃亏，就要付出沉重的代价。

本书还有一个重要的观点就是：中国实现国际化绝不能脱离它的历史、文化和语言国情。书中的叙事，处处将汉字与西方罗马字母进行对比，每每显示出汉字独有的特点，这些特点也正是近百年来汉字适应现代科技革命的争议焦点。作者指出："两条路摆在汉字革命面前：或者保留汉字的书写制度不变，通过发展技术来维持汉字的生机活力；或者寻求更深层次对汉字结构的改变。"但若想维护中华文明传统，就要尊重中国人自古以来使用的文字，汉字和汉语让中华文明长盛不衰，"是中国的第一道，也是最后一道长城"，汉字系统必须由母语是汉语的人来彻底审视。在当下，重温这段历史中汉字所面临的抉择，可以增强我们对中华文化的认同，提升对中华民族共同体意识的认知。

综观本书，优点极多。作为著作来说，真正伟大的地方不在于它给了我们多少知识、建立了什么系统，而在于它指出了新的道路，提供了新的线索，使人读后有一种拨开云雾见青天的感觉，开始觉得，汉字不一定会落后于其他字母系统的文字，而汉字的发展历程，恰恰是其他字母文字系统突破关键性技术的锁钥。

四川大学文学与新闻学院教授　周俊勋
2023 年 2 月 27 日

导言　长达一个世纪的汉字革命

当今世界，最重视书写文化的非中国社会莫属。汉语是世界上使用的人最多、现存的历史最悠久的语言。它既古老又现代，目前有超过 14 亿人讲汉语，这还不算全球各地将汉语作为第二语言来学习的人。汉语书写形式自从 2 200 多年前初次标准化以来，基本没有改变。相比之下，罗马字母的数目一直变化不定，直到 16 世纪"j"和"i"分开，才形成了一套 26 个字母的**语言体系**。

世界上也许只有中国领导人还能在正式场合展示自己的文化底蕴，用毛笔写下几个字或几句祝福。据说邓小平在这方面比较藏而不露，华国锋晚年专心书法，前国家主席胡锦涛不大喜欢当众挥毫，但仅见的几幅题字显示其书法水平较高。中国官方报纸《人民日报》醒目的刊头字是毛泽东的书法。此类展示凸显了书法造诣的重要性。自古以来，书法就一直是中国领导者必备的修养。事实上，书法是 20 世纪中国推翻封建统治后保存下来的传统之一。

难以想象一位美国总统或欧洲国家元首在国家官方典礼或访问开始时展示书法技巧。但在中国，修文不仅意味着能读会写。

传统上，修文代表着多重意思。它是遍读经史、熟谙古训的标志，是静思涤虑、修身养性的能力，是言志、言思、言情的雅媒。

解析汉语不仅是中国人的艺术，也是跨大洲的追求。4个多世纪以来，西方醉心研究汉语的人一直试图窥得汉字这种反映现实的表意符号背后的秘密，对它的起源和复杂构造做出各种猜测。宏大夸张的观点和理论在17、18世纪的欧洲和20世纪的美国风靡一时。国王、教士、冒险家、学者、现代诗人和语言理论家都为汉语的奇颖超常所吸引，都想依据语法和构词规则来寻找发掘汉语秘密的锁钥。16世纪的耶稣会传教士刻苦学习汉语；17世纪的学者对汉语着迷；18世纪的汉学家带着猎奇的态度看待汉语。

基督教世界之外的一个文明是如何发展出汉字这种浩繁复杂的书写系统的，这是外人始终难解的语言学之谜。这个困惑难掩深层的怀疑：一个读写方块字的人怎么可能和我们的思考方式相同？即使到了20世纪晚期，西方不同领域的专家仍在宣扬这种观点。社会理论学家说，字母思维是科学革命始于西方的原因。一位研究网络和数字时代的现代理论家认为，字母是一种概念性技术，构成了西方科学技术的基础。一位研究古希腊的学者则将此观点前溯至西方文明发轫之初，说"字母思维"是西方一切成就的来源。研究中国科学史的著名英国学者李约瑟终其一生宣扬中国古代的科学发明。他驳斥了上述论点，但也承认，汉语是西方人理解中国人思维的最大障碍。汉语是中国的第一道，也是最后一道长城。

1840年到1842年的鸦片战争标志着中国历史一个新阶段的开端。自那时起直到21世纪早期，在与西方世界的一系列危机和对抗中，中国始终技不如人、被动落后。许多人因此预言汉字终将消亡。即使如此，中国人仍然不愿意看到自己的文字有朝一日消失无踪。西方的各门科学和以电报打头阵的新型通信方式把现代世界改造得面目全非。中国人明白，在这样的世界中，汉语也许和自己的国家一样，不再能存活下去。但是，汉语是整个中华文化的基石。数千年来，汉字已深深扎根于中国的历史和制度。要中国人考虑抛弃汉字难于登天。于是，从草根民众到现代中国的最高领导层，包括知识分子、教师、工程师、普通公民、古怪的发明家、职责所在的图书馆管理员和语言改革者在内，大家全体动员，为寻求汉字的出路发起了一场1000年来最非同寻常的革命。这就是本书的主题。西方大炮轰开国门，将中国人惊醒。老大帝国摇摇欲坠，帝国秩序垂死挣扎。新的政治思想突出了实现现代化的紧迫性。在一连串巨变的刺激下，中国人开始行动，努力使自己的语言达到与西方字母语言同等的地位。

弥合两种截然不同的文字与语言体系之间的鸿沟有时看似全无可能。实现汉语现代化的责任主要由中国人来承担，而在20世纪的大部分时间里，现代化就等于西化。改变的规模之大，令人生畏。这一重要进程是中国现代身份的核心，未曾亲身经历过的人无法想象这种同化的艰难。语言形成世界。想进入另一个语言世界的人经常会经历中国作为一个国家所经历过的犹豫、疑虑和不安。进入一种语言需要跨越数道门槛。

我家从台湾地区移民美国的6个月前，母亲开始教我们学英语。当时我们几个孩子的年龄从9岁到12岁不等。我们从英语的基本字母学起，用的是我们以前从未见过的螺旋装订的横格本。我发现英语只有26个字母，高兴极了。每天晚上，我都得在方格练习簿上一笔一画地练习复杂的汉字，因为紧握铅笔，中指第一个骨节处磨出了厚厚的茧子。和我们在学校里反复读写的几千个汉字相比，字母那简单的曲线和直线写起来容易多了。在母亲期盼的目光下，我们像练习写汉字一样刻苦练习写英文字母，使用的进口 BIC 笔笔尖是硬的，在纸上写字很容易，和软头毛笔大不一样。当时 9 岁的我用毛笔写字时很难耐心地控制笔锋。我调整了写字习惯，从自右向左竖着写改为自左向右横着写。"D"写起来容易，"Q"是我的最爱，因为这两个字母的小写和大写最不一样。我们很快熟悉了正体字，然后开始学花体字。我父亲希望有朝一日我能成为宗毓华（Connie Chung）那样的记者。当时，宗毓华还是美国全国广播公司的主播，而且是每晚出现在电视屏幕上的第一位美籍华人女主播，在美国家喻户晓。英语似乎是阻挡我征服美国电视广播网的唯一障碍。

后来我发现，如此全情投入有点小题大做。我们几个兄弟姐妹很快就学会了写英文字母。用一个我花了多年才真正理解的英语熟语总结就是，事情不难，却难得要领（"a walk in the dark park"）。问题就是我对西方字母没有感觉。学会写字母很容易，找到对字母这种形式的感觉却让我煞费力气。写下的英文不产生表意的联想，这种感觉很奇怪。字母的发音似乎相当武断，而且不能引起感情共鸣，因为它没有我的母语汉语那样抑扬顿挫。

我们移民美国后住在洛杉矶人称"小台北"的蒙特雷公园（Monterey Park）。虽然有了学英语的环境，但我对英语依然陌生。在我上的小学里，学生大多是我过去从未见过的亚洲人，有越南人、柬埔寨人，还有日本人和韩国人。大家都不讲英语，只有上英语课时费力地以不自然的方式活动着口舌的肌肉。

学英语的每个阶段都是全新的体验。慢慢地，我通过语言理解世界的方式发生了改变。在我上了大学，学习中尤其需要用英语分析思考的时候，决定性的转折发生了。"批判性思维"

这个独特的思维方式经常被视为四海皆准，也是唯一可以接受的思想过程，是提出连贯、逻辑的论点的必经之路。我因此认识到自己必须果断抛弃汉语。只有这样，我才能沉浸于英语语境，将其彻底吸收。我用汉语思考时，从未需要以如此教条的方式来想问题。汉英两种语言的世界并不相合，而是相冲。在抒发胸臆、直觉反应、创造发挥的时候，我总是先用汉语思考。至于英语，我感觉它如同一种矫正器，把我掰来扭去塞入一个新模子。仅仅熟练掌握英语的写作、阅读理解和词汇是不够的。要做到用英语思考，我必须全身心投入一种用英语表达、以英语建构的世界观。

汉语要适应西方字母并得以生存，需要做出的变化更是多得多。所幸读者不必经历从英语过渡到汉语的旅程就可以读懂本书的故事，不过最好记住汉语表意文字的几个关键要素。汉语书写系统从根本上讲是独一无二的，与世界上任何其他书写系统都截然不同。汉字由点和线组成，是有着清晰轮廓的一组组格式。汉字起码有三个基本特质与罗马字母不同，这些特质也是汉字转变为现代技术的关键点。

第一，一个**字**是有语义的书写单位。字与我们所说的英语单词大致相当，但后面会看到，它的功能又在一些方面多于英语单词，在其他方面少于英语单词。汉语常常用两个字组成完整的意思，每个字只有一个音节。汉字有许多不同名称，包括标志图形（logograph）、图画文字（pictograph）、表意文字（semantogram）、图形符号（pictogram）、中国字（sinograph），还有中国人所称的"汉字"（以最初实现了文字标准化的汉王朝为名）。这些名称中有的比其他的更具争议性。汉字与字母单词一样，有语义，也有发音，虽然在直接关联和强调方面有程度上的不同。很长时间里，汉字都被称为图画文字——这是汉字的几个不当名称中的一个——其实只有不到 3% 的汉字由图画衍生而来，可算作名副其实的表意文字。即便就这些少量汉字而言，说它们和图画一样描绘物体也过于牵强，因为汉字是一套公认的符号系统，代表现实，却非重现现实。"日"字并不和太阳一模一样，因为太阳是圆形，不是长方形。除非有人告诉你"山"字代表着山的形状，否则你可能会觉得这个字像是干草叉的叉头。我在本书中交替使用"汉字"和"表意文字"，以提醒读者，这类名称虽不合适，但在其通用的时代被视为代表真理的权威。

第二，汉字由**笔画**组成，笔画是长短不等的线和点，是表意文字的构成及书写的基本要素。书法确定了笔画的特定顺序：先左后右，从上到下。虽然笔画种类的数目因统计目的而异，但最基本的笔画有 8 种。"永"字被用作教学写字的范例，因为这个字正好包括所有 8 种笔画：点、横、竖、钩、提、撇、捺、折。

可以明显看出，一个字的笔画不是随意堆在一起的。大部分

图 1　永字八法。

汉字由不同成分组成，一些较小的笔画组合有时自己也是简单的字。**偏旁**（component）指汉字的某些部分，这些部分与其他的笔画组合相结合后，能够形成另一个更加复杂的字。

有一类特别的偏旁在许多字中都可见到，从来都被认为比较重要，享有独特地位。这类特别的偏旁叫"**部首**"（radical）。这个名称和"汉字"（character）一样，也有争议。有人认为该名称有误导性，因为部首与英语的词根不同，它不是汉字的基础，不能给它加前缀或后缀。部首也被称为"语义分类器"（semantic classifier）或"索引器"（indexer），是用来构成和分类单字字形的，恰似在字典里一般。

第三，汉语是声调语言。也就是说，同样的音节有不同的音高，或**声调**。因为每个字只有一个音节，所以发展出了不同的声调来区分音节和发音都一样的不同的字。不过，声调起到的作用是有限的，于是汉语就有了众多**同音字**，它们不仅发音相同，而且有些字的声调也一样，虽然不像发音相同那么常见。同样的字在不同地方方言中声调也有所不同。

如今谈到中国与西方遭遇的经历时，在大国强权和民族屈辱的宏大叙事后面，是双方文字世界的深度纠缠。中国人不惜一切求发展，以自己的方式实现现代化。这方面的关键是利用全球通信基础设施，而通信系统从电报到打字机再到计算机，都是以罗马字母为基础的。经过一系列的语言交锋和巧妙逆袭、一连串的意外成就和惨痛失败，中外人士努力奋斗，把宝押在了汉字的未来上面。在中国国内外政治和社会局势剧烈动荡之时，这些人的话语、主张和行动从边缘对历史的中心施加了压力。上下四世纪，横跨三大洲，母语是汉语的人和后天学习汉语的外国人共同殚精竭虑，力图破解汉语的密码以实现其文字的现代化。今天人们所学所用的每一个汉字背后都站着一群为此投入了巨大精力的人。这些人仅凭着对汉语的执着与热爱，满腔抱负，筚路蓝缕，开辟了一个探索和革命的世界，开启了一段大胆而艰险的旅程。

第一章　推动官话革命，统一全国语言

20世纪的第一个春天。红松花已经盛开，泰山之巅仍覆盖着皑皑白雪。一天黄昏，一个和尚在无人注意的情况下到达了清王朝的东北海岸。暮色初临，他在烟台港下了船。码头上一片嘈杂，却压不住响亮的笛韵歌声。在这个不久前被英国占领的地方，英国战舰往来巡逻，探照灯有规律地来回扫过突入海中的岬角。和尚沿着海岸线匆匆而行，他那布满灰尘的僧袍中藏着一份将永远改变汉语世界的文件。

后来见过这位行脚僧的人怎么也想不到他能做出如此惊世之举。他相貌普通，鼻子宽宽，两颊凹陷，严厉的目光正好与他紧抿的嘴唇相配。这张严肃的脸不怒自威，长长的胡须如同罗盘的指针一般笔直地指向下方。岁月使这张脸变得圆润，却磨不掉它的冷厉。若说这位和尚有什么值得注意之处，那就是和他谈话时，他可能听起来来有点急躁易怒，不像一个立誓修行、无嗔无喜的人，倒像是因壮志未酬而深怀不甘。

其实，这个衣衫破烂、满面风尘的人是个假和尚，他用的名字也是假的，他的真名是王照。若有人问他从何处来，他就说自己刚从远方的台湾岛来。台湾岛地处遥远，许多北方人对其一无所知，也就信了他的话。几个世纪以来，横行中国南海的海盗把台湾岛当作大本营。他们藏身于岛上的崇山峻岭之中，在山里的无人地带与土著部落和政治落难者为伍。后来，日本在甲午战争中轻而易举地打败中国后，于1895年割走台湾。台湾岛因此不受中国法律管辖，许多人不请自来，到此避难。

　　王照其实一直在日本藏身。过去两年间，他是朝廷重金悬赏的钦犯。清王朝实际的掌权人慈禧太后亲自下令要以叛国罪将他捉拿。可是，王照归乡的愿望压倒了对被捕的恐惧。他计划先到山东，然后辗转回到家乡——北方港口城市天津。他白天在野地里打盹，夜里借着星光赶路，最多一夜走15英里（1英里约合1.6千米）。他没有行李，也不走大路。为坐实和尚身份掩人耳目，王照带着一个布包袱、两件佛事法器和一根红漆铁禅杖。需要进食饮水时，他总可以到村子里去化缘。有的时候他感到绝望无助。山路崎岖，陡峭难行，走上几步就得停下来喘气。大山绵延，一望无际，如同无尽的坟场。王照一边喘着粗气，一边咬牙爬山。在山中行走很久都看不到任何生命迹象，连一片草叶都没有，只有劲吹的山风和暗淡的日光。在任何情况下，这段旅行都算得上漫长而艰难。对一个遭通缉的犯法之人来说，更是堪称步步惊心。

　　王照有意不带西式皮箱，以防被当地百姓看到后引起他们的仇外情绪。山东是"义和团运动"的震中，这场正逐渐壮大的运动因参与的农民作战时使用的拳术而得名。义和团成员腰系宽带，头裹布巾。他们相信法术，声称对敌作战时刀枪不入，对西方人恨之入骨。近几个月，义和团成员正在破坏铁轨和电缆这些外国入侵的可恶证据，所到之处一片狼藉。

　　王照从未想过触犯法律。恰恰相反，他是真正的儒生大吏。

王照忠于朝廷,在紫禁城上朝从未缺席过一天。在许多同僚或躺在中国往昔的荣耀上睡大觉,或大声疾呼革命的时候,他提倡进行改革。王照是1898年戊戌变法运动的号召者之一。他们之所以发起这场后来被称为"百日维新"的运动,是因为他们日益感到中国到了一个危险的十字路口。为了保护国家免于被外国碾压或被陈规旧习压垮,王照支持宪政维新,改革教育,建立国家工业基础,实现军队与邮政现代化,革新国家科举制度并根除帝国庞大的官僚机构效率低下的弊病。但是,他并未建议颠覆有着数千年历史的帝制。

虽然中国的末代王朝——清王朝在戊戌变法后坚持了近15年,但王照这样的人清楚地看到,中国亟须另辟蹊径,以求在20世纪得以生存。在对外政策中,维持现状不再有效,也不再可行。西方既然来到了东方,就不会离开,即便不是真的派兵入城,也会大量输入它的新思想。时钟无法拨回。中国是世界的一部分。它能够适应时代变化,重振自己的地位吗?

汉语似乎是中国适应时代的一大阻碍。在谈判桌上面对外国人的时候,对于"权利"和"主权"这类含义丰富的概念,中国人找不到现成的汉语对应词,因此被谈判对手视为野蛮、劣等。所有中国人固然都用汉字,但不同地方的中国人说的口语大不相同,粤语等大方言下的小方言多达数百种。语言的作用如此之大,冷眼远观鸦片战争的美国总统约翰·昆西·亚当斯(John Quincy Adams)评论说,这场战争不是关于成箱的鸦片和不公平贸易的,而是围绕着言辞及其含义爆发的。若说中国无法与世界沟通,那是因为中国自己境内的沟通也困难重重。

亚当斯不知道的是,语言对现代中国而言将成为生死大事,将成为确保中国这个国家免于灭亡的中心武器。王照代表着中国重新崛起的努力,他在努力洗刷自己的罪名,正如他的国家在忍辱负重、发愤图强。他塞在怀里带回家乡的那本小册子承载着中国在语言学意义上的命运。老大帝国巨变在即,数十年内忧外患已经撼动了它的根基。中国人的世界和语言将要发生不可逆转的改变。王照决心投身到这场巨变中去。

1900年的中国风云激荡。中华大地笼罩在惶恐焦虑之中。一个早期的例子是19世纪末开始流传的一张后来被称为"国耻图"的图画。画中列强的符号化身皆在瓜分中国。俄国熊埋伏在黑龙江流域,一点点从中国北方和东北向南挪。日本的帝国旭日盘踞于它在东北新获得的落脚点。在南边,英国斗牛犬和法国青蛙对沿海几省虎视眈眈,它们的竞争一直蔓延到印度支那。一只凶猛的美国白头雕正在往菲律宾和太平洋降落。

第一次鸦片战争迫使中国开放五口通商后50多年来,列强对中国大肆破坏、劫掠,占据了中国大片市场。随着西方列强的竞争蔓延到欧洲以外,对权力和资源的贪婪渴求吸引着西方人来到这片当时被称为远东的富庶封闭的土地。中国人不了解外来蛮夷的世界观,又对自己的世界观过于自满,结果在这些不速之客手中付出了惨痛代价。20世纪降临时,中国人对外国人恨之入骨。人们提到"洋鬼子"无不咬牙切齿。帝国多地爆发了一连串爱国运动(包括义和团运动),国家几乎陷入瘫痪。各种谣言借着过去对基督教传教活动的敌意如野火般迅速传播,说西方传教士鸡奸中国孩童,挖取孩童的眼球,还残杀妇女、毁坏庄稼。虽然这类故事多是凭空捏造,但是现实存在的种族歧视和种族剥削的证据令人们愿意相信这些故事。在国外,各种排华法案(第一项这样的法案于1882年通过,最后一项直到1943年才废止)保证了廉价华工的供应，却不给华工获得公民资格的机会。即使在中国本土，某些受外国管辖的公共场所也不准中国人入内。

1898年戊戌变法之前那关键的几十年间，许多有心的中国人看到，世界正日益分化为赢家和输家两个集团。报纸报道了波斯、埃及和印度这些古老文明如何在崛起的欧洲面前一个接一个倒下。中国以前的朝贡国，语言与汉语关系密切的越南正在进行反法斗争。定居在德兰士瓦（Transvaal）的布尔人在和英国殖民者作战。随着美国巩固了它对夏威夷、关岛和菲律宾的控制，太平洋正成为新的世界舞台。若抵御不住压迫者，就会丧失使用母语的权利。1864年，俄国镇压了波兰起义后，把俄语强加给波兰人，切断了波兰人与自己母语的联系。中国的报刊上刊登了关于波兰奴隶的报道以警国人。

清王朝外交失败，维新不成，腐败猖獗，面对百姓贫困和饥民遍地的现实束手无策，帝国因此而愈发虚弱。动乱四起，有义和团运动，也有太平天国运动和西北地区回民起义。中国北方和东北的大片地区遭遇百年不遇的严重旱灾、饥荒和瘟疫。同时，中国人口到19世纪中期增加了3倍，本就稀少的资源更加捉襟见肘。传教士报告说，饿疯了的农民撕下棉袄里的棉絮往嘴里塞，或剥下树皮当饭吃，甚至发生了人吃人的惨剧，人们会把死去的亲人，包括孩子的尸体吃掉。19世纪60年代开始的农民起义渐成燎原之势，乡村地区日益凋敝。

20世纪初的种种情形无不表明中国的未来堪忧。但是，正如一些朝臣和辩士在报纸上和策论中所写的，中国自救犹未为晚。康有为和弟子梁启超领导的1898年戊戌变法聚集了一群学者和官员，提出了改进治理、教育和防务的建议。王照是这群人中的一个。维新党思想进步，有时对西方抱有友好态度。他们提倡对制

图2 谢缵泰,《时局全图》,香港,1899年7月。这张图是"国耻图"这一题材的前身之一,在书籍和传单中广为印发以警国人。

006—汉字王国

度和政策开展温和改良，以图帮助中国恢复稳定，特别是在甲午战争中中国遭遇惨败之后。甲午战争之败促使许多中国人冷静地直面中国不仅技术落后，而且内部腐朽的现实。一些官员和知识分子作为使节、留学生和特使出行欧美。那里的电灯、电报、蒸汽机车和公共电车、务实教育、政治制度以及注重个人自由和现代化的文化令他们惊叹。报纸头条煽动民众对外国人的恐惧，说洋鬼子乃万恶之源。头脑冷静的观察者却指出，中国衰落的根本原因不在于外国人，而是出了别的问题。纠正这些问题需要看清中国的内部形势。戊戌变法迫使当权者考虑放弃以中国为中心的世界观，接受西方学问的一些重要内容。

康有为这位头脑聪明的广东儒生在朝堂上怀有更大的政治野心。他试图对皇族成员打一派，拉一派。同为广东人的梁启超少年老成、志向远大。他先是追随老师，后来自己也成为思想领袖。他们两人的意见得到了 26 岁的光绪皇帝的认可。这位年轻君王甚至实施了他们的一些变法建议，表明他准备抵抗他那掌握重权的姨母。可是，慈禧太后很快即怀疑变法可能会直接削减她的权力，于是叫停了变法，下令逮捕参与者，并将皇帝幽禁。王照害怕性命不保，遂逃亡日本。

戊戌变法运动被慈禧太后镇压了下去，但变法精神已传播开来。重新审视之下，从裹脚、封建主义到儒教等自古以来的传统开始受到质疑，其中汉语书写系统遭到的攻击尤为激烈。西方对汉语的看法也起到了推波助澜的作用。汉字曾经为中国人所尊崇礼敬，为邻国所借用模仿，现在却似乎成了笨拙落后的东西。哲学家 G. W. F. 黑格尔（G. W. F. Hegel）把汉字排除在对历史的研究之外，因为"那种书写语言的性质本身是科学发展的一大障碍"。汉字被视为天生不合乎逻辑、不利于抽象思维。开口说汉语首先要龇牙咧嘴，露出凶相。"他们的牙齿排列和我们不一样，"德罗莫尔（Dromore）主教托马斯·珀西（Thomas Percy）以外科医生式冷冰冰的兴味如此评论道，"上排牙突出，有时压着下唇，或至少压住向里撇的下牙牙床。上下牙很少像欧洲人一样对在一起。"汉语的声音更是难听："那是一种从腹腔发出的叫声，光靠描写难以确切表达。"

邻近国家也确认汉语不合时宜，就连曾经使用汉语的国家都这样说。中国的近邻、不久前在中国霸占了殖民地的日本开始减少自己语言中的汉语词汇，并尝试实现文字罗马化。此举旨在摆脱汉字主导的书写系统，也意味着承认使用字母语言的西方更加优越。中国人自己也清楚地看到，汉语书写系统是对现代化的阻碍，它不能帮助中国走向世界，反而拖了中国的后腿。电报和其他形式的标准化通信把全世界越来越紧密地连在一起，而这些技术都建立在一个中心前提之上：要有一种由 26 个语音字母组成的语言，这些字母放在一起组成单词，而这些单词朗读出声时听起来基本上要与组成它们的字母合并起来一模一样。不用罗马字母的语言劣势显而易见。

有些人担心悠久的中华文明已垂垂老矣，无力推陈出新。汉字不仅非常难学，更令人心惊的是，在教室及广大社会中维持这种书写系统的机会成本越来越高。数学、物理和化学等现代学科的基础是冷静的抽象推理。中国若想通过揭开西方财富和力量的秘密来与西方公平竞争，语言是获取这方面知识的关键。汉字成了翻译和舶来知识的必经之门。

很快，中国的一些教育工作者开始担心，学习汉字甚至可能有损身体。他们对刚引进的西方解剖学知识，特别是关于大脑和神经系统的知识略知皮毛后，害怕长期死记硬背会损伤智力。对智力衰竭的恐惧很快催生了保健补药的巨大市场。从学生到商人，大家无不对"艾罗补脑汁"和"威廉医生专治面色苍白的粉药丸"趋之若鹜。上海的黄楚九是营销天才，他给艾罗补脑汁起了"艾罗"这个外文名字，因为他觉得这样听起来比较高级。在他的推销下，艾罗补脑汁热销全国。在当时中国的药店里，这些补药和各种中草药放在一起出售，是人们抵御现代化压力的日常必备。

汉字不仅跟不上历史变化，而且似乎代表了中国一切不合时宜的东西。有些人甚至觉得也许应该完全抛弃这个书写系统。无政府主义者吴稚晖属于第一批敲响警钟的人："汉字之奇状诡态，千变万殊，辨认之困难，无论改易何状，总不能免。此乃关于根本上之拙劣。所以我辈亦认为迟早必废也。"王照发誓要拯救中国于绝境。他怀揣着一本全国统一语言的注音字母表，决心将中国从毁灭的悬崖边拉回来。

1859 年，第二次鸦片战争期间，王照降生在一个武将之家。他家的显赫地位是一刀一枪搏来的。王照的祖父是一员猛将，弓马娴熟，曾在 19 世纪 40 年代的第一次鸦片战争中英勇杀敌。王照祖父在战场上的勇猛被传为佳话，他对军中将士的袍泽之情更是赢得交口称赞。对麾下士兵，他训练时严厉至极，但在战斗中和他们如兄弟般并肩杀敌。一次战斗中，英军的一颗子弹打穿了王照祖父的头盔，他浑身浴血，当场阵亡。他手下的士兵不肯自己逃命，企图从敌人那里抢回他的尸身，结果无一幸存。敌人为了泄愤，将王照祖父的尸体卸下四肢，砍成碎块。王照的祖父因忠勇报国被赐予清朝大臣的最高谥号，他的家族也被赐予富贵荣华。

王照幼时父亲便自尽身亡，他由叔叔抚养长大。他发奋读书，没有上战场建立功勋，而是在朝堂上崭露头角。王照步步高升，成为负责宫廷典礼仪式的礼部主事，这是个稳当的职位。王照的祖父喜欢写字吟诗，虽远不比杜甫和李白这两位中国最伟大的诗人，但他生前让孙子牢牢记住了学问的重要性。王照自然而然地继承了祖父的诗书家风。他作了许多诗来抒发胸中块垒，也许有的诗句平淡无奇，却字字发自肺腑。王照流亡日本期间与当地的文人学子交往唱和，写了246首诗诉说自己的经历。他自认为是个忧郁的爱国诗人：

> 伤心禹域旧山河，
> 猎猎寒风海岸过。
> 行李两肩天压重，
> 万山影里一头陀。[1]

1900年春，王照在崎岖的乡间跋涉，脚上磨出了疱，衣衫汗尘斑驳。促使他咬牙前行的不是诗歌的慰藉，而是士兵的自律。这位"孤僧"完全不似文弱书生。自年轻时起，王照就出了名地体魄健壮，哪怕是数九寒天，他也只穿着短裤短褂在室外练武。朋友和邻居记得他的孔武有力，更记得他的公平正直。他们常常讲到王照遇到一位以卖字为生的落魄年轻人的故事。凛冽的寒风中，王照看到那个可怜的小伙子蜷在街角破桌边，桌上摆着笔墨，以极低的价钱卖字鬻文。王照请那个年轻人吃了一顿热饭，听说他想读书参加科考后，又慷慨地赠给他一大笔钱，让他把书念完。众口相传，那个感激涕零的年轻人多年后发达了，对王照报了恩。

---

[1] 出自《小航文存》所载《庚子行脚山东记》。——译者注

王照回家途中的经历与当年在朝堂上天差地别。他在土路村道上遇到的老百姓都贫穷困苦、大字不识。男人的识字率不到30%，女人的识字率更是仅有2%。王照看到了愚昧的后果，也认识到农民要改善生活，就必须学会识字。他怜悯那些农民，却又不禁嫌弃他们粗鲁野蛮、不明事理。从他的旅行日记中看得出他对他们的不屑：王照听到百姓把粮食歉收归罪于德国人在殖民地青岛修建的现代铁路，因此他对那些迷信的村夫野叟嗤之以鼻。

王照在小酒馆里冷眼旁观，看着村里的先生把酒碗重重地顿在桌子上，不问自答地预言未来。他们说，今年冬天的严寒冻死了几百号人只是开头，更大的灾难还在后面。在他们云山雾罩的忽悠下，村里的愚夫愚妇都相信戊戌变法成功了，发生了革命，康有为现在坐了龙椅。在这些地方，消息来得很慢，经常误漏百出。每当王照对村民这种无稽之谈听得不耐烦时，就打断与他们的谈话，假装突然入定，敲打木鱼，应和着木鱼声诵经。王照对穷苦大众的关心与他作为儒生的观点并不矛盾：只有开明的现代教育才能拯救中国这些愚昧的灵魂。此事虽非关存亡，却是实际问题，可以有具体的解决办法，而这个办法，就掌握在他手中。

王照对识字救中国念兹在兹。流亡期间，他完成了他心目中的救国之法：一本题为"官话合声字母"的薄薄小书。这就是他一直揣在怀中的那本线装小册子。他想用它来帮助中国广大的穷苦农民站起来，建起一座沟通和理解的桥梁，甚至延伸到他们痛恨的外国人那里。王照立志实现中国语言和中华民族的双双振兴。他想利用汉语来达到现代的一个目标：统一。他写下汉字的62个基本组成部分来代表发音，创造了一套注音系统来显示一个整字的读音。

中文识字通常靠看不靠听，高度依赖视觉和触觉感知。小孩子记住汉字形状和笔画的唯一办法是一笔一画、不厌其烦地反复抄写。这个学习过程需要好多年，甚至会用去大半生的时间。学习汉字所需的耐心将书写发展成为一种静思的艺术形式，书法家因此而备受尊敬。王照和少数其他语言改革者一样，具有前瞻眼光，对加速学习汉字的过程采取务实态度。为改善汉字的表音能力，他们创立了一套单独的系统，由汉字中比较简单、能够表音的不同部分组成。王照谈这个问题的口吻非常民主，令人惊讶：

> 吾中华之文字乃天地之首创……揭宇宙之精髓奥秘，远胜他国语文。然世界各国之文字虽则浅陋，皆本国人人通晓，因其文言一致……故能政教画一，气类相通……而吾国则通晓文义之人百中无一。有文人一格，占毕十年或数十年，问其所学何事，曰学文章耳……望而不前者十之八九。稍习即辍者又十之八九。文人与众人如两世界。举凡必不可少之知识，无由传习，故而不谙政治、地理、治者与治于人者之关系，或华衰而世界兴，抑或反之。

王照希望通过大大减少花在学习复杂文字上面的时间和精力，来解决一个自16世纪多明我会和耶稣会传教士进入中国以来一直阻碍着东西方互相理解的难题。那时，传教士使用拉丁字母为汉字注音，以便记忆。他们为了与当地的中国人交流，只能用西方字母记录下在街上听到的奇怪发音。传教士制订的罗马化注音表质量参差不齐，既不系统，也不标准，而且只适用于他们所在的地区。中国各地的不同方言多达数百种，在北京胡同里记下的发音拿到广东的港口根本不管用，正如把巴黎人说话的声音记下来，拿到马德里没有人懂。

王照还在东京时，面向一群中国留学生推出了他的《官话合声字母》第一版。去日本访问并看过此书的中国官员欣赏书中的创意，但这样的官员屈指可数，无法为此书提供多少支持。王照等人看到日本在台湾岛的"蛮荒之地"开展的"识字实验"比较成功，增强了信心，相信官话字母能更胜一筹。王照返回中国时，满怀希望和忐忑。他立志为人民创造一种新的交流方法，究竟能否壮志得酬？他怀中揣得严严实实的宣纸上写的是以一种统一语言为基础的一整套注音系统。若得到广泛采用，此法可提高识字率，减少中文的书写时间，使学说汉语更加容易。

中国的语言向来多种多样，因为中国领土广袤、人口众多。公元1世纪，一位名叫许慎的学者最早对地区方言做了研究。他不畏辛劳，调查了人们日常口语的不同形式。这位早期词典编纂者费时20多年，根据他与从帝国四面八方来到京城的兵士和官员的谈话列出了大约9 000个字条——而他的调查离完整还差得远。19世纪下半叶，中国官员知道欧洲各国成功地用本国语替代了拉丁语，于是对汉语的口语和文言之间的巨大差别愈加担忧。字母语言被赞为现代社会的火车和汽车，而汉语文字却被比作远远落后的老牛破车。汉语的低效触目惊心。北方人与南方人无法交流。被派往乡村地区的京官把赴任的经历比作去往异域。官员们为履行放赈或清点人口等职责，使用朝堂上的语言彼此沟通。这种官员用的语言后来被称为官话。

官话不是普通百姓的语言。许多老百姓只会简单的算术，不能读也不会写，只能在卖东西的单子或契约上按手印。王照这样的人认为，多数国民不会读书写字是阻挡中国进步的巨大障碍。语言障碍超过所有其他问题，可谓中国的落后给日常生活造成的最亟须解决、最显而易见的后果。

在王照看来，办法很简单：首先要帮助人们认识并**严格按照发音**用符号记下自己所说的话，然后帮他们跨越方言、地域，可能还有国家的界限彼此沟通。理想情况下，一套书写系统就能达到目的。王照相信，他的官话字母一定会成为适用于全中国的现代汉语标准。问题是中国是否愿意接受他的系统。

时值 5 月末，王照已经跋涉了近两个月，满身肮脏、疲惫不堪。外国列强以镇压义和团运动为借口步步紧逼，马上就要占领王照的故乡天津。王照本来要直奔天津，不过他先向南绕道上海去看望一位老朋友，即浸礼会传教士李提摩太（Timothy Richard），他可跻身当时在中国最有影响力的西方人之列。这位虔诚的基督徒对中国感情深厚，1884 年曾发表一份报告，建议在中国每个省会都建立高等教育机构。李提摩太致力于解决中国社会和政治问题，是少数几个深刻了解中国语言问题的外国人之一。他同情戊戌变法，敦请朝廷采纳字母书写系统，不要感情用事，死抱着繁复累赘的汉字系统不放。在外国人备受怀疑的那个时代，李提摩太作为清王朝信任的朋友，成为宣扬西方进步观点的有影响力的人物。1898 年戊戌变法失败后，他为变法领袖康有为和梁启超的逃脱助了一臂之力。

王照去找他无疑是想向他请教。他拜访李提摩太时，已经和康梁二人闹翻。变法运动之初，他们似乎站在同一战线上。变法者都同意，统一语言文字是中国存亡之关键。康有为曾设想把世界上所有语言都收集到一个圆形大厅中，由学者和语言学家开展研究，如同研究博物馆陈列的古老珍稀物种一样。梁启超力倡在王照之前已经提出的提议，鼓吹必须在中国来一场语言革命。

王照逃去日本 6 个月后，与康梁的同盟关系破裂。王照在接受一家日本报纸采访时和盘托出，揭露了康有为对朝廷密谋的歪曲谎报。他指控康梁二人偷了他的私人信件，说他们不是睿智的领袖，而是"害人庸医"。他毫不讳言自己对他们"恨不得徒手杀之"。王照能敏锐地分辨汉字字音，圆滑含蓄却非他的长项。

李提摩太供职于"在华传播基督教和通用知识会社"（Society for the Diffusion of Christian and General Knowledge among the Chinese），该会社是首个将西方书籍引进中国的机构。王照在李提摩太的办公室里等待时，一定觉得与逃亡之前相比恍如隔世。变法运动从开始到失败，李提摩太始终参与其中。王照还在礼部做小官时，就听从了李提摩太关于建立学部的劝告，将其作为第一步，向着在中国建立现代教育体系来教授现代化汉语这一目的进发。李提摩太曾提出一套基本上套用西式字母的字母系统，但王照希望找到更容易为国人所接受的中国自己的注音系统。先征求可靠盟友的意见无疑是审慎之举。

李提摩太同意见他，王照被引入里面的房间。王照没有自报姓名，而是问李提摩太认不认得他。险遭杀头、仍被通缉的他衣衫褴褛、满面风霜，一定看起来比他41岁的年纪苍老得多，就连王照的家人见到他都可能觌面不识。王照此来有明确的目的。他可以用五六种不同的方法来解释自己去了哪里、想干什么。可是，他首先需要亮明自己的身份，同时又必须严格保密。他不发一言，伸出一只手，手掌朝上，用另一只手的手指在手掌上写下了两个汉字，先是"王"，然后是"照"。这是中国文人用文字彼此沟通、互致敬意的方式。他虽然未发一言，表达的意思却很清楚：王照回来了。

戊戌变法运动遭到粉碎，康有为也被打倒，但变法精神不死。无论能否得到李提摩太的帮助，王照都要重拾变法者的事业，实现他心之所系的官话革命。王照和李提摩太见面后，去拜访了劳乃宣这位19世纪晚期中国文字与教育改革运动的突出人物。王照想看一看原来的变法主张哪些能够保留下来，考虑自己如何东山再起。他仍在推敲琢磨他的官话字母，需要听取劳乃宣这种领袖人物的意见。另外，他还需要找个地方整顿休息。

终于到达天津后，王照找到了远亲严修。身为大儒的严修官拜学部左侍郎，在城东有一处安静的宅子。王照在严府住了一年有余。那无疑是"百日维新"以来他过得最太平的一段日子。他在严府庭院中散步，在花园假山旁闲坐，心里琢磨着如今朝廷中比较得势的大臣中哪些人能够帮忙。1901年10月，他终于冒险回到了他3年前逃离的北京。映入他眼帘的北京城面目全非、疮痍处处。前一年6月，王照在山东农村遇到的义和团开进了京城。慈禧太后一改以前对义和团的镇压，把他们仇恨的怒火引向住在京城中的外国人。义和团成员手持长矛大刀，烧毁了教堂和火车站，还抢掠了天安门东边的外国人居住区。

混乱和破坏持续了55天。意大利、美国、法国、奥匈帝国、日本、德国、英国和俄国以此为借口组成八国联军长驱直入北京，烧杀掳掠。暴力肆虐失控，朝廷却无力平定，于是在世界以及本国民众眼中丧失了仅存的一点信誉。中国被迫同意向八国赔款4.5亿两白银。北京被划出8个外国占领区，也就是使馆界，界内所有中国居民都被驱离。使馆界面积大为扩展，形成了外国在中国的特区。这对中国而言是奇耻大辱。

当王照踏入京城时，肯定因它昔日辉煌、如今蒙尘而痛心。他从东门入城，帝国中心尽收眼底。因为皇宫离得不远，所以城门附近到处可见出入朝廷的王公大臣。街上热闹繁忙，小贩、闲人、人力车、外国人和外交官熙熙攘攘。每个人都在帝国中心的心脏地带忙忙碌碌，想一展抱负。王照也不例外。

王照是来见李鸿章的。李鸿章是朝廷重臣、封疆大吏，任直隶总督长达25年。彼时他执掌大权，见证了中国与西方列强最激烈的冲突和数十起动乱。几乎每一项重大不平等条约的谈判都有他的参与，包括结束了第二次鸦片战争的1860年《北京条约》、1876年和英国人签署的《烟台条约》、将台湾割让给日本的1895年《马关条约》，以及不久前与派联军占领北京的八国签署的1901年《辛丑条约》。在这些条约的谈判过程中，李鸿章如履薄冰，小心翼翼地保持着平衡，既要安抚外国侵略者，也想抵抗压迫中国的西方。如果说李提摩太是传递西方学识的渠道，李鸿章就是中国外交技巧活生生的体现。王照若能得到李鸿章的帮助，在朝中就有了一位重要盟友。

可是王照有所不知，李鸿章的身体每况愈下。不到一个月，这位中国末代王朝最伟大的名臣就会驾鹤西归。王照前来拜谒时，李鸿章派了自己最亲密的心腹在装潢华贵的客堂里接待他。王照有些失望。他觉得鼎鼎大名的李中堂应该亲自接见自己，自己那些话不想告诉一个亲随。二人落座上茶后，一开口就话不投机。王照后来回忆说，那位亲随问道："大人远渡重洋回归故里，必胸怀救国宏略。务请不吝赐教，鄙人必转呈中堂大人。"

王照对以为靠一招就能解决中国所有问题的想法嗤之以鼻，但还是谈了自己的意见：

> 吾国之大弊在四万万民众不解知识……吾国二十万功名加身之学子，其效用竟不及日本五千万受普通教育之百姓，空谈"宏略"有何用？官府须首重小民之初等教育……亟须创造一种文字，可令操不同方言之人互相沟通，俾使言文一致。

亲随听后颇为不快。他语带讥刺，对王照是否言无不尽表示怀疑："此话似非大人口吻。大人定然胸有宏略，惟不屑告与卑职所知矣。"王照冲口而出：真蠢材也！他强忍着一拳砸在镶嵌螺钿的桌子上的冲动，拂袖而去。可能他的官话字母注定要无闻于世了。李鸿章本来是他最后的机会。王照垂头丧气地返回天津，躲在严府继续钻研。

王照人回了国，却并未感到结束流亡生涯的释然。他无法静下心来享受严府的宁谧。看着水墨画卷上崇山峻岭、云雾缭绕中形单影只的人物，他本应想起中国的文人雅士自古以来喜欢避世隐居，为求心境平和不惜挂冠致仕。可是，王照不甘于安静无聊的生活。他后来抱怨说："烦闷中即一醉而不得也。"

严家居于祖宅已300余年，传承11代。宅子旁是邻居的南瓜园，王照从所居客室的花格窗看出去刚好看到那个瓜园。除了有时和严修聊天以外，没有人来打扰王照。他通常把时间花在夜以继日反复修改他的新字母上面。

严修和王照一样热心教育改革。不久后，严修在自家后院开办了中国第一所现代小学来实验自己的教育理念，他成为女子教育的开创者。这所小学成了直隶省新式学校的模范。严修看起来比王照温和许多，既不咄咄逼人，也不疾言厉色。他在京城翰林院供职近十年。戊戌变法失败后，他也沮丧失望。但和王照不同的是，他只是退回天津，以一介文人之身继续寻求改革。那些年间，严修实施了一系列提议，逐渐改变了中国的教育制度。王照到来时，严修也在为关于中国前途的问题殚精竭虑。他们二人肯定经常长谈，严修常来看望王照，家中婢女被严令不得对外人提及这位秘密客人。

潜心研究官话字母的王照始终坚守1898年他和皇上的共同信念：中国虚弱乃因语言误人。国人识字率低，各地方言不同。此种情况致使治理不力，与列强谈判落于下风，跟不上外部世界。中国能否增强国力、重振大国声威，全看能否实行简便的口语和文字。

有些人同意王照对问题的分析，但提出了不同的办法。厦门的基督徒卢戆章研究出了第一套由中国人为一种中国方言制定的拼音系统。他出版的《一目了然初阶》包含55个音标，代表厦门人讲的那种南方方言。有些音标采用罗马字母来表现汉语的发音规则。为研究发展这套音标，卢戆章几乎破产。他的儿女后来埋怨父亲把家中生计都浪费在了语言学实验上面。

卢戆章之后有蔡锡勇，此人是中国驻美国外交使团的一名随员。他根据美国人凌士礼（David Philip Lindsley）发明的一种如同速记的快速书写法，发明了用于中国一大方言闽南语的拼音方案，并撰写了《传音快字》。速记法是伊萨克·皮特曼（Isaac Pitman）1837年为英语发明的，这种书写系统使用专门的简化符号来实时记录谈话的音素、单词和短语。

许多人后来认为，对汉语真正的创新者是沈学。据见证者说，这位才华横溢的上海医科学生发明的精思巧妙的方案原稿是用英文写的，但保留下来的只有发表在一家中文刊物上的方案序言。沈学投入了全部精力宣传他的《盛世元音》，在当地一家茶馆免费宣传讲解。他28岁即英年早逝，死时一贫如洗。

王照在一个重要方面与众不同。他认为应该给予民众识字的力量，让不同方言的使用者能够彼此沟通。但归根结底，王照想为全体中国人确立一种标准语言——北京官话。他意识到语言统一至关重要，是提议将北京官话作为国家标准语言的第一人。北京官话后来成为今天中国人讲的现代汉语（或称普通话）的基础。在王照看来，要想提高识字率，必须同时实现语言的统一。若能用同一套语音系统把中国数百种方言统一起来，就如同拆掉了中国自己的巴别塔[1]。然而，王照着手处理这个问题之前，先要面对中国用了好几个世纪的发音系统，那是被统称为反切注音法的一种按音识字的方法。

直到王照的时代，中国任何正经读书的学子都必须掌握用以学习汉字读音的反切注音法。此法初次出现于公元3世纪，一直用到20世纪早期。每个汉字都是单音节发音，所有音节都由两部分组成：一个"声母"（音节开头的辅音）和一个"韵母"（音节发音的剩余部分）。初学者需要借助作为发音字典的韵书。韵书中列出的每个字都通过把另外两个比较常用、常见的字切开后并在一起来"标出发音"。将一个字的"声母"加到另一个字的"韵母"上，就显示出了所列字的发音。例如，要查明"東"（东）字的发音，先在韵书中找到"東"，你会看到书中说此字的发音是"德"的声母（{d}ek）和"紅"（红）的韵母（h{ong}）的结合。

这个办法使用两个已知字的部分发音来拼出第三个不认识的字的发音，就像（5-3）×（1+1）=4。如果你只是想要答案的话，这个算出4的办法未免太复杂了。

古老的反切注音系统解决了许多难题。例如，7世纪晚期大乘佛教经文传入中国时，这个注音系统解决了梵文发音的翻译问题。可是现在它本身却成了问题。学会这套注音系统需要好几年

---

[1]　出自《圣经·创世记》。传说人类联合起来兴建通往天堂的高塔，为了阻止人类的计划，上帝让人类说不同的语言，相互间不能沟通，致使人类各奔东西。——译者注

的死记硬背，而且它现已不再准确，因为人们的语言习惯随着时间的流逝发生了变化。例如，现代汉语中"德"字的发音不再是"dek"，而是"de"。不同方言的发音也相差很大。

汉语拼写系统严重过时。同时，在对外国人敌意浓厚的大环境中，西方字母又被投以怀疑的目光。必须找到一条中间道路。王照等人认识到，需要一套对汉语来说能起到字母的作用，却又不简单照搬罗马字母的系统。王照客居严修府上的那几个月里，任务异常艰巨。他的努力开启了此后长达一个世纪的求索，要为一种标准汉语找到完美的音标，使汉语最终成为一个实用、好用的工具，以重振它往昔的辉煌。

一天，王照坐在严府他的书房里，仍在审视声母-韵母拼写的各种可能的组合。时值1902年夏末，空气中已经有了一丝秋意。阳光照在邻居瓜园里的大南瓜上，映得书房的窗纸一片橘红。面对怡人美景，王照却无心闲坐，也无暇欣赏。他忙着试验每个字的不同声调，先是一声，然后是二声，接着又回到一声。同时，他也在思索如何最好地将这些不同的声调收入他的汉字注音系统。目前似乎哪个办法都不合适。就在此刻，严修一头闯了进来。

严修努力秉持着儒生的教养，却抑制不住满腔兴奋，举起了一本书："汝自忖妙意独得，却未曾读此书！"他举起来给王照看的书是一本破旧的韵书《音韵阐微》。这本1715年奉康熙皇帝敕命编纂的官方韵书编制得一丝不苟，14位编修辛劳了11年才于1726年最终完成。清王朝有好几个皇帝喜好编字典，康熙也不例外。康熙和其他清朝皇帝没有把满语作为征服者的语言强加给中国广大民众。他们认识到最好让满人实现与多数人口的同化，即汉化。1892年，一位美国传教士一语中的：在语言上，"被征服的汉族彻底击败了征服者"。康熙皇帝还下令编纂了《康熙字典》，相当于汉语的《牛津英语大词典》。"字典"一词即为《康熙字典》所造，意思是"字的典籍"。《音韵阐微》与《康熙字典》不是一类书，目的也完全不同。《音韵阐微》改革了旧有的反切法，加入满语发音来反映现代语言发音，也就是京城人说的北方白话的发音。关键是满语使用的是一种字母。西方字母主要分为元音和辅音，满语则不同，其发音基础是辅音-元音组成的音节（例如，pa、pe、pi、po、pu，而不是a、e、i、o、u）。满语能够以非西方的方式记下汉字的发音。

王照拿到《音韵阐微》，读罢大喜："余不禁绕室雀跃！世间居然有此物耶！余自此可以此书为据，不惧为人责为无中生有矣。"

满语给官话提供了一种实质上使用合声来注音的办法，把两个字合在一起发出一个音节。这个办法非常有用，王照甚至将其纳入了自己著作的标题中。此法与反切注音法不同，不需要把两个不同的字分开重组。合声根据当时中国北方流行的白话口语，用字母表示汉字发音。难怪王照觉得这本奇书与他正在做的事如此合拍。

这一发现令王照干劲倍增。他使用改进过的工具，按照新的想法继续琢磨官话字母，终于在1903年提出了新的一版。他的官话字母由50个声母符号和12个韵母符号组成，总共62个音标。须知汉语所有音节的组成都包括开头的辅音（声母），和配合辅音完成发声的音（韵母）。王照的50个声母借用了日本8世纪在汉语基础上发展出来的音节文字"假名"，但做了进一步简化。12个韵母直接来自满文的12种字母和音节。《官话合声字母》能迅速而准确地将人说出的话记在纸上。它使用的符号从汉字衍生而来，但拼音功能与字母语言一样，拼法一般能清楚显示字的发音。若用王照的《官话合声字母》来表示"東"（dong）的发音，只需从由汉字衍生而来的 50 个声母中拿出一个音标，再从以满语为基础的 12 个韵母中挑出一个与之相结合：把声母 do 和韵母 ng 放在一起就成了。

改进后的官话字母立即得到了承认，被誉为里程碑式的成就。当然，严修的作用也不容小觑。严修不仅是慷慨的朋友，而且是翰林院编修，是省级教育改革的重要推手，并将很快跻身新成立的学部要人之列。到 1906 年，王照的官话字母开始在全国一半以上省份用于学童的汉语课本，课本涵盖的题材多种多样，从植物学到对外关系无所不包。

只北京一地就有大约 20 所学校专教官话字母。传授字母的对象不仅是学童和文盲，还有军营中主要从农民当中招募而来的士兵。梵蒂冈图书馆收藏着一本 1904 年出版的《对兵说话》珍本。该书表明，这套易于使用的字母也被用来宣传爱国主义，敦促士兵守纪节俭，遵行上峰教诲。但是，尽管《官话合声字母》名声日盛，但作者的名字却不能宣之于人，因为根据法律王照仍然是逃犯。只要与他有明确关联，就免不了受到连累。《官话合声字母》作者的身份瞒得铁桶也似，有人还以为严修是真正的发明者。

王照冒着被抓的危险回国完成了官话字母。现在字母大获成功，他却因此活动更加受限。王照在严府住得心浮气躁起来，要回京城去。他在北京一条安静的胡同里找到一处地方，成立了官话字母义塾。他亲手把自己手册中的每个字、每条示范和每幅插图刻成印刷课本用的木版。王照仍然使用假名字，蓄了发，剃了须。被称为赵先生的他尽量不公开活动。所有面对面的教学都交给一位他所信任的旧日门生去做。王照本人不露面，只躲在屏风后面倾听授课情况。

朋友们告诫王照千万小心,但他觉得自己住在偏僻的小胡同里,又是在幕后活动,应该比较安全。然而有消息传来,说原来一起参加戊戌变法的一个人被告密者出卖,被官府捉拿。那人立即被判刑,遭杖毙。这下王照担心起来。他知道很多人想让他坐牢,甚至落得更坏的下场。

王照还有一件烦心事。有骗子盗用他的官话字母却逍遥法外,令他深恶痛绝。有个人在王照的官话字母的基础上稍加改动,冒用王照的笔名予以出版。另有人干脆全部照抄。王照在回忆录里写到,高阳县有个人玷污了他的名声,谎称官话字母的原理是另一本韵书提出的。王照与他当面对质时,那人毫无愧色,反而诬指王照是抄袭者。

不管是亡命日本,还是默默无闻地辛劳,王照都心甘情愿。但他不能容忍抄袭或讹诈,这是他的底线。他写道:"余憬然猛省,他人肆意压榨,因其知余为法外在逃。"他决定夺回对官话字母的所有权,以确保官话字母得到恰当的采用和传授,危及性命也在所不惜。

1904年3月初,王照主动来到气派的步军巡捕五营统领衙门求见。九门提督那桐掌管着北京城所有九座城门的安全,任何进城的人都逃不过他的眼睛。王照一旦进了他的衙门,无论死活,都不知道能否再出来。那天晚上,王照没有回家。朋友们猜想他可能正在受刑,被逼承认犯下了反对太后和朝廷的大罪。

预审能拖上好几个星期,刑讯逼供是家常便饭。巡捕五营统领衙门按规矩要审查王照的案子,看是否需要进一步裁定。如果裁决包括流刑,就要提交刑部复核定谳。白天变成黑夜,黑夜又转为白天,日复一日。王照的朋友们在外面紧张地等待他的消息,害怕有噩耗传来。

王照走进衙门后,被引入正厅后的西院,有一个仆役专门侍候。他没有受到审讯,而是在一个摆放着书籍、茶具,甚至还有棋具的房间里受到盛宴款待。显得紧张不安的反而是九门提督。那桐在日记里记录了自己如何拼命转着脑筋,琢磨该把王照怎么办,该找谁商量。这个案子太重要了,不能按正常程序处理。那两天,那桐每天一大早就去他在颐和园的熟人那里讨主意,还直接求助于可达天听的内阁总理大臣。太后不在京城,这给了那桐谈条件的机会。他们在是关押王照还是放他走的问题上讨论多时。最后,总理大臣提出可保王照不死,但不能答应他完全免罪,总要做出法立如山的样子。三天后,王照被正式逮捕。判决很快出来了:终身监禁。

王照现身和被押的消息瞬间传得沸沸扬扬。报纸挖出他过去做的事情,添油加醋,哗众取宠。舆论众说纷纭,但总体来说是同情王照的。他在失败的戊戌变法中不就是个小角色吗?他不是仅算得上追随康梁的二等甚至三等人物吗?朝廷刚刚将戊戌变法中王照的一个同党处以极刑,还经得起又一次公众大哗吗?王照去国流亡7年,不是已经为自己的罪孽付出了代价吗?真的应该把他和杀人犯以及匪徒一起关在黑牢里吗?

尽管外界一片同情支持之声,但王照仍被定为康党余孽,作为要犯关押起来。各家报纸试图跟踪他的状况,以便随时告知大众。可是被打入天牢就等于进了暗无天日的迷宫。囚犯只有靠行贿才过得下去,但王照来衙门自首时身上带的一点银钱已经用光。不给狱卒塞钱,犯人连一个月都难以支撑,更别说是终身监禁。棋枰和美食都不见了踪影。王照被关进霉味扑鼻的牢房,第一夜连被褥都没有。后来更是每况愈下,给他的牢饭馊臭到连牲口都不吃。关心他的友人和支持者想送些钱给他，可就连银锭都打不透天牢的高墙厚垒。

王照住的牢房就是那个和他一同参加变法的人被关押并被杖毙的地方。"粉墙有黑紫晕迹，高至四五尺，沈血所溅也。"尿臭熏天的牢房中，王照坐在散乱于潮湿地面的稻草上。牢中不久前发生的死亡和痛苦的情景与气味尚未散去，意志坚强如王照者，也极难做到不灰心绝望。王照一生中经历过大大小小各种抗争，此刻却孤立无援，但是他依然坚忍顽强。王照通过传话人告诫自己的西方朋友不要插手："徒令余死之愈速也。"大部分时间中，王照都被关在牢房里，但偶尔会让他去狱中的一座寺庙，那是被判死刑的囚犯求神、赎罪的地方。王照在一首诗中写道：

狱神祠畔晓风微，
乳鸽声声戴暖晖。
因果寻思多变相，
幽明近接暂忘机。
闲观狱卒施威福，
偶对阶囚镜瘦肥。
谁道此中生意少，
榆钱柳絮绕衣飞。

也许王照心念的"变相"使他暂时忘记了自己身陷囹圄，思绪飞越高墙，回到了他热爱的官话字母上面。他若是长留狱中，他为之奋斗一生的事业就难以竟其全功，无法在全国推广。他仍需确保他的国家向着语言统一的目标前进。如果他能活着出去，他不会把余生花在与友人品尝佳酿、欣赏晚霞上面，而是要继续一往无前地战斗。

两个月后王照出狱，令所有人为之惊愕。他获得了太后的赦免。慈禧太后七十大寿前夕，大赦了戊戌变法的所有参与者，只有康有为和梁启超仍被列为钦犯。大赦或许是为了影响公共舆论，或许是慈悲之举，又或许是因为总理大臣自己出了件贪污的小丑闻，急于引开公众的注意力——到底是何原因并不重要。王照的支持者因他绝处逢生而欢呼雀跃、如释重负，王照的反应却平淡得近乎漠然。他后来叙述这段经历时说："人谓总理大臣为余获释奔走甚力，余似应亲往拜谢。余坚谓：'自此余为庶民，故誓不欲面见为官之人。'"对王照来说，哪怕简单的致谢也是违心之举。王照终于可以自由地追求自己的夙愿了。朝廷许他官复原职，他却敬谢不敏。他全心全意致力于推广官话字母，在后来几年使之达到成功的顶峰。

最近的研究表明，王照为自证清白，私下活动奔走，比他承认的多得多。他给那桐写了一封表达感激的信，在信中把这位官员想听的都写了出来。那封信原封不动地上呈了朝廷。王照在信中解释说，自己"因一时糊涂"误入了康梁一伙，直至到了日本才真正明白他们的谋反意图，却为时已晚。他自行逃亡已显得有犯罪之嫌，而朝廷发布的通缉令更坐实了他的犯罪。王照还在信中巧妙地提及他的家族如何忠君报国：他的祖父在第一次鸦片战争中对英军作战勇猛非凡，他的一个兄弟在镇压义和团时死亡。王照自诩满门忠良，都是为了国家奋力抵抗西方侵犯。他自己也是忠良之一。他不正是在继承家风，为国家救亡而奋斗吗？他把自己描述为受害者，恳求朝廷怜悯，希望获得自由，以加倍努力完善他的语言系统。他和国家一样，都是弱者。如果他能够成功推行语言革新，通过简化文字、确立全国通行的语言使广大民众能识文断字，也许他最终能够使清王朝恢复应有的荣光。

　　王照被赦免后的那几年，官话字母日益普及。与此同时，中国长期存在的政治分歧扩大到了撕裂的程度。革命思想深入人心，康有为和梁启超的主张反而落于保守。现在众目所瞩的是年轻的孙中山。连续数年，孙中山在秘密帮会的帮助下，在全国各地发起起义和运动。此时，似乎唯有他能领导中国走向新的未来。孙中山出身于一个以务农为生的家庭，在英国和位于火奴鲁鲁（Honolulu，又称檀香山）的美国学校接受教育。他是位富有魅力的领导人，平易近人又气度威严。不久后，孙中山将成为中华民国的国父。

　　为维系处于崩溃边缘的帝国秩序，各界用尽了各种办法。慈禧太后施行了一些改革措施，但人们要的远不止换汤不换药的表面文章，他们要打倒统治者。孙中山四处宣传，动员民众，提出了革命纲领。他呼吁驱逐鞑虏。还有人要把统治者屠光杀尽。宣传革命的演讲无不提及族裔仇恨，但当务之急是把中国初生的资本主义和工业化成果从外国人手中夺过来，这才是革命成为全国上下男女老少共同事业的原因。中国的铁路是用外国贷款建造的，土地权也不平等。为了动员民众，孙中山手下的人走上街头，进入车间，用拳头擂着讲台控诉外国对中国的种种不公。一个人在演讲时切掉自己的手指，以血写下誓言。另有一人跳入大海，以牺牲自己的方式激励国人的决心。暗杀清廷官员、秘密下毒、引爆炸弹成为新的抗议手段。革命口号满天飞，公开和暗地里的暴力闹得人心惶惶。中国正飞速奔向数千年统治形式的大终结。

　　1911年10月发生在湖北省的一次起义是中国历史的分水岭时刻。因为中国铁路系统收归国有一事，已经爆发了多次抗议，很多人被逮捕。在山雨欲来的紧张气氛中，革命党人等待着时机，但汉口市突发炸弹意外爆炸事故，迫使他们提前发起行动。起义很快被镇压下去，一些人遭到逮捕，被迅速处决。但镇压无济于事。长长的导火索已经点燃，将引发最后的大爆炸。

南方的起义此起彼伏。到 11 月末，23 个省和地区中有 15 个宣布脱离清王朝完全独立。中国两千年的皇朝统治终于落下帷幕，被共和国取而代之。1911 年的辛亥革命是中国近代史上第一次真正的政治革命，也是一连串变革与斗争的序章。

民主是什么样子？它将带来哪些变化？对这些问题，跟随孙中山推动中国进入民主时代的革命者无法给出确切的答案。但他们坚定地拥抱不确定的未来。回首当时，许多人认为辛亥革命是个失败，因为革命者推翻了旧秩序，却没有提出建设性的计划来填补空白。革命使中国获得了新面貌，在国际上有了新身份，但也开启了军阀混战和革命领袖权力斗争的时代。现代中国诞生的阵痛才刚刚开始。

中国的文字也是一样。王照一心要将基于北京话的官话字母确立为全国语言统一的标准。为此，他的方案必须击败与之竞争的偏重南方方言的方案，否则就只能回头使用古汉语的声调。王照制定官话字母之时，其他人仍在辩论是否应废弃汉字，改用罗马字母之类的注音系统。到 1913 年，大家清楚地看到，中国这个新国家需要有自己的国家标准语言。中华民国成立后，明显不再容许公开发表废除汉字的言论。在这一变化发生之时，王照提议的重要性在于它将构成官话字母基础的北京话变成了国家标准语言的一个选择。要使自己一生的奋斗成果千秋永存，王照还需做最后一搏。

1912 年 12 月，末代皇朝终结不到一年，中华民国教育部成立了读音统一会来制定"国音"。读音统一会从全国各省召集了80位专家,王照也在其中。不过,多数代表来自通常被认为属于南方而非北方的江苏地区。王照对此心有不满。

1913年2月中旬,与会者在教育部庄严的大厅里开会。教育部所在地原来是一处皇家宫殿,里面依然残存着过去注重科举和诗词歌赋的教育制度的影子。庭院深深,厅堂栉比,朱红廊柱和雕栏画栋留下了昔日幸运的少数精英手执毛笔的记忆。代表们来此要被除那褪色过往的最后一丝痕迹。他们要共同努力,将汉语从书本中解放出来,使之成为中国人的日常用语。

至于日常用语的最佳形式,每个代表都觉得自己的方言最好。每个人都为自己家乡的方言摇旗呐喊。广东代表想用广东话(粤语),四川代表力推四川话。形势对讲南方方言的代表有利。就代表比例来讲,讲南方方言的代表占多数。

仔细研究了从全国各地收集到的6 500多个样本后,代表们开始讨论标准读音应以哪个地理区域为准这个比较敏感的问题。大家各执己见。由于长时间争执不下,参会人员越来越少。耐久力不够的人应付不了这种场合。有些人身体较弱或患有当时的常见病肺结核,经过几周的争吵僵持,再也支持不住。有些代表累病了,只得退席。还有人在激烈的辩论中被对方逼得张口结舌,窘急之下甚至吐血。王照因一坐数日,痔疮严重发作,咬着牙才坚持下来。他后来骄傲地回忆说,血浸透了他的裤子,顺着脚踝流下来。只有顽强坚毅的人坚持了下来。

一位南方代表恳求说,若是不用某个声调,南方人的日子一天都过不下去。另一位南方代表争论说,真正的国音标准必须侧重南方话。为证明自己的论点,他当场唱了一段戏作为示范。王照对这种装腔作势的举动嗤之以鼻。在国音问题上,没有道理让国都所在的北方让步。距教育部不到半英里处是北京历史最悠久的圣公会教堂。王照在那里另外召集了一次会议。教堂墙壁厚重，是线条简洁的盎格鲁-撒克逊建筑风格，顶上是著名的三层宝塔式的钟楼。王照在这里组织了反击。他确定的新规则从细节上改变了计票方法。根据新规则，每个省无论派多少代表，都只有一票。这个办法不仅消除了南方代表在人数上的优势，而且把优势转到了讲官话的北方省份一边，因为讲官话的省份数目更多。王照偷改规则的做法引起其他与会代表大哗，但为时已晚。

有件事在象征和实际意义上都标志着王照此番粗暴操作的高潮：他挽起袖子追打一位南方代表，将他赶出了房间。讽刺的是，引得王照暴跳如雷的正是方言的音调。那位代表用浓重的南方吴地方言对邻座说起"黄包车"。听惯了北方官话的王照正好坐在几个座位开外，此话听在他耳中，很像是那位南方代表骂他是王八蛋。把各地代表召集起来开会正是为了消除这种语言上的误会。王照从座位上跳起来要揪那人的领子，把那个可怜的人追出了会议厅。后来，这一段留在人们记忆里，成为在教育部那金碧辉煌的大厅里发生的最激烈的一幕，长长的走廊里逃跑者急促的脚步声淹没在王照的如雷咆哮声中。

那位遭到殴打的代表吓得不敢回来开会。最终，北方官话成为国家注音字母真正可行的发音格式。时至今日，南方的香港人或广东人被问起来还会说，若非发生了那次灾难性的交锋，被选作国语的会是粤语，而不是北方官话。那样的话，现在世界就得努力掌握中国南方方言粤语那多种多样的声调，而不是干脆利落的普通话。

历经改朝换代和五六次规模相当大的起义之后，王照仍旧坚持他推广官话的初心。他一直坚持到这项工程的完成，即使他自己的字母注定不会持久。1908年发明的一套本土注音符号开始日益得到接受。这套符号由著名学者章太炎发明，源自古老的小篆字体，最初包括36个声母符号和22个韵母符号。这些新的注音符号特意保留了汉字要素。这种对汉字完整性的坚守与当时一些人的大声呐喊背道而驰，那些人鼓吹采用世界语，或者采用受日本假名启发的简化注音字母，例如王照的注音字母。章太炎的注音符号经过修改后俗称"波泼摸佛"。这个组合词由最终包括了39个注音符号的字母表中的前4个（波、泼、摸、佛）构成。"波泼摸佛"和过去的反切法一样，主要是把汉字分为两部分（声母和韵母）。它压倒王照的官话字母，在1913年的大会上得到通过，成为"汉语注音符号"。不过，它保留了王照关于注音文字的重要概念。至于王照，他和他的字母一样，在为汉语注音事业筚路蓝缕之后，逐渐隐退。20世纪20年代晚期，年事已高的他回首往事不无悔意，在一首诗中总结了自己一生的斗争：

奔赴万余里，
崎岖二十年。
知交多作鬼，
鼙鼓尚连天。
镜有盈头雪，
家无一亩田。
那能情自已，
强说谢尘缘。

王照晚年的生活默默无闻。他在北京城西北角的净业湖畔[1]造了一座小屋。净业湖曾经是文人雅士的流连胜地。在夏夜的烟花下，在春节的爆竹声中，他们载酒泛舟，吟诗赋词。如今，湖底肥沃的泥土滋养的荷花依然亭亭地盛开在平滑如镜的湖面上，游客却寥寥无几。不过，这丝毫不减王照从这片景色中获得的愉悦，他从书房向外眺望，也沿湖边杨柳岸散步，尽管他现在腿脚越来越不灵活了。可能王照从这片湖水褪色的过去中看到了繁忙的烟台港的影子，那是他的巨大努力开始的地方。

后来数十年间，关于中国从帝国转向共和国那一段动荡历史的谈论和故事总少不了王照的传奇。他的功绩受到一些人的歌颂，但他最终还是消失在公共视野中。记得王照当年那种激烈执着的人异口同声地表示对他的赞佩，虽然他们也说他是个难打交道的人。也许对王照最好的描述是他在一封信中对自己的总结。在他74岁卒于肺部感染两年前，他曾给一个和他一样致力于文字改革的人写信。王照在信中反思了自己的过去，以他特有的坦率写道：

> 人多无自知之明，余尤甚之。近来回思以往，自青年至中年再至暮年，余之最大缺失在不知容恕之道。余始终摒绝他人，友朋日少，举步维艰，直至无力无助……此乃余至死之憾也。

但是，王照在历史上留下了印记，因为他为了完成使命不惜一切。他清楚地看到，如果中国不迈出改革境内交流方法的第一步，就注定永远被现代世界甩在后面。王照知道，他的努力仅仅

---

[1] 今天的积水潭一带。——译者注

是汉字革命这一长期进程的开始。把这个进程推行下去还需要众多聪明能干、心志坚定的人持续奋斗。推广官话后，汉语原则上实现了全国口语的统一。这是个开端，但中国依然远远落后，下一场战斗要决定汉字如何走向世界。就在王照在1913年的会议上和人大打出手时，美国的几个中国留学生开始感觉到下一场战斗萌生的苗头。书写正在走向机械化，发明中文打字机的全球竞赛即将开始。

第二章 挤进打字机（1912年）

1912年早春的一天，周厚坤和往常一样，从自己在波士顿的公寓快步走去亨廷顿大道。残冬的凛冽寒意在阳光的照射下开始消散，但这位23岁的工程学学生没心思注意这些。周厚坤满脑子都想着一会儿在年度机械贸易展览会上准备些什么。也许可以看一看飞机推动器和道路机械的最新设计，或者看一看有什么能启发他想出让竹子和混凝土一样持久的办法，这是他将要提交的毕业论文的题目。最近，地方报纸充斥着夸张夺目的广告，都是宣传特色汽车和机动车展览的。斯托达德-代顿（Stoddard-Dayton）生产的6缸汽车"沉默武者"（Silent Knight）在纽约和芝加哥上了头条新闻，这次将在展览会上亮相，让参观者触摸并感受铸铁引擎。展览会也会吸引工业界名人。有传言说"火花塞大王"阿尔伯特·钱皮恩（Albert Champion）会露面。展览会是本季最重要的公共活动，不可错过。

要到达展览会的会场，周厚坤必须穿过圣博托尔夫街，朝着他平时去麻省理工学院上课的相反方向抄近路穿过加里森街，然后等着普尔曼电车开过。街对面是机器大厅（Mechanics Hall）那气势十足的红砖建筑。机器大厅是后湾区的地标建筑，直到1959年将它拆毁，在原址上建起保德信大厦（Prudential Center）。建在三角地上的这座仓库式建筑占地11万平方英尺（1平方英尺约合1.02平方米），活像一头沉睡的巨兽，兽头是亨廷顿大道北侧的一座高塔。

大厅内，一位坐在那里的年轻姑娘吸引了周厚坤的注意。来机器大厅的参观者都记得，每次举行特别活动，组织者都会专门雇来成群的年轻女子。她们身穿合体的衣裙游走于墙上悬挂着彩旗的大厅各处，跟在她们身边的热情男子手里举着欢迎标语牌。然而，周厚坤注意的那个姑娘不在那群人中，他也无意邂逅不期而至的爱情。他看到了更令他心动的东西——它就在那里，在那位姑娘灵敏手指的操纵下正吐出一条布满孔洞的长长纸条。

周厚坤问旁边的人这个咕噜咕噜吐纸条的美妙东西是什么。人家告诉他，那是蒙纳铸排机。打字员"坐在键盘前，按键在长纸卷上敲出许多小洞。完成以后，把打了洞的纸条放进一台机器，机器就会生产出新的干净整齐的铅字，而且已经排好了准备印刷"。这个铸字过程没有烟雾和油污，几分钟就能完成。看着这台令人惊叹的机器，周厚坤心中非常不是滋味。他的脑海中浮现出中国使用传统活字印刷术的印刷车间的典型景象。车间里，排字工人在机油味刺鼻的沉滞空气中如同背负着大米的蚂蚁一样跑来跑去，从密密麻麻令人目眩的几千个活字中一次拣出一个，然后手工把拣出来的活字在字盘上排好，这才可以付印。整个过程缓慢单调、效率低下。中国至今仍依赖如此古老的技术，这是它实现现代化梦想的最大障碍。想到这些，周厚坤羞愧万分。他决定解决这个问题。

王照致力于解决中国方言五花八门、各不相同的问题，是为了实现确立共同语言这一政治目的。这是关键的一步：要立国，人民必须统一。但它仅仅是第一步。以印刷方式与外部世界交流信息则是另一回事。西方使用罗马字母，主导了打字机和电报等现代通信工具。中国人需要在现存的基础设施结构中找到自己的位置。比王照年轻30岁的周厚坤明白，答案在于技术，不在于语文学。

　　周厚坤特别注意到蒙纳铸排机的键盘，它对机器的指挥和控制十分精确。机器大厅里那位姑娘只需轻击键盘，剩下的从铸字到印刷都交给机器去做。蒙纳铸排机的大小和一个人差不多，但它的键盘紧凑简练，以标准的"QWERTY"格式排列着26个字母。若是为汉语发明一种类似的键盘，既能容纳几千个汉字，又小到在桌子上放得下，需要实现概念和技术上的飞跃。周厚坤对自己今后要走的路有了明确打算：他要发明中文打字机，使其媲美给美国工作场所带来巨变的著名的雷明顿打字机。他要实现汉字快速、精确、高效的机器复制。这正是这位年轻工程师梦寐以求的挑战。

　　20世纪第二个十年，一个年轻的中国人若想目睹现代化、工业化的威力，最合适的地点莫过于美国。美国是工业化的光辉典范。经历了19世纪后半叶的巨大技术变革后，它如今洋溢着企业家精神和创新能量。20世纪早期是向着大企业、团体力量和生产效率过渡的时期，这段时期内专利的增加反映了新发明的层出不穷。效率和组织是增加回报额的关键，不管是福特汽车公司的流水线两分半钟就制造出一辆汽车，还是扩大产量和规模化生产。按照科学管理的原则来提高单位时间劳动生产率，此法大大改善了世界各地工厂的生产效率。从用键盘打字到砌砖，对劳动者动作的分析可以细化到千分之一秒。到20世纪第二个十年，美国的工业生产已经占到全世界总产出的1/3。

面对此种情景，任何中国人都无法不联想到中美之间的对比。美国的国土面积与中国大致相当，但人口比中国少。为在全国范围内运送人员和物资，美国建造了约34万英里的铁路。中国的铁路只有6 000英里，且大部分归属外国人管理。美国一年的铁产量是3 000万吨，中国的产量还不到美国的0.5%。各种数字都明白地显示美国工业无可辩驳的优越性。然而，最能给人以深刻印象的还是亲眼所见，美国承办世界博览会的次数比任何其他国家都多，吸引了将近1亿参观者前来目睹它从1876年到1916年实现的工业化奇迹。

长期以来，中国不屑于参与国际活动，对本国边界以外的事漠不关心，海外就更不用说。朝廷使节刚刚开始出访外国。19世纪最后25年之前，越过"西洋"去往"蛮夷"之地或向"蛮夷"学习几乎是不可想象的。中国始终拒不参加西方不断扩大的商业网。第一次鸦片战争打开了中国的大门，却没有打开中国人的心。1851年，当时的工业霸主英国在伦敦水晶宫举办第一届世界博览会时，也向中国发出了邀请。中国害怕"红毛蛮子"又要耍花招，于是成为唯一谢绝参加的国家。

英国人却不管那些，径自开设了一个中国宫廷展，里面摆了些日本和缅甸的物件当展品。他们还凭空捏造了一份所谓的第一手报告，题为《中国委员会的真实叙述，其中显示中国的意见与我们的大相径庭》。这份报告对中国极尽挖苦之能事，采用的形式是一位虚构的中国大臣写的一首长诗，诗中说博览会上居然没有祖传的砍头这种热闹可看，着实令人失望。

别的投机者更是胡闹。一个帆船船主穿着清朝官员的官服混进博览会开幕式的队列,吸引了所有人的注意。那个船主和威灵顿公爵握了手,还对女王鞠躬行礼,装作中国人招摇撞骗。清朝大臣的形象成了笑话,恰好衬托出博览会要炫耀的大英帝国的辉煌威仪。不管中国愿意与否,它都在世界舞台上留下了形象。

到1876年美国在费城举办世界博览会的时候,中国改变了主意,觉得最好由自己来管理自己的国际形象。另外,中国维新派在19世纪60年代也试着建立自己的船坞和武器库,但进展缓慢,成果参差。他们认识到,学习西方工业的成功经验或有裨益。

应格兰特总统的邀请,中国向费城博览会派遣了一位官方观察员。博览会举办的时间被安排在美国独立100周年之际,一为庆祝,二为展示美国经济各方面的成功。各个高大的展览厅用木头和铁建成,贴着玻璃幕墙,总共设有3万个展台。那位年轻的中国官员穿行于各个展台之间。他满怀敬畏地望着克虏伯公司制造的大型后膛钢炮和为整个博览会提供动力的嗡嗡作响的科利斯蒸汽机。他驻足细观精巧的手工艺品和武器,包括双筒步枪和加特林机枪。那位官员搞不懂现代战争在规模上的变化,但他知道缝纫机在日常生活中的用处。

从19世纪70年代到20世纪20年代,访问美国的其他中国官员看到了技术是如何使整个社会脱胎换骨的。中国官员参观了尼亚加拉大瀑布的水电站,看到了旧金山陡峭曲折的街道上飞驰的敞篷电车,由此深刻地认识到提供公共服务和公共交通的重要性。架设在电线杆上的电缆把电力送入千家万户。缆车把各个住宅区与市中心连在一起,每天如同钟表一般准时把男男女女送到工作场所。美国人的生活质量令中国望尘莫及:他们有歌舞厅和电影院,就连牙齿卫生都比中国强。美国人的生活标准为欣欣向荣的现代国家设定了标杆,中国消费者也喜欢过美国人的生

图3 图中文字为"简而言之,开幕式无聊之极,砍头的热闹全无踪迹"。
虚构的中国人参加伦敦世界博览会的漫画。中国决定不参加博览会,也没有派遣官方代表团。
出处为《中国委员会的真实叙述,其中显示中国的意见与我们的大相径庭》,1851年。

活。1900年后，中国进口的美国货物总量急剧增加，从19世纪最后35年占中国全球贸易量的2.65%猛增到20世纪前40年的22.05%。相比之下，1911年，中国对制造和采矿机械的投资仍然仅为农业投资的6%，这还是经过了半个世纪的快速发展。

20世纪早期那几个十年，一艘接一艘的驳船满载着从新式机器到尼龙布等各种奇妙的美国货驶入中国港口，中国自己的出口却乏善可陈。中国销往海外的主要是茶叶、丝绸和瓷器等轻型手工制品。多少世纪以来，中国的贸易货品始终未变，从来都是用传统工艺制造的小工艺品。中国没有工厂能够制造出可与西方国家媲美的工业级机械或设备。在1873年的维也纳世界博览会上，中国馆展出的还是那些东西，外加书法、刺绣这类文化遗产，还有剪子、菜刀等家用物品。不错，剪子的种类五花八门，令人目眩——专门剪纸的、剪银箔的、剪铜箔的、剪皮子的、切瓜果的，应有尽有，还有女人的修眉剪，甚至男人的鼻毛剪。但是，与发动机和农用拖拉机这类工业机器相比，这些显示文化巧思的小物件渺小得不值一提。

世界博览会炫耀世界上最强大、最富有的国家的成就，也令落后国家的尴尬窘迫无所遁形。盛大展出的背后是关于文化和种族的根深蒂固的假设，且浸透了当时流行的黑暗偏见。主张西化的中国人固然崇拜西方，但也对其诸多矛盾心知肚明。他们看到，美国的繁荣不仅是本国工人阶级创造的，更多的是靠压榨华人和其他移民的血汗。1849年淘金热期间，各种小册子和传单大肆吹嘘加利福尼亚遍地黄金的神话。华人受其蛊惑，蜂拥来到旧金山，进入金矿做工。从1865年到1869年，数十万华人苦力参加了美国横贯大陆铁路的修建。

到19世纪70年代，华人劳工占到了加州劳工的1/4。修建连接加州的萨克拉门托（Sacramento）和犹他州的普罗蒙特里（Promontory）的横贯大陆铁路时，90%的工人是华人。每天挥动大约400次铁锹，每锹铲20磅（1磅约合0.45千克）石头，如此繁重的劳动没有几个美国人愿意干。由于害怕华人偷走美国人的工作，针对华人的种族歧视十分严重。世界博览会上，华人被当作廉价娱乐品，如同动物园里的动物。例如，1915年的巴拿马-太平洋万国博览会设立了一个具有荒诞狂欢特色的欢乐区，里面设置了一处"地下唐人街"。参观者透过一个小窥视孔，能够看到里面的各种蜡人，都是些隐匿在城市角落暗影中有着蜡黄色面孔的鸦片烟鬼、妓女和苦力。中国就此几次提出抗议，均无结果。

周厚坤成长期间，中国的这些丑恶形象在海外风靡一时。他和许多其他中国年轻人一样，向往西式现代化，但也具有民族自豪感。他想证明海外对中国的印象是错的。周厚坤是早期中国赴美留学生的一员，他们这些人开始给外国人留下中国人好学、聪明、勤奋的正面印象。中国正试图加入世界体系，向美国学习可获益良多。美国这个国家经历了独立革命的战火，又因内战而元气大伤，却依然创造了20世纪最大的工业和经济奇迹。但是，学习美国并不容易。像周厚坤这样的中国留学生来到美国本土学习美国的方法。虽然他们中间有些人为美国的自由所吸引，甚至被美国的明亮灯光所引诱，但周厚坤是个明显的例外。他心系祖国，他内心的忠诚绝不允许他完全美国化。受儒家教育长大的他永远比被培养成现代科学家的他更重感情。

周厚坤因一个对大多数中国年轻人来说只是梦想的机会，开始了他的成名之路。他出生在上海西北方向不到90英里的无锡附近的一个宁静小村庄里，家里人务农，但自小就教他熟读经书，汲取古人智慧。他的祖父因为将养蚕业引入当地发了家，所以自出生起，周厚坤的生活比许多人都富足。但是，祖父的财富并不能减轻母亲早逝的打击，其父也再没有从丧妻之痛中完全恢复过来。从小到大，周厚坤总是看到父亲郁郁寡欢。父亲集中精力培养他，把他送去了进步的上海南洋公学。还是孩子的周厚坤在那里初次接触到西式教学，还学习了王照的官话字母。

周家世世代代以务农和做小生意为生，对任何不能生产粮食或利润的职业都不以为然。周父是家中第一个违背家传谋求功名的。他沉浸于对唐代诗人和散文大家韩愈的文体和思想的研究，埋头苦读圣贤书。后来他大器晚成，科举中第，成为家中第一个秀才。可是，周父参加乡试总是错失时机，结果人到暮年仍无官职。他壮志未酬，满腹惆怅。不过，他的儿子一直对他满怀敬慕。

一代人的时间内，在中国出人头地的路径发生了巨变。20年前王照试图力挽狂澜，然终究阻挡不住中国末代皇朝的崩塌。周厚坤这代人却因此获得了宝贵的机会。1908年，西奥多·罗斯福（Theodore Roosevelt）提出了一项计划，要把庚子赔款中美国那份约1 080万美元退还给中国。一个条件是，这笔退款的一部分要用于中国的教育改革，包括建立与美国的交流计划。美国这样做不仅是为了帮中国训练学生，更是为了培养下一代亲美的中国人。人们用这笔钱在北京建了一所学校，后来该校成为著名的清华大学。这笔钱还资助中国学生到美国留学。这些留学生受美国归还的庚子赔款资助，故被称为"庚款留学生"。周厚坤考上的是庚子赔款留学项目的第二期。

这对周厚坤可谓天赐良机。多少世纪以来，中国的文官精英一直是通过科举考试制度培育选拔的。改进科举的努力数十年未果后，1905年朝廷废除了科举制度。之前，科举考试从来都是入朝做官的阶梯。娴熟掌握艰深的文言文是做官为政的一个重要条件，此外还要对古典经文滚瓜烂熟、信手拈来。儒生掌握的文官机制引导着社会的政治和制度价值观，跻身其中是无上的荣誉。科举制度被废后，学子们顿失前途，茫然无措。经理、企业家和工厂工人的重要性很快就超过了众多像周父这样身无长技的书生。

周厚坤的父亲满腹诗书，在其教诲下，周厚坤打好了基础，在旧制度尚且实行的时候卓然超群，并得以入选成为出国留学的精英之一。不过，周厚坤与父亲不同，他更喜欢实在的方程式，喜欢解题。他将来要走的路在科技领域，而中国恰恰亟需这个领域的人才。

周厚坤和其他庚款留学生于1910年8月16日起航。他们在海上航行了26天，中途经停长崎和火奴鲁鲁，最终到达旧金山。下船后，年轻学子们分散到了美国各地的大学。对于管理留学计划的中国官员来说，此事远不止教育交流。负责留学计划的部门是外务部，而不是学部，目的是确保留学计划能够成为外交上的成功范例。美国方面也另有打算，他们邀请中国学生前来，是要赢得这些如同一张白纸的年轻人的心，以确保美国未来对中国的影响力。

在跨越太平洋的船上，老师们给中国学生开设了关于美国知识的速成课。让他们阅读对美国风俗地理的介绍，了解美国政府的结构，记住最初13个殖民地的名字。教他们吃饭用刀叉，不用筷子，要他们记住在城里走路时注意交通信号灯，并告诫他们不要当众吐痰。老师们一个个沉闷枯燥，教的课自然也没有意思，不过在学生们年轻的心灵里，美国是乌托邦一样的存在。在那里，"没有匮乏和痛苦，只有满足和幸福"。"终于"，一个学生回忆说，他要去美国"目睹阿拉丁的神灯都产生不了、《天方夜谭》都想象不到的各种现代奇迹"。这些学生是上帝选中的幸运儿。

并非所有留学生都壮志得酬。后来几年派去海外的留学生中，只有一部分人载誉而归。有些人沉溺于新获得的自由难以自拔，染上了吸烟喝酒的恶习，被勒令回国，颜面扫地。像周厚坤这样留下来并学业有成的都是纪律性和自制力很强的人。周厚坤先被送到伊利诺伊大学厄巴纳-香槟分校学习工程学，因成绩出色，次年转学进入麻省理工学院这所精英大学。他那一期庚款留学生人才济济，出了未来的科学家、外交家、作家、行政管理人、工程师和政治家。短短数年后，胡适和赵元任等人带着在美国学到的技能和思想回到中国。在西化的现代知识分子圈内，他们的名字很快家喻户晓。他们的进步思想产生了巨大影响，秉持着这种思想，他们领导了新文化运动。他们帮助引进西方的科学民主思想，带回了教育和基础设施改革的蓝图，在国际舞台上为维护中国主权折冲樽俎。

周厚坤参与了下一道科技前沿的形成。航空工程学尚无人知晓之时，他就在麻省理工学院帮助航空学教师杰罗姆·C. 亨塞克（Jerome C. Hunsaker）建造了一个风洞来研究飞机设计。

后来，他回国的时候，还带了一台（独特的）打字机。

周厚坤的学业活动集中于麻省理工学院及周边地区，但他最重要的社会和政治交往圈子是中国留学生群体。到了波士顿后，他在后湾区的圣博托尔夫街上找到了一处公寓，去往科普利广场附近的博伊斯顿街和克拉伦登街的麻省理工学院原校址步行仅需10分钟。在这几条街的范围内，他展开了活跃的社交生活。在大都会俱乐部，他接触到了来自世界各地的人；在步枪俱乐部，他见识到了美国人对枪的深厚感情。然而，日常生活中对他帮助最大的还是"中国留学生会"（Chinese Students' Alliance）这个中国学子在海外的家。它为美国的年轻中国留学生提供了最重要、最广泛的社交关系网。周厚坤加入时，全美中国留学生的 2/3 已经是留学生会的成员。留学生们来自中国不同省份的城市和乡村，若在国内可能彼此永远不会碰面。在美国，他们互相依靠，彼此成为对祖国和家人思念的寄托。他们就政策开展辩论，关注中美关系。他们交流各种信息，如吃西餐该注意哪些礼仪，出席晚会穿的西装去哪家裁缝店做，学习之余可以去哪家深夜营业的中餐馆吃夜宵、闲聊天。

这个群体办了一个刊物，即《中国留美学生月报》（The Chinese Students' Monthly），为留学生提供了一个捍卫和试炼自己观点的重要平台。留学生时刻不忘民族主义。毕竟，他们是第一批睁开眼睛看世界，准备应对中国充满不确定性的未来的人。前几个十年中，就连朝廷大臣也并不真懂外交事务和国际法，离家万里旅行连想都不要想。现在，周厚坤和同学们跨越大洋，从一个大洲到了另一个大洲，开阔了眼界，对中国的未来有了更清楚的看法。

与此同时，中国国内政局动荡不稳。周厚坤在国外的 6 年里，中国经历了一场民族革命、一届总统制、议会的解散和两次复辟帝制的企图。东边的日本磨刀霍霍，在接连打败中俄两国后，1910 年刚刚在朝鲜建立了殖民统治。同时，欧洲爆发的第一次世界大战揭示了西方不同政治制度之间的裂痕和深刻矛盾。欧洲作为进步模范的光环开始褪色，日本对中国愈加虎视眈眈。中国城市中的新闻头条充斥着有关汉奸和日本人狼狈为奸、叛国腐败的指控。

受国内政治动荡的刺激，中国海外留学生的民族主义情绪上升到新高度。东京和巴黎的留学生在无政府主义思潮的激励下大声疾呼变革,有时头脑发热,口出狂言。留美中国学生尽量保持冷静,把注意力集中在学业上,因为他们知道学习的机会是多么难得。有些人觉得中国必须找到自己的前行之路,不要采取激烈鲁莽的行动,而应通过获取更多知识来实现渐进式改变。"一个国家没有海军或陆军并不可耻,"和周厚坤同为留学生的胡适坐在康奈尔大学的宿舍里,他在日记中写道,"但一个没有大学、国家图书馆、博物馆或美术馆的国家却应该感到羞愧。"

周厚坤不像其他中国留学生那么关心政治。他打算以自己的方式为国效力。他在机器大厅看到蒙纳铸排机并为之惊叹后,开始了认真的研究。他阅读了他能找到的关于蒙纳铸排机和打字机的所有资料。他仔细梳理相关手册和通俗杂志,去波士顿公共图书馆地下室查阅专利记录,还专程去泽西市(Jersey City)参观美国字体公司,去费城参观蒙纳公司的原型机。他也参观了其他类似的机器,如"雷明顿"(Remington)、"安德伍德"(Underwood)和"无噪"(Noiseless)这些品牌的打字机,琢磨如何将其适用于中文。

等到周厚坤得以把全副注意力转向他这个执着的念头,已是1914年夏。那年春天他学成毕业,获得了机械工程学和海军建筑学双学士学位。他用从中国进口的半吨竹子做实验,根据实验结果写出了关于竹子可用作钢筋的论文,大获赞许。他完成了学业,现在该为国家多做点事了,虽然他比以前更加清楚地了解了制造中文打字机在技术上的困难。

任何打字机都具备四个基本特征:一个在纸上留下印痕的打击机制、一个正确摆放纸张的托架、一个控制着托架渐次运动的间隔机制、一个键盘。打字机和蒙纳铸排机一样,整个行动依靠键盘发出指令。键盘是打字机工作的总控制板。

然而，设计适用于中文打字机的键盘似乎是不可能的。西方的字母键盘可行，因为它可以很容易地用键盘上有限的字母拼出无穷的不同单词。每个键只简单地与一个字母连接在一起。中文的常用字多达数千个。如周厚坤所说，需要一种机械连接，能够"暂时用于一字，但也可转用于所有其他字"。但是，这个要求会大大改变打字机的机械构成。必须制造新的连接来拉动不止一个字键。必须设计更为复杂的连接，才能指示打字机选择正确的字。问题是如何把原本设计操作26个字母的打字机改造成能够打出数千个汉字的机器。

周厚坤看过所有种类的西式打字机，无论是皇家5号打字机，还是被誉为"脑力劳动者的机器"的皇家10号打字机，或是在近几次世界博览会上囊括所有大奖的雷明顿打字机。这些打字机都有一个共同的"一对一"特征：一个键对一个字母。周厚坤考虑到，假若中文打字机"安装上如林的字键"，那就与打字机的目的背道而驰了，因为打字机的核心设计原则是"小型、轻便、简单"。事实上，周厚坤写道："任何一字配一键的想法均几近荒唐。"为此，他认定，"中文打字机之设计必须在根本上截然不同于美国现有的任何打字机"。在周厚坤看来，需要重新思考键盘设计。

那时，"QWERTY"键盘已成为普遍应用的标准。可是，西方早期打字机没有今天这样的键盘，甚至外观都与现代打字机完全不同。周厚坤得知此事一定大受启发。1876年费城世博会上展出的一架"肖尔斯和格里登"（Sholes & Glidden）打字机装在一个木盒子里，托架的一边装着一个曲柄和一个轮子。也被称为"雷明顿打字机"的这架机器镶嵌着精美的花卉图案，只能打大写字母。早期打字机受乐器和缝纫机的启发，用脚踏和卷筒来操作。有的机器没有键盘，安装着黑白色的钢琴键。还有的机器顶上安着一个圆滚滚的装置，活像插针包，字母键如同插在上面的针。1856年推出的早期库珀打字机模型有一个圆形拨号盘，像转盘拨号式电话机一样，字母不是直线排成四排，而是呈半月形排列在金属底盘上。

　　键盘的形式不止一种。插针包式的设计也许会令中国排字工人大惑不解。他们习惯了好几千个字模整齐排列的字盘，没有见过可以装在一个小圆包上的有限的一组字母。不过，圆形设计不一定不行，至少可以一试。实际上，初次尝试制造中文打字机的时候，人们就实实在在地遇到了机器大小的问题。1897年，一位名叫谢卫楼（Devello Zelotes Sheffield）的美国长老会传教士在工程师卡洛斯·霍利（Carlos Holly）的帮助下造出了第一台中文打字机。霍利家族大名鼎鼎，消防栓的发明者就来自这个家族。

　　谢卫楼决定去中国传播上帝的声音之前，曾参加过美国的南北战争。他英勇无畏、意志坚定。到中国后，有一次他不巧遇上一个发疯的木匠，被打得受伤三十余处，但他没有被吓住。19世纪80年代早期，谢卫楼开始考虑使用汉字刻印。当时，多数西方传教士高度依赖中国代笔人来写中文。传教士用自己掌握的那点汉语说明意思，由代笔人把他们的意思写成文言文。这个过程耗时费力，而且谢卫楼觉得传教士因此过于受制于手下的中国人。他怀疑也许上帝的福音有一部分没能跨越语言障碍。谁都知道，为西方人做事的中国人会改动某些字句，把某些段落的意思改得面目全非。所以，这种合作并不总能产生好结果。

　　谢卫楼有一次去纽约，见到发明了霍尔指针式打字机（Hall index typewriter）的托马斯·霍尔（Thomas Hall）。霍尔和谢卫楼一样积极开拓进取，也想造中文打字机，却屡试屡败。不过，他经过多次失败，产生了许多想法，认为可以设法把汉字分解成一套标准要素，用不同的键来代表，然后再将这些要素结合起来形成完整的汉字。可是，他告诉谢卫楼，他发现真正的问题在于汉字笔画的大小、比例以及不同笔画之间的关系。汉字的间架结构变化百出，无法用键盘来操作笔画的组合。

谢卫楼把霍尔的结论作为自己起步的前提。他在建造自己的打字机时，没有试图用汉字的组成部分或笔画作为汉字的索引。他认为，每个汉字理所当然地是"不可分割的个体"。

他设计了一个大圆盘，能够容纳4 000多个汉语常用字。那些字围绕着圆盘的中心一圈圈地排列在圆盘上。圆盘正面的每一个字都与背面的同一个金属铸字相对应。整个机器看似一张小桌，桌面是安有字键的圆盘，下面是放纸的托架。

字盘按照当时通用的威妥玛-翟理思式拼音法（以下简称威式拼音法）安排，没有遵照中国传统的汉字组织法，因为谢卫楼设计的打字机是供和他一样的外国人使用的。每隔6圈设置的罗马

容纳4000多个汉字的打字盘

可以打4 000多个汉字的打字机

图4　谢卫楼的中文打字机。《中文打字机》，载于《科学美国》1899年6月3日刊，第359页。

字母拼音代表着字盘那个部分的字的发音。打字的时候，操作者用左手转动圆盘，用一个细长的指针选中想要的字。然后用右手拧一下小曲柄，把托纸的托架精确地放在所选字的下方。最后，操作杠杆和凸轮把纸抬起来，一个小锤会击打纸张撞上涂了墨的字模，在纸上留下印痕。整个操作过程需要特别小心，每一次都要把墨滚仔细对准字模，否则就可能印下旁边字模的一部分。每打好一个字，必须把托架恢复原位，然后才能打下一个字。

　　操作这部机器需要全身运动。熟手可以快速在字盘上找到常用字，不常见的字却需要使劲伸手去够，因为它们不经常使用，所以在圆盘上的位置离操作者最远。谢卫楼希望这样的动作做惯了能帮助形成肌肉记忆，缩短操作时间。为防西方人偷懒，只依赖机器，不学习汉字，谢卫楼坚持让打字者每次选字时都必须扫视各个字的轮廓，因此能够不仅记住字的罗马拼音，也记住字的形状，这类似中国学童通过一遍遍抄写来学习汉字的方法。谢卫楼希望，传教士用此机器可以成为"自己思想的主人"，而不是永远依赖当地人，因为当地的抄写人不一定会忠实地记下上帝的教诲。

　　周厚坤为发明打字机做研究的时候，发现了谢卫楼的发明，从它的不足中吸取了教训。要把几千个字塞进本来只用26个字母的机器，必须节约空间。周厚坤知道，打字机必须能在书桌上放得下，这样才能像他在博览会上看到的那样，一个姑娘就能轻易操作。他知道，打字机的大小应尽量接近西方语言的打字机，太大的话既不美观也不方便。不过，还是不能指望中文打字机和西方打字机一样大小。按照当时的广告宣传，一部标准的雷明顿打字机长15.75英寸（1英寸约合2.54厘米），宽11英寸，高12英寸，重约42磅。周厚坤最后做出的原型机所占面积是24英寸×36

英寸，但重量稍轻，为40磅。

机器大小也决定了其内部操作空间。一个字母只需敲击一下键盘即可在纸面打上墨迹，但一个汉字需要几处机械协调才打得出来。打出复杂的汉字需要齿轮、棘爪和棘轮彼此间的一系列额外动作。周厚坤觉得只有一个办法：为优化打字机的内部机制，键盘不能是装在外面的控制板，而应该成为字模选取过程的一部分。也许可以采取类似中国排字工人习惯的那种活字字盘的操作方式，做成字键板。

周厚坤细读过谢卫楼打字机的操作手册和指示，也研究了当时可以打出3 000个字的日文打字机。日文打字机很有参考价值，但日文总的来说用的汉字比中文少得多。汉字只是日文现有三种书写系统中的一种，所以日文打字机的设计满足不了中文的需求。周厚坤没有试图把汉字分解成不同部分，而是走了谢卫楼的路子，但他在整字打字操作的简约化方面比谢卫楼更胜一筹。

周厚坤在一个平面网格里把字排开，任何字都可以沿X轴和Y轴找到。换言之，每个字现在都有了自己的坐标。这是对谢卫楼设计的重大改进。按照谢卫楼的设计，操作者必须在两只手进行不同操作的同时扫视转动的字盘，搜索想要的字。周厚坤把金属字模固定在和一个十字框相连的4个圆筒的曲面上。每个圆筒直径3英寸，长10英寸，安着1 500个字，这样打字机就可以打6 000个字。示意图上的每个坐标都与圆筒之一上面的一个具体位置相对应。

打字时，把选字指针移到示意图上想用的字上方，压下指针会释放一个打击机制，把字模打向纸张。周厚坤的打字机简化了找字的任务，却还是按照《康熙字典》确定的214个部首的传统组织法来排字，没有触及分类和索引编制。就他的方法而言，语言学方面的首要挑战是决定打字机的字盘包括哪些字，工程学方面的首要挑战是设计一个将平面的一点与圆柱曲面的一点连在一起的机制。

为解决第一个问题，周厚坤查了《康熙字典》。里面共有4万多个字，其中许多是古字，现已不常用。比较近代的缩减版似乎就足够了，但就连缩减版也有约9 700个字。周厚坤需要把这些字进一步精简。在与纽约的朋友和熟人的商讨中，他听说上海的长老会传教士使用的活铅字印刷机一般有5 000个常用字。

到底什么算常用字并非总是清楚明确的——时至今日依然如此。例如，"我的""你的""它的"里面的"的"这个表示拥有关系的修饰词在现代汉语常见字中居于首位，但问句结尾处的"乎"字的用法就比较古老，在没有标点符号的古文里更加常见。周厚坤的选择标准是平均识字水平。鉴于当时平均读者的词汇量只有高水平读者的2/3，他决定自己造的打字机要能打出4 000个最常用的汉字。

周厚坤为了制造原型机，连续两个月不眠不休，费尽心血。1915年在马萨诸塞州阿默斯特（Amherst）的东美中国留学生会（Eastern Section Chinese Students Conference）上，他向中国留学生展示了他的原型机。大家为这部40磅重的打字机惊叹不已，请周厚坤在《中国留美学生月报》撰文介绍这项发明。经过数年的策划和几个月的艰苦努力，周厚坤即将成为第一个为中国人发明中文打字机的人。消息终于要公布了。

周厚坤之所以取得突破，是因为他想出了办法，把从字盘中选字取字与圆筒上刻的字着墨并打印的机械操作连接起来。操作者因此可以用尽量简练的方式完成机械动作的一次性协调。周厚坤在载于《中国留美学生月报》的文章中详述了他的打字机的各种细节和他所克服的技术挑战。当然，他知道自己并非发明中文打字机的第一人，前面有谢卫楼的打字机，还有日本人创造的更早的原型机。他说这两个发明各自达成了与他的想法殊途同归的结果，这是对先驱的尊重与承认。

可是，就在他准备发表文章之时，一个突如其来的挑战几乎打乱了他的闪亮登场。祁暄也是中国留学生，在纽约大学读工程学。周厚坤不知道，祁暄也在研究制造中文打字机。他依据另外一套原理开展研究，即按照组成部分来组织汉字，由此设法解决了把周厚坤、谢卫楼和其他人难住的问题。

祁暄不像周厚坤，他并未全面融入中国留学生圈子。来自中国南方福州的他比周厚坤年长近九岁。祁暄没有加入中国留学生会。虽然他也是公费生，但他不是周厚坤所属的精英团体的成员。1911年辛亥革命爆发前不久，他离开中国到伦敦大学学习了9个月。1914年2月又到了美国。

祁暄离开中国的时机并非偶然。在美国的其他中国留学生似乎都不知道，祁暄在国内是激进学生。他从英华学院毕业后，加入了一个秘密社团，该社团是孙中山寻求推翻清政府的地下抵抗运动的一部分。为表示对清朝统治的抗议，祁暄剪掉了清朝男人必须留的辫子，还参加了引爆炸弹以助革命的密谋。一次行动失败后，他得以逃脱抓捕，决定去国外留学以保安全——许多中国学生在政局动荡之时都走了这条路。就在《中国留美学生月报》发表周厚坤文章的几天前，美国报纸和《中国留美学生月报》于同期公布了祁暄的发明。

祁暄的机器没有周厚坤的网格式字盘，键盘只有3个键：后退键、前进键和选字键。不过，祁暄的机器也采用了打字滚筒

（两个滚筒对周厚坤的4个滚筒）。上方滚筒包着印着字的纸，起指示的作用。下方滚筒的铜制表面刻着与上方滚筒相对应的字，用来打字。操作者使用一个手轮来转动上方滚筒，直到从机器正面的视窗里看到想要的字所在的那一行。接下来，使用3个键从那行字中选出想要的字，把滚筒的位置锁住以对准下方滚筒上刻的同样的字，然后把字印在纸上。

周厚坤和祁暄的打字机虽然外观大不相同，但基本设计和机械装置非常相似。祁暄的打字机能打4 200个字，只比周厚坤的核心字库多200个。然而，在一个非常重要的方面，祁暄的机器与周厚坤的不同：他脱离了当时占主流的整字打字理念。他的4 200个字中，1 720个是通过把偏旁部首摆在各种不同的位置而组成的字。这样，他的机器在理论上就可以用同样的偏旁部首组成更多的字。据称，打字者使用机器的3个键采取上述三步操作法，可以产生5万个合体字。

祁暄解释说，操作他的机器不像打汉字，反而比较像拼英文单词。如果把部首当作一组组字母，就可以像玩拼字游戏一样组成各种合体字。拿"exist""expect""submit"这3个英文单词做例子。可以把组成它们的字母混合重组成新的单词，如"sum""suspect""subsist""bit""mist""its""sex"。现代英文单词每个字母所占空间的大小都一样，整齐地排成一排。但偏旁部首在不同汉字中位置不同。它们在田字格的4个小格中占据哪个小格因字而变，这意味着它们在字中的位置乃至大小都会有变。例如，"火"字单独占据整个方格，但用作"燒"（烧）字的左部首时，它就窄了许多，当把它放在"熱"（热）字底部时，它的形状完全变了，成为4朵火苗。祁暄在滚筒上分别刻上这类部首，以此解决了它们位置不同的问题。这样，"火"字至少有3种与其他偏旁组合的方法，因此能产生更多的字。

对于必须将每个汉字当作整体单位的主张，祁暄不以为然。他将汉字视为模块式组合，如同用字母拼成的单词。组成一个汉字的模块可以拆解组成别的汉字。他开始试验各种办法时，发现康熙字典的有些部首并不合理。他自作主张，加上了几个他自己设计的、自认为更有用的部首。这比周厚坤迈的步子更大。其他人慢慢也开始怀疑纯粹用部首来区分汉字是否仍然合理。

周厚坤没有料到别人在后面追得这么紧。不久后，他和祁暄在《华盛顿邮报》和《纽约时报》以及中国自己的《东方杂志》和《中国留美学生月报》等中英文媒体的报道中分别被宣布为做出了突破的发明者。

周厚坤听到关于祁暄的消息后，一定曾一度踌躇不决：他是应该有风度地予以承认，表现出高风亮节，还是应该把祁暄挤开，宣称自己才是发明者？为什么要向祁暄致敬，把公众的注意力从自己发明的机器上转移开去呢？毕竟，他们二人的发明是前后脚公布的。周厚坤将谢卫楼的发明奉为先驱，但他不必承认祁暄的机器发明得更早。他完全可以假作不知，独揽功劳。周厚坤在中国留学生圈子里的朋友们谁也不会在乎。事实上，胡适听说了周、祁两人的发明后，更偏向周厚坤一边，对祁暄是否真正解决了偏旁部首在字内位置的问题表示怀疑，因为祁暄做的演示只涉及少数汉字。问题是，是否所有汉字都能拆开重组为新字，间隔和比例都正确无误？归根结底，打出来的字看起来要自然。如何做到这一点将成为周厚坤和祁暄之后其他人费神的一大难题。眼下，周厚坤有庚款留学生关系网的支持，他可以按照自己的心意去做，没人会认为他不对。

但是，周厚坤最终还是良心不安。父亲教导过他，勤奋努力和锲而不舍得来的成果才是诚实的，利己不能损人。周厚坤也显然对自己的机器能占优势怀有信心。他在载于《中国留美学生月报》的文章中，从最早的前辈开始，大方地承认了别人应得的功劳。"必须说明，"他在脚注里承认，"我并非唯一对此感兴趣并试图寻找解决办法的人。其他人为寻找这一问题的解决之法也花费了大量时间和精力。"

周厚坤对谢卫楼的开辟性努力给予了应有的赞扬，并礼貌地指出了其不足之处，对祁暄却采取了另一种方法。他讨论了祁暄所做发明的基本原理，却在文章中避而不提他的名字。只有首页的编者注提了一下祁暄的名字："本文尤其及时，方才付梓即得知纽约大学的祁暄宣布造出了中文打字机。本文亦讨论了祁先生的发明所依据的原理。"周厚坤没有公开承认祁暄为平等竞争者，而是通过分析祁暄的发明所依靠的基本概念来显示他的发明有根本性错误。

周厚坤起初也曾考虑过拆分汉字，但后来放弃了此想。他忠实遵循《康熙字典》的标准部首，和大多数人一样对其全盘接受。他究竟做过多少语文学方面的研究并不清楚，不过他自称花了一个夏天研究汉字的构成。他因此对相关规则有所了解，但可能不足以令他敢于逾矩。他本着和谢卫楼一样的工匠精神，断定汉字只能作为整体来对待。

谢卫楼和周厚坤出于不同的原因，都认为汉字发展成今天的形状自有其道理，因此维护汉字的整体性至关重要。祁暄的设计"徒有表面功夫，"周厚坤告诫道，"但人们忘记了同一个'部首'在不同的字中不仅大小不同，而且形状各异，在字中的位置亦不相同。"他以方形的部首"口"为例。"古"和"哭"字都有这个部首，但在这两个字中，部首"口"的大小和位置迥然不同。因此，这两个字不能使用同样大小的"口"，因为两个字的构成不同。如果强行把大小不对的"口"放到一起，字就不成样子，会出现不该出现的笔画重合。

归根结底，人为拆解汉字与传统和习惯完全相悖。在周厚坤看来，正式文字系统不能随意拆开重组。文字从来与权威画等号，它象征着对往昔的尊敬，也是合法性的代表。所以，正式与非正式文字之间从来泾渭分明。朝廷录事的一项工作就是将正体字与异体字区分开来，以此来维护书写的正确形式。周厚坤承认，祁暄的用不同部首组成4 200个字的办法也许能把字印在纸上，但他不相信重组的字真能做到在间架结构上正确无误。

周厚坤不动声色、居高临下的态度激怒了祁暄。他立即给《中国留美学生月报》的编辑写了一封火药味十足的信。基本意思是，谢谢周先生指出了明摆着的问题，但"既然我已经成功设计并制造了一部中文打字机的模型机，那么我认为我知道个中原理"。祁暄重申，他的滚筒包括了有关部首所有可能的位置和大小，一共有393个不同位置，也就是说他的设计已经先一步解决了周厚坤所说的难题。

祁暄接着用轻蔑的语气冷冷地写道，不能苛责周厚坤不懂得相关概念，因为"当然，如此巧思创新的装置需要深厚的机械知识，还要有对汉语词典和词源学多年勤学的积累"。他暗示周厚坤是学科学的，不是语言学者，对语言学这门深奥的学问一知半解。事实上，周厚坤似乎"要么缺乏足够的机械知识，要么没有弄懂'部首制度'，尽管他（写的文章）权威派头十足"。

最后，为了把话说透，祁暄把所有发明整字打字机的人都讥为没有想象力的平庸之辈："我只能把他们的发明视为区区'不完美的打印机器'，机械上没有优势，商业上全无价值。"在祁暄看来，这群人因想象力不够而舍近求远，居然还沾沾自喜，周厚坤就是其中一个。

周厚坤遭此讥讽，可能懊恼自己当初没有在词典编纂学上多下功夫。知道每个字的来源及其在不同语境中的含义是旧式学者的一项基本技能。周厚坤从父亲那里学到的东西能令他在旧教育制度中脱颖而出，却不足以帮他改造旧制度。他记住了需要查阅哪些标准的参考书，如《康熙字典》，对里面的内容不加怀疑地照单全收。他靠着这个方法在传统教育制度内出人头地，那时这种学习方法是受到鼓励和推崇的。

也许更重要的是，周厚坤内心从来不是真正的文人。他不去练书法，而是发明了专门的磨墨机。他不像他父亲在青葱岁月时那样在田野中长时间漫步沉思，而是把时间花在制作机械木屐上。他从未有过他父亲的斐然文采，除了写文章介绍自己发明的打字机，基本没留下什么文字。周厚坤成长于两个世界交界的边缘：在传统世界里，他是恪守儒家教诲的儿子；在现代世界里，他需要做大胆的科学家和工程师。

祁暄正确地指出了周厚坤的弱点，但他的反驳最终并未产生多大影响，也未替自己赢得多少支持。《中国留美学生月报》的读者群对他并不熟悉，办报的是和周厚坤一样千挑万选出来的年轻精英、中国未来的领导者。另外，祁暄对拆解汉字的贡献虽然重要，但只是一次性的实验。汉字解析尚在早期，大多数人和周厚坤一样，依然以传统的部首为准。

祁暄的打字机在别的地方获得了应有的承认。那年在旧金山举行的巴拿马-太平洋万国博览会上，祁暄的打字机被选为中国官方展品，引起了一个中国商会的兴趣，想将其投入商业化生产，推广使用。祁暄也得到了中国驻纽约总领事杨郁英本人的支持。

祁暄的研究开始不久，杨郁英就慷慨解囊提供资助。1915年3月，祁暄的打字机终于面世后，杨郁英用它打了一封信寄给自己在华盛顿特区的办公室，以此公开表示对这项发明的支持。同月，祁暄在曼哈顿上西区哥伦比亚大学附近自己的小公寓里对一群记者演示了他发明的打字机。两天后，《纽约时报》登载了一篇赞许的报道。祁暄请当地的留美学生事务办公室将打字机的说明和草图呈交给中国教育部。当年9月，农商部授予他一项为期5年的专利。两年半后，祁暄又获得了美国的专利。

即便如此，祁暄发明的打字机在中国从未获得在美国那样的显赫名声，也从未接到大批量生产所需要的资金。像胡适这样的重要人物更加偏向已经颇有声望的周厚坤。周厚坤在一家美国的飞机公司当工程师，事业有成，国内的聘约也纷至沓来。他具备了一切条件，完全可以成为当时新生的航空技术领域的主要科学家。周厚坤本来可以待在美国，也许会和麻省理工学院的许多著名校友一样，有朝一日登上麻省理工的讲台。他本来也可以像祁暄那样，在美国为他发明的打字机申请专利，以此为这段经历画上句号，这是保险的办法。

但是，周厚坤选择离开美国。他的父亲尚在国内，已年老体衰。中国固然没有航空工程学，但中文打字机可能比先进的飞机对中国更加有用。此外，他接到了正争取成为中国出版界执牛耳者的上海商务印书馆条件诱人的邀约。商务印书馆想把周厚坤的打字机发展为商业产品，愿意为他提供所需的金钱和时间。于是，周厚坤决定回国，放弃他在美国的航空事业，带回他那可能给中国带来巨变的发明。

1916年夏天，周厚坤甫到上海，便接到演讲邀请，请他介绍他发明的打字机、航空学以及他在国外的经历。周厚坤得到的待遇几乎可比名人。此时的上海已大不一样。这个城市已经发展成为生机勃勃的商业和消费中心——银行、烟草公司、剧院、争奇斗艳的舶来品和国货、林立的广告牌。国家政局动荡,军阀割据,各自为政。同时,这又是中国青年空前的文化觉醒期。他们热切地渴望摆脱传统,拥抱现代。许多人蜂拥前来参加周厚坤的初次演讲会。

那是7月22日,一个闷热无比的星期六夜晚。周厚坤走上讲台,放下手中的提包。听众就座颇费了些工夫,人们在走道上排起长队等待下一列座位开放。周厚坤借此机会点了下人数并调整呼吸放松。后面几个晚到的人在大口吞吃已经热得融化了的免费冰激凌。隔着一排排座位和座位间的走道,企业家与进步文化人士互相致意。学生们招呼着朋友占座,他们的老师忙着四处张望,顾不上管他们。

已经就座的人终于有时间端详台上的演讲人。这位刚从美国归来的27岁的年轻人要展示那个十年的一项重要工业发明——他的中文打字机。他的脸棱角分明,站在那里腰板挺直,但他个子不太高,也就不给人以压迫感。他戴着银丝小圆眼镜,镜片中透出来的目光清冷淡漠,那副眼镜与他牙关紧咬的下颌并不相配。不过,他那剪成短短的西方样式、抹了头油的乌发倒是非常摩登。钟敲了八下,人群安静下来。会场里,人们充满期待。

周厚坤没有马上开口,而是做了件奇怪的事:他从提包里拿出一身工人的工作服和用具,开始一件件套在他裁剪合身的西装外面。他把一只手塞进手套,好似在准备完成一项困难的任务。同时,他语气温和而坚定地说:"今天我要告诉大家一句话——'不要怕把手弄脏'。"("今日有一语奉赠,即'勿怕龌龊'

第二章 挤进打字机(1912年)

是也。")

这句神秘的话令听众颇为不解。他可能是在认真提出忠告，也可能另有深意——但穿工装是什么意思？大家不明白，但兴趣被勾了起来。毕竟说好了今晚会有惊喜。关于在上海繁忙的老西门附近举行的这场特别活动，传单和报纸此前几周一直在宣传造势。活动主办方是思想进步的江苏省教育协会夏季班。会场位于一条尘土飞扬的大马路旁。马路一边依稀可见旧城墙的痕迹，另一边是高级的西方人居住的国际租界。在往昔荣耀和外国统治的地标之间，工业界人士和文化界有影响力的进步人士济济一堂，互相交流最新消息和圈内传言。周厚坤是主角，他演讲之后还有一直延续到深夜的其他娱乐活动，包括一场投影幻灯戏和幕间齐特琴演奏，还有大量的冰激凌供场中观众解暑降温。

周厚坤开讲说，中国社会从来看不起诚实的体力劳动，只欣赏重视终日埋头苦读、奋笔疾书的文弱书生。读书人重学问轻手艺，对做工劳动嗤之以鼻。周厚坤警告说，这些书生堪称手无缚鸡之力。

他语声稍顿，让这个形象深入听众脑海。下面坐着的人似乎能感觉到"长着羽毛的鸡脖子"从自己无力的手指间滑落。然后，周厚坤讲到了他的中心论点。1912年成立的中华民国反对传统以及过去受重视的一切，但它面临着重建国家的巨大挑战。年轻一代肩负着建设未来的重任，但关于未来却从未有过任何具体计划。如今最为紧迫的莫过于重建国家基础设施，使之实现现代化。然而，年轻的中华民国正深陷新的动荡之中。保守的旧势力和年轻的自由派之间的权力之争把脆弱的国家撕得四分五裂，就连实际担任国家领袖的孙中山也无法阻止数十个军阀割据地盘。军阀混战，还勾结外国人从中国的政治乱局中谋取私利。最大的军阀袁世凯兵强马壮，甚至称帝近3个月。另一个军阀试图扶助末代皇帝重坐龙椅，复辟维持了12天。

政局动荡暂且不论，现在需要费尽心力来收回并发展矿山、铁路、电报业等基本产业，这些产业过去大多由外国人管理并拥有。中国自然资源丰富，但缺乏技术知识和现代机械，无法将自然资源转化为资本。此外还有中国人根深蒂固的轻视体力劳动的偏见。唤醒国人认识到未来的挑战尤为重要。周厚坤有幸在美国这个值得效仿的国家待过。美国人的民主精神和勤劳肯干与中国养着一群百无一用的书生、阻碍真正进步的做法形成鲜明对比。他希望听众得知中美之间的对比后能够被说服。他接着说：

吾国人最怕龌龊……一切龌龊工艺之事，绝不能举，以致士无能力，农工无学识。美国罗斯福以总统之尊，其家属犹作木工。虽中西风俗不同，而国之富强贫弱系焉。世界最难之问题，厥在生活。中国国民苟不欲谋生活，则亦已耳。若欲谋生活，必自提倡工业始。鄙人现所穿之衣服，即在美国留学至工厂实习时所穿者。此衣虽极简陋污秽，但不易穿，盖此种服装，乃工人之标记。工人云者，必能生利也，能生利可免为寄生虫矣。中国寄生虫最多，其大部分为读书人。

周厚坤话说得严厉，却不无道理。帝国的光鲜表面坍塌后，中国的严重落后暴露无遗。包括周厚坤在内的许多中国人把美国视为可羡的楷模，其他人出于同样的原因对美国感到恐惧，周厚坤却另有见地。他接受的训练教会他冷静思考，理性看待问题。他这种思维的证明就是他发明的40磅重的打字机。那个7月的夜晚是对未来的预示。很快，科学与民主将成为中国现代启蒙时代的两大口号。这两个领域需要有勇气担当的人。说到底,谁还能比工程师更有能力响应号召行动起来呢?周厚坤得到了归国以来最热烈的欢迎。那天晚上,人们称他为"工业之星",世界似乎尽在他掌握之中。周厚坤在国外的苦学产生了成果。现在的问题是,中国对他所代表的主张会如何做?那天晚上的每个听众心头一定都萦绕着这个问题。可是在那时,第一次世界大战的战火已经燃遍欧洲大陆,很快会将中国投入更剧烈的动乱。周厚坤列举的困难因此将进一步加重。

  周厚坤在美国苦读之时,中国越来越深地卷入了欧洲的麻烦。1914年8月,欧洲打响了20世纪以来最惨烈的战争。中国及早做了打算。当时,德国占据着山东省的港口城市青岛,那也是它自1898年以来在东亚获得的唯一殖民地;英国和法国在上海和天津都有租界;日本自1895年占领台湾后成为日益增长的威胁。世界大战的每一个主要交战国都在中国划定了自己的势力范围,因此战火烧到中国的风险是实实在在的。大战伊始,中国即宣告中立。然而,一部分中国政治精英认为,不偏不倚并非良策。他们说,中国要想成为国际大家庭中受人尊敬的一员,最好的办法莫过于积极地出一分力。若能借机把德国人赶走,夺回孔孟二圣的诞生地山东,那更是锦上添花。时任大总统的袁世凯对协约国表示愿意出兵5万,但英国人谢绝了。他们不需要中国的帮助,也许觉得中国给得太少。

  与此同时,日本人也看到了机会。1902年,他们与英国人结盟打败了俄国人。现在,他们又想利用这个同盟关系作为楔子来拓宽进入亚洲大陆的通道,切入点就是中国。英国正式宣战几天后,日本对德宣战,它向德国发出最后通牒,要求德国放弃在中国占领的土地，还自封德国归还中国土地这一过程的官方中间人。8月末，日本海军舰队在青岛北边约130英里的龙口港靠岸。11月，德军投降。

欧洲人怀疑日本始终意在中国，因为日本从未表现出向欧洲大陆派兵的兴趣。中国依然希望，如果自己真诚付出，国际社会就会要求日本言而有信。北洋政府财政部高级官员梁士诒想出了一个办法。英法两国在大战中均死伤惨重：法国伤亡130万人，英国伤亡75万人。两国腾不出劳动力用于战争的基础设施建设，如挖战壕、搬运军火弹药和埋葬死者。梁士诒表示可以提供这两国亟须的劳动力。

很快，中国开始输出劳工，称为"中国劳工团"。到"一战"结束时，约14万中国人去了西欧。这是中国赞助的最大规模的劳工输出。此前只有清朝在1904年至1910年做的一次规模小得多的实验。那次，中国北方的6万劳工被送到南非金矿里做工。19世纪的中国劳工经常是被劫持后强行送到加利福尼亚、秘鲁和古巴等地做奴工，但这次国家招募的劳工都是自愿报名的。劳工经过仔细甄选，是梁士诒所谓"以工代兵"外交的一部分。不幸的是，此举并未抵挡住日本的威胁。

1915年1月，日本向袁世凯提出了21个条件。日本不但不肯守诺把山东省还给中国，反而得寸进尺。它要求中国将德国原来享受的一切权利和优惠转给日本，并将山东省内所有矿山和铁路的权利交给日本，还要对日本开放通商口岸并给予日本国民在中国的居住权。此外，山东省一切军务均需与日本顾问商量，并定期派遣合适的代表赴日举行磋商。那时，日本已经掌握了德国原来的所有殖民地，不仅是中国青岛，还有西太平洋的密克罗尼西亚群岛（Micronesia），包括帕劳（Palau）、丘克（Chuuk）、波纳佩岛（Pohpei）、雅浦（Yap）、库萨伊岛（Korsrae）和马绍尔群岛（Marshall Islands）。日本正在亚太地区确立新的落脚点，决不肯撤离。袁世凯无奈只得接受了所有条件。直到6个月后，协议内容才公之于众。

"二十一条"令国际观察者为之震惊，在中国引爆了民众的愤怒。人们呼喊口号痛斥袁世凯卖国，要求必须阻止日本。中国人民的愤怒在海外也引起了回响。年轻的中国留学生本来一心想效仿西方国家，却发现这些国家联手坑害中国，深感遭到背叛，失望幻灭至极。在美国、法国和其他西方国家，中国留学生誓言采取行动。中国留学生会的成员写信给美国政客，发表文章和观点，在全美各地的大学召开紧急会议，试图向国际社会，特别是向美国据理力争，希望它们谴责日本的行径。

中国政府签署"二十一条"的日期5月9日马上被民间组织宣布为国耻日。这是民国时期26个国耻日中的第一个。一年中的各个国耻日（只有12月没有国耻日）时时提醒国人勿忘迫在眉睫的亡国灭种大难和所谓的"百年屈辱"——指自第一次鸦片战争以来中国在西方人手中遭受的一系列失败和剥削。接下来，成千上万的抗议者，包括商人和工业企业家，发起了大规模抵制日货运动。4 000名留日学生集体回国以示抗议。

"一战"结束后，中国并未得到它希望的正义。巴黎和会对中国的恳求置之不理，它甚至没有正式邀请中国与会，西方列强也未对日本在山东的行动提出异议。伍德罗·威尔逊（Woodrow Wilson）总统在战争正式结束时发表讲话，他所说的世界和平与平等听起来完全是虚情假意。学生们达成了共识。正如他们之中的一员所写："吾等猛省到，列强自私自利，穷兵黩武，谎话连篇。"当时美国驻华公使也同意学生们的看法："这个打击令中国人民希望破灭，使他们对国际公平的信心荡然无存，一想到中国人民受到如此打击，我就感到痛心沮丧。"

1919年是个转折点。5月4日，中国发生了第一场学生领导的示威运动。它作为著名的"五四运动"深深地刻在民族记忆里。这场反帝民族主义运动开启了中国现代史上一系列学生运动。示威初期，三千多名学生走上街头和平游行。接下来的数月间，工人、商人和教师也加入了学生的行列。尤其是对学生们来说，他们抗议的不只是山东被出卖和《凡尔赛和约》。4年前，他们已经感到实现中华文化复兴的紧迫需要。学生们感觉时机已到，应该把中国的精英推下宝座，把重点转向拯救劳苦大众，即工人、苦力和大字不识的农民。有些学生在法国亲身接触过的中国劳工团成员就是这样的农民。那些学生曾帮劳工团的农民写家书，教他们识字。这样的经历给他们萌生的国际正义感和社会正义感留下了不可磨灭的印象。学生们亲眼看到被压迫者没有话语权，而此中首要原因就是他们不识字。

1915年开始的新文化运动以推动语言革命为己任，要抛弃过去精英使用的高度文学化的文言文，将老百姓说的白话推上大雅之堂，使之成为新型书面语言的基础。与周厚坤同为庚子赔款留学生，和他同年回国的胡适是新文化运动的主要倡导者。胡适呼吁作家和知识分子用白话文写作。提高大众识字率成为广泛的社会和教育改革的一项重要纲领。

和周厚坤一样的留美中国学生预见到了语言适应性所反映的不同文明之间的较量。他们激情满怀地宣称，如同在世界事务中那样，西方的字母书写系统大大优于中国的汉字。在决定生死存亡的全球斗争中，中国的语言和它的命运一样，正面临着达尔文主义最无情的表现。人们心中充满了焦灼疑虑。汉语值得保存吗？

它是不是造成中国人愚昧的罪魁祸首？若果真如此，那么中国落后于西方一定也是汉语的错。

周厚坤回国面对的一项任务就是打消这种深切的怀疑。他抱着一部原型机向全中国显示：汉字并非中国政治乱局的根源，技术可以开辟一条前进道路。周厚坤对汉语的未来坚信不疑，正如他对自己充满信心。不幸的是，未来并不如他所想。

回国安顿下来几个月后，现实令周厚坤深感沮丧。国内的工厂和工业条件与美国判若云泥。周厚坤预料到会有困难，却没想到困难竟如此之大。

中国劳动力便宜，工人一天的工资只有约 1 美元，而美国工人是每小时 80 美分，但相较之下，中国劳动力质量颇低。中国技工的制造工艺达不到周厚坤打字机的设计要求，因为他们没有所需的工具，也未曾受过必要的训练。周厚坤惊愕地看到，中国车间造出来的齿轮"如同花甲老妇残缺的牙齿"。尺寸和宽度全靠目测，任何小于 1‰ 英寸的长度都无法精确测量。在美国，可靠的机械师和绘图师会按照蓝图执行工程师的指示，但是在中国，这种人根本不存在。周厚坤回国后，在上海的基督教青年会对一群中国听众叹道："我本来可以在美国把第一部机器造出来的。我真该那么做。"

周厚坤开始觉得自己也许失策了。回国后诸事不顺，不完全是因为条件不好。他回国时被誉为"工业之星"，可是，应付完了纷至沓来的演讲邀请和媒体采访后，他还要面对人们不切实际的期望。商务印书馆聘用了他这位获奖工程师，他却做不出一点成绩。两个月后，商务印书馆的管理层听说另一种更"高级"的打字机（也就是祁暄的打字机）在美国更受欢迎的时候，私下里开始议论。董事长张元济仍想造出好用的中文打字机，但显然开始怀疑自己所托非人。

在周厚坤这边，他坚持自己的设想不让步，不肯迁就不合格的工艺。他试了10家不同的工厂，均失望而归。上海处于中国工业发展前沿，却仍生产不出达到周厚坤要求的高质量产品。没有一个工人能帮他把滚筒上固定的字模改为可调整的。这个改动看似简单，却对打字机的改进至关重要，因为改动后能根据字的使用频率和上下文来调换字模。例如，一位历史学家可能会多次使用"古"字，而一位小说家会经常用到"哭"字，两人期望同一部打字机具有他们各自需要的字。最后，周厚坤放弃了。他觉得只能回美国去制造打字机，因为那里有他熟悉的联络人和关系网。周厚坤准备请求上司同意把打字机的生产移到国外，尽管他的合同是国内雇佣合同。

周厚坤心知此事非同小可，去见上司时心中忐忑。其他人也对发明中文打字机生出了兴趣，很快就会出现另一个祁暄。

周厚坤去了位于河南路453号的商务印书馆总部。张董事长已经在办公室了，正像平常一样在阅读堆在办公桌上的中文和英文报纸。他待人和蔼，工作上却丁是丁，卯是卯。张元济参加过旧式科考，并高中了进士。他洵洵儒雅，还有丰富的经商经验。他说话时，除了该说的，一个字也不多说。他思想进步，曾在周厚坤的母校南洋公学任教，深受学生爱戴。张元济转行搞出版，纯粹是出于使命感，想用新知识和现代课本来教育青年人。他支持教育救国的崇高事业，对出版业务的管理一丝不苟。他的账目从来分毫不差，支付版权费也历来守诺。

张元济做事仔细认真，又求才若渴。所以，听说有个年轻人是麻省理工学院工程系的高才生，写的硕士论文出类拔萃，还得了奖，他就热切地想将此人招致麾下。但是，那天坐在简朴的办公室里的张元济却脸色严肃。周厚坤受聘已经10个月，打字机却连影子都没有，只有那部原型机。周厚坤求见时，张元济可能已经猜到没有好事。一看走进来的这个年轻人的表情，就知道他此来是求助，不是来报告好消息的。

周厚坤想让商务印书馆承担在美国生产的全部费用，但他随即补充道，他赴美的来回旅费会自己负担。张元济看得清楚，周厚坤为求完美，花多少钱、费多少时间都不在乎。但是，把生产搬到外国，让钱落入美国人的口袋，这可不是做生意的好路数。张元济解释说，打字机能否盈利尚未可知，花这么大一笔钱说不过去。"这样吧，"张元济像是为周厚坤着想似的狡猾地说，"咱们废掉原来的合同，那样你随便怎么做都行。"

周厚坤没想到会得到这样的答复，无疑感到失望。他听出了张元济的话外音。张元济这是要他走路，完全是公事公办。周厚坤必须做出决定。打字机固然是他的激情所寄，但他还有其他的求职路可走。那次会面后不久，周厚坤离开了商务印书馆。最后，他成为中国最重要的国营煤炭和钢铁公司"汉冶萍公司"的技术主管。他的打字机现已归商务印书馆。

张元济找到了一个更急切渴望成功的人来接手周厚坤的项目。舒振东是上海同济大学毕业生，没有美国名校文凭可供炫耀。他曾想去德国实习，但战争打乱了他的计划。商务印书馆给他提供了他能够找到的最好机会，他绝不会浪费这个机会。

舒振东对周厚坤的原型机做了改进，去掉滚筒，把所有字模摆在暴露在外面的字盘里，靠一根指针前后左右移动来取字。第三次尝试后，他拿出了一个适于销售的模型。商务印书馆为推销这款产品使出了浑身解数。作为首发广告，商务印书馆制作了一

070—汉字王国

部无声电影短片，那也是中国制作的第一部动画片。这款打字机后来又几经改进，终于让商务印书馆得偿所愿。打字机引起了各行各业的公司的兴趣，商务印书馆因此而大出风头，而它恰好急于增强自身影响力和实力。他们制造并出售了几部打字机，但大规模生产销售依然遥不可及。几年后，舒振东的名气更上一层楼。在1926年举办的恰逢美国建国150周年的费城世界博览会上，他的打字机因其"巧妙和适用性"为商务印书馆赢得了一枚荣誉奖章。

　　1876年，第一位来自中国的观察者曾写信向国内报告自己在费城世博会上看到的西方打字机。正好50年后，中国展出了自己的打字机。中国不再以东亚病夫的形象出现于世界面前。在如今

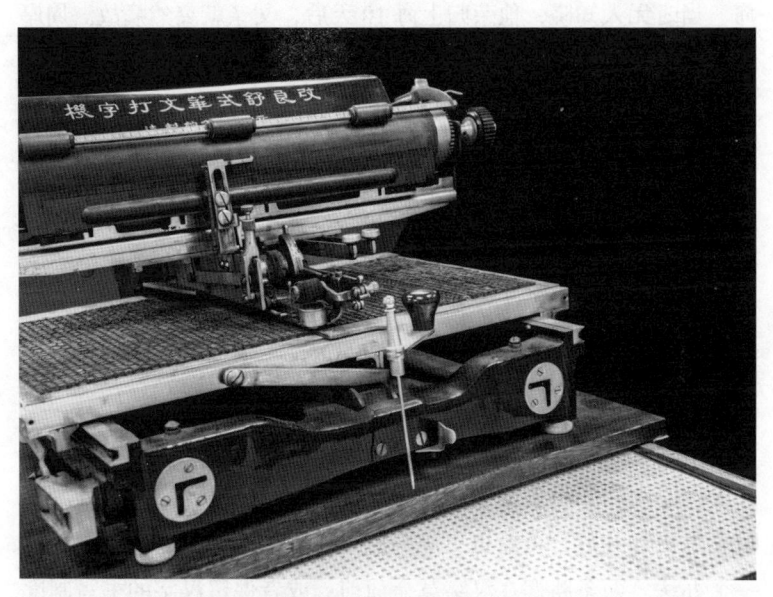

图5　商务印书馆的舒振东对周厚坤的发明进行改良后制造的打字机，1935年左右。出自《洪氏家族文件》，藏于加州圣马力诺市的亨廷顿图书馆。

的机器时代，中国开始掌握自己的命运。舒振东的打字机是周厚坤所做发明的硕果仅存的版本。它后来几经改良，其中一个模型终于到了周厚坤想让它去的地方——美国。一位中国商人将那部打字机从中国带到了美国，后来把它连同自己的文件一起捐了出去。那部打字机现在是加州圣马利诺市亨廷顿图书馆的永久收藏品，由图书馆工作人员照料。虽然铅块上的刻字已经磨得光滑难辨，指针也因松动而失去了准头，但这部革命性的机器光彩依旧。

周厚坤发明打字机标志着他科学生涯的巅峰，可惜他的风光转瞬即逝。制造中文打字机的主意保留了下来，周厚坤却无缘参与这种机器的进一步发展。然而究其根源，不是因为他技术不行或不够投入。周厚坤不再继续研究，恐怕是因为他内心深处的创痛。当时无人知晓，他荣归上海10天后，父亲就突然病故。周厚坤把原型打字机献给了父亲。对他来说，父亲的去世是无可弥补的损失，也是痛入骨髓的打击。父子团聚何其短暂。

周厚坤把父亲留下的文稿保留了19年。等他自己也步入中年，才把父亲的著作编辑结集，然后印刷出版。在文集的后记中，周厚坤表示深悔抛弃了父亲的治学之路而选择西学。那本线装书的尾页粘着周厚坤亲手绘制的一张地图，上面仔细标出了他父亲出生地的具体位置。根据目前所知的情况，周厚坤终生未娶，最后在美国退休。

不难想象，周厚坤对自己事业发展的想法如同他对汉字的态度——原则问题不容变通。他注重秩序，以恢复秩序为己任。祁暄思想更加开放，可能也更聪明，脑筋更灵活，所以他想出了另一个办法。两条路摆在汉字革命面前：或者保留汉字的书写制度不变，通过发展技术来维持汉字的生机活力；或者寻求更深层次对汉字结构的改变。若想不惜代价维护传统，就要尊重中国人自古以来使用的文字。若想冒险一试，就要依照字母的结构来改造汉字，从外人和非母语使用者的角度来重新审视汉字。确实，有人觉得是时候彻底探究汉字是否具有字母化的潜力了。有传言说，有个天资卓绝的人叫林语堂，他既非工程师，亦非反传统的叛逆者，而是文学大师。他显然想出了发掘这种潜力的办法。

　　此时，另一场更加公开、官方参与更多的战斗也日趋激烈。晚清文字改革者大声疾呼实现汉语注音化的同时，使用汉字发送国际电报一直是外交上的大难题。这场战斗的参与者不是聪明的年轻发明家，而是中国官方手腕娴熟的谈判者。与打字机和世博会一样，电报对中国来说是涉及主权的问题。然而，这次需要思索化解的难题不是汉字，而是数字和代码。中国在这方面没有自身优势，不得不拼尽全力创造完全属于自己的中文电码。

第三章　中文在电报领域的逆袭
（1925年）

1865年第一次国际电报大会召开时，只有20个与会国——19个欧洲国家外加土耳其。自那以后的60年间，电报的发展突飞猛进。中国运输部首次派遣官方代表团参加1925年在巴黎召开的第七届国际电报大会时，与会国已经增加到66个。中国此来要向国际社会发出一个重要呼吁，现有国际电报规则下，中文使用者处于严重劣势。中国代表团需要解释清楚为什么会这样，为什么这是个问题，以及最重要的：为什么其他国家应该关心此事。

那时，除了中国没人关心中文电报发送的缺点。电报首先是为西方字母文字，特别是为英文设计的。最初发明电报的塞缪尔·莫尔斯（Samuel Morse）和阿尔弗雷德·韦尔（Alfred Vail）没想到电报会传遍世界，进入使用表意文字的国家。

1866年，第一条跨大西洋电报电缆铺设成功。用古塔波胶包住的铜线被包着黄麻或大麻纤维的铁线一层层裹好，以保护电缆不受鱼类啃咬或海潮冲击，如此制成的电缆在洋底绵延1 852英里,将爱尔兰与纽芬兰连接在一起。《科学美国人》杂志欢呼,这是"刹那间连接旧世界和新世界的思想高速通道"。从此,突发新闻、股票价格、商业交易、军事指令、合同谈判和其他时效性强的信息从欧洲到美国似乎瞬间可达,原来靠轮船运输所需的10天缩短为17小时。电报是那个时代的互联网。用不了电报不仅损失时间,而且跟不上电报技术带来的进步。

最初大力推动电报的人信誓旦旦地保证,电报能让各国摆脱动乱和战争,开放交流和合作。电报标志着一个新时代的来临。19世纪大部分时间内,欧洲列强各自克制,彼此间并未爆发大的战争。现在这些国家看到,培育互相尊重、达成力量均势能带来更大的裨益。经由洋底电缆发出的第一批测试电报中的一封洋溢着乐观精神:"光荣属于天上的上帝,愿地上的人获得和平与善意。"电报被视为和平与繁荣的预兆。

至少欧美国家如此认为。对世界其他国家来说,困难从一开始即已埋下。莫尔斯电码中的基本符号是点和线。整套电码包括由1到4个符号组成的26个点线组合,与26个字母相对应,还有用5个符号组成的10套组合,代表数字0到9。

发报员按动一个键式开关来发电报:短按代表点,长按代表线。电文转变为电波通过电线传输,到接收处再还原为字母和数字。有经验的收报员对按键的嘀嗒声烂熟于心,只要听嘀嗒声的节奏就知道发的是什么内容。

电报收费由电报传输的时间长短来决定:每个点或间隔代表一个单位,线的长度是点的3倍,所以算3个单位。莫尔斯早就说明,他设计的电码以提高成本效益为目的。英语最常用的字母"e"最便宜,只用一个点来代表。在大多数欧洲语言中,"e"也是频繁使用的字母,从荷兰语到意大利语莫如如此。不过,莫尔

A	●▬	N	▬●	1	●▬▬▬▬
B	▬●●●	O	▬▬▬	2	●●▬▬▬
C	▬●▬●	P	●▬▬●	3	●●●▬▬
D	▬●●	Q	▬▬●▬	4	●●●●▬
E	●	R	●▬●	5	●●●●●
F	●●▬●	S	●●●	6	▬●●●●
G	▬▬●	T	▬	7	▬▬●●●
H	●●●●	U	●●▬	8	▬▬▬●●
I	●●	V	●●●▬	9	▬▬▬▬●
J	●▬▬▬	W	●▬▬	0	▬▬▬▬▬
K	▬●▬	X	▬●●▬		
L	●▬●●	Y	▬●▬▬		
M	▬▬	Z	▬▬●●		

图 6 莫尔斯电码。

斯电码显然特别有利于美式英语。一个英语单词一般用 1 到 13 个单位，给"a"哪怕只加上一撇，如法语的"à"，就要多用 10 个单位。所以，即便都使用罗马字母，不同语言的用户也有很多不同意见。

对中国人来说，莫尔斯电码的不公平更是上了好几个台阶。国际电报系统只承认大多数用户使用的罗马字母和阿拉伯数字，这意味着中文也必须通过字母和数字来表达。发电报时，英文就是英文，意大利文基本上是意大利文，中文却要改得面目全非。每个汉字要转换为一串数字，从 4 个到 6 个数字不等，所以一个汉字比一个字母贵。先要从电码本里查到某个汉字的电码，再将

076—汉字王国

其转为莫尔斯电码的点和线。25个汉字从查码到转为普通电报需要至少半个小时，而发送相同长度的英文电报只需大约两分钟。每当发报员不得不停下来在电码本里查找某个汉字的代码，或必须花费额外时间来纠错的时候，电报发送的时间就会拖延，因此积累的机会成本高得难以形容。想象一下，如果军事指令无法快速送到战场上将军的手中，会耽误多少时间，牺牲多少生命。或者如果别的竞投者投标的速度比你快，你会遭受多大的利润损失。这就是中国相对于在它的土地上做生意的所有外国人的处境。同样的电文，中国人要多付钱。19世纪80年代发往英国的中文电报比英文电报贵一倍，这不光是由于中文电文的额外长度造成的。中国的电报线大多由外国公司和外国政府铺设并管理，那些外国公司和外国政府可以任意制定收费表和收费标准。1870年，中国的土地上铺设了第一条电缆，但在那之后的11年里，中国的基础设施并不掌握在自己手中，中国人在自己土地上发电报要付钱给外国营运商。

中国到19世纪末才加入国际电报系统，吃了后到的亏。随着时间的推移，处境愈发不利。中国多次向国际电报联盟投诉，但欧洲主要利益攸关方和成员国置若罔闻。它们忙着彼此互斗，维护自身利益，才没工夫去管一个非西方字母用户遭遇的不公。

中国若是在巴黎的谈判桌上失败，后果将难以承受。20世纪20年代，中国债台高筑，铁路和矿山大部分仍掌握在外国手中，或是与外国合资。在此情况下，中国领导人迫切感到，决不能再失去主张国家主权的机会。数十年来，中国被迫签署了多项条约，但1919年的"五四运动"唤醒了中国人民的民族意识，把中国推到了一个转折点。反帝情绪席卷全国，民愤直指中国过去和现在对西方国家做出的让步，人民要求收回国家主权。刊登在报刊上的社论大声疾呼，要求中国拿回本就属于它的东西。中国应该夺回本国丰富的自然资源，用这些资源制造原材料和工业品。只要阻止外国人的掠夺，中国就有足够的资源来驱动它所亟须的工业革命。但是，自私自利的军阀割据地盘，致使年轻的中华民国形同一盘散沙，与欧洲各利益攸关方交涉时更加步履维艰。

中文要跨越电报领域的技术鸿沟有几个办法，但这些办法各有各的缺点。一个办法是发电报不用汉字，改用罗马拼音拼出传教士留下的汉语音译。但汉语音译五花八门，既受传教士本人母语发音的影响，也与传教士所到的中国偏远角落的方言发音有关。传教士所知的汉语是他们在自身所在的中国某个地方听到的方言。如何用一套罗马字母系统来代表汉语标准发音，这个问题直到20世纪50年代才在中国共产党手中得到解决。目前，罗马化仍处于实验阶段。

另一个办法是为中国用户专门编制中文电码、制造中文电报机。已知最早的中文电报机是美国浸礼会传教士玛高温（Daniel MacGowan）在1851年设计出来的。不过，玛高温制造那部机器只是为满足一时的好奇心，不是为便于中国人使用。在此之后，一项为人熟知的尝试是一位名叫王承荣的中国商人制造的电报机。王承荣19世纪60年代住在巴黎，法文、英文都懂。他发明的中文电报机原型机大约能发1 000个字，那些字分16类，10个小组。王承荣写信给国内总理衙门申请资金，希望把他的电报机投入大规模生产。可是，朝廷对西方的奇技淫巧不感兴趣，此前已经拒绝了法国人和俄国人关于发展电报的初步提议。王承荣的提议被束之高阁，他的电报机从未得见天日。

在电报系统中为中文争得公平待遇的唯一可行途径是外交。国民政府派往巴黎参会的代表不能只是去那里观察会议进展，而是要积极为中国发声。要做到这一点需要影响力，中国却一点影响力也没有，所以政府要找到一个能创造奇迹的人。此人要有娴熟的外交手腕，能讲上层人的英语，还须了解西方人的思维方式。

乍看之下，王景春不像是合适的人选。身为京汉铁路局局长，被任命为中国代表团团长的他怎么看也不是个健壮活泼的人。他长着一张鹅蛋脸，脖子纤细，浓密的唇髭遮住了似有若无的微笑。王景春内向的性格被别人视为懦弱的表现，常被他在政府机关的同僚拿来取笑。他们说，你在任何事情上都看不到王景春出头，因为他正在某个偏僻的疗养院疗养他那羸弱的身体。然而，同僚们没有看出王景春性格中沉静的顽强与坚韧。王景春平易近人，甚至能令人卸下心防。在他双眼的注视下，人们会不自觉地吐露本不想说的东西。他是个耐心低调的谋略家。

王景春22岁就参加过国际会议，是个中老手，因此经验丰富、处变不惊。1904年，他首次代表中国的一个商人团体参加圣路易斯世博会。世博会结束后他留在美国，去俄亥俄州威斯利安大学学习科学，然后去了耶鲁大学，在那里获得了土木工程学的学士学位和铁路管理的硕士学位。最后，王景春在伊利诺伊大学拿到了经济学和政治学的博士学位。他做过一年《中国留美学生月报》的编辑，还做过中国留学生会主席，赢得了同学们的广泛尊敬。

1919年，王景春作为技术专家参加了巴黎和会。他目睹了中国遭到的惨痛背叛：德国在山东占领的土地没有被归还中国，而是作为战胜国的战利品给了日本。王景春爱国，但并未让愤怒冲昏头脑。此事反而令他坚信，必须从西方制度的内部了解西方，了解西方国家的历史、结构和运作方法。在今后一段时间内，中国在国际舞台上的地位仍会岌岌可危。中国的未来不仅要靠工程师，还需要有人替它抗辩发声。

王景春抓紧利用在美国的时间学习英语、法语和德语，也学习管理国家基础设施的详细技能。他研究英国铁路系统的财政史，思索其中的长处和弱点，其个人能力和坚韧性格得到了国家领导层的充分认可。后来，王景春奉命负责统一中国铁路系统的账户。当时中国的各段铁路分散于不同的外国势力范围内，各铁路段的账户简直是一团糟，每个国家都使用自己的语言，遵循自己的会计和标准化制度，就连铁轨轨距也各不相同，这意味着火车在不同的外国运营者建造的铁轨上无法开动。自始至终，王景春都担负着非官方大使的作用。王景春善于通过打比方来帮助美国人理解中国人的观点。他在一篇文章中向美国人解释了铁路贷款的问题为何在中国如此复杂。文章指出，在美国，一笔贷款是双方之间的商业交易，双方是自愿签订契约的。但是在中国，这种贷款被视为中国政府和外国政府之间的条约，经常是由一方强加给另一方的。王景春写道，如今中国工业化努力的方方面面都受到这种不对称的殖民关系的影响，这种权力失衡阻断了中国实现发展和现代化的道路。

王景春阐述这些问题的平静措辞压下了愤懑的冲动。他一贯强调，指责解决不了问题。他对西方人和中国人都坚持这个意见。一次，王景春劝北京的通信部长说："我们要做的不是痛悔、抱怨过去，而是努力争取最好的未来。"这就是他的使命。

1911年，王景春和他那一代许多人一样，从美国回到革命中的中国，眼中所见触目惊心。街上鲜血横流，国家为民族生存而苦苦挣扎。战争赔款和归还外国贷款占去了政府预算的一半，而国家的关税被外国人控制，这意味着中国无法采取措施使自己免于破产。除此之外，中国的工业和银行业体系虽然开始萌芽，整个社会却仍然是识字率低的农业社会。王景春认为，一旦皇朝被彻底推翻，中国将陷入瘫痪。国家没有办法重建，更遑论实现现代化。

王景春切盼用自己的机构专才、外交技能和工业知识为政府效力。孙中山很快任命他为新成立的中华民国南京临时政府外交部参事。年轻的中华民国堕入军阀混战期间，是王景春的勤奋和诚实鼓舞了同事和下属的士气。形势一片混乱之中，王景春在任职期间依然精简了不同铁路段五花八门的会计制度，为中国铁路系统筑牢了基础。这个成就非同小可，因为每份合同都要与不同的外国电报公司和铁路公司单独谈判，而其中又常常涉及所有权问题。谈判每一段铁路的转让费或红利份额都相当于与不同的国家实体做交易。合同与条约无异，每个条款、每份协议都涉及政治利益。

王景春幸不辱命，很快又被赋予更多的对外交涉任务。他代表中国政府出席了1912年在波士顿举行的第五次国际商业大会。王景春在耶鲁大学和伊利诺伊大学求学期间，学会了令美国人心生好感的做派——待人友好、风趣幽默、彬彬有礼却又平易近人。他知道该说什么话。"中国将发展成为一个新的美国。"他曾对美国公众这样保证。《纽约时报》用了半版的篇幅报道他在国际商业大会上的讲话。王景春在讲话中承诺："我们现在想要的是同美国和其他国家做生意，是真正的生意，不是与国际政治纠缠不清的生意。"为表示中国融入世界的决心，王景春提倡放弃中国农历，采用格里高利历，以便利与外部世界的贸易和商业往来。

身为京奉铁路局副局长，王景春显然决心向美国以及全世界展示，中国已不再是那个虚弱不堪、死气沉沉、拒不合作的国家。

至于过去西方对中国的侵略和强加给中国的不平等条约，王景春大度地略过不提。那都是老式帝国主义干的，现在的中国做好了参加商业活动的准备。许多未来可能登上中国领导层的人和他一样，是从美国的大学毕业的。王景春解释说，这些人是彻底的美国人，像任何美国中西部的人一样，谈起美式橄榄球来津津乐道："我们的政府是美式的；我们的宪法是美式的；我们许多人觉得自己和美国人别无二致。"那天王景春演讲时被拍摄的一张黑白照片中，他难得地笑容满面。照片的左边，一辆闪亮的美制蒸汽机车似乎要冲出照片驶向读者。

照片的右边是中国一个拥挤的火车站场景，那个火车站正等待获得更好的技术。王景春处身于两个世界之间，他是传达希望的信使，希望将美国的工业实力与中国的进步渴望连到一起。

王景春每到一处，都不厌其烦地反复表示：你们可以和中国做生意，中国想和你们做生意。他在1915年巴拿马-太平洋万国博览会上露了个面，在21响礼炮的轰鸣声中协助工作人员将中华民国的五色国旗插在世博园中。3年后，王景春作为交通部代表被派往欧洲，出席关于中国工业化和铁路权的谈判。王景春和周厚坤差不多是同时代的人。不过，从麻省理工学院毕业的年轻工程师周厚坤一心要当发明者，王景春则是在政府内步步高升。从小职员到局长，王景春一次又一次地证明自己是中国最能干的官僚之一。

王景春骄人的履历为他赢得了1925年巴黎国际电报大会的入场券。他是作为京汉铁路局局长和中国代表团团长出席巴黎会议的。国际电报大会在索邦大学罗马式建筑风格的教堂里召开。教堂宏伟的大厅外，法国首都黄赭纷呈、满目秋意。公园树荫下的长凳上，一对对情侣相依相偎。街头咖啡座笑语喧哗、杯盏叮当。

图 7　王景春对美国人宣讲中国希望做生意。《纽约时报》1912 年 11 月 10 日刊。

但是，王景春不指望在索邦大学的会场上得到多少善意。电报业的竞争极为激烈，利润与日俱增，这加剧了欧洲国家之间的竞争，也加大了中国参与其中的困难。

接下来的两个月里，王景春和他的团队要利用所有国际规约，动用一切说服手段争取重获国家主权。根据西方自己不断发展的国际法框架，王景春知道，所有国家均有权按照自己的主权利益行事，并保护自身主权利益——至少理论上如此。他必须从此处入手，利用西方人自己视为圭臬的条文规则。虽然王景春做好了硬杠的准备，但是他对西方并无敌意。王景春热爱自己的祖国，但对它的缺点心知肚明，正如他对账本上的数字烂熟于心。事实是，中国电报业眼下的困境不是西方造成的。中国电报业落得今天这步田地，完全是它自己的责任。中国本可从一开始就参与电报业的发展，本可守住自己的主权。可是，它却把主权拱手让人，等到醒悟过来为时已晚。

19世纪70年代，电报业前景一片光明，甚至可以说令人陶醉。预计在那个十年结束之前，人类的90%都将被纳入电报通信网络。然而，中国似乎铁了心要令此预言落空。就在丹麦、英国、法国和俄国争先恐后地铺设电缆，把电报网扩展出自己的领土，进入东亚之时，中国却予以拒绝。

中国对英国在第一次鸦片战争后强迫中国交出关税自主权一事记忆犹新。在《南京条约》的规定下，中国除了赔款之外，还要开放五口通商，关税只能由英国来定。一年后，美国如法炮制，强迫中国给了他们同样的待遇。然后，法国以及瑞典和挪威按照美国的模式也闯进了中国。西方列强协调行动，一方勒索成功后，其余各方随即跟进，对中国步步紧逼。第二次鸦片战争中，西方列强狡猾地在《天津条约》中放入了"最惠国待遇"条款。该条款规定，中国若给予一个西方缔约国任何特权，就有法律义务把同样的特权给予所有缔约国。到19世纪末，开放通商的口岸超过了80个。

所以，电报业起飞的时候，中国的朝臣害怕它是外国人进入中国的又一个借口。一些大臣警告说，电报代表着西方帝国主义最新的渗透方法，这次是打着通信和技术的旗号。如果允许外国人在中国的土地上铺设电缆，他们一定不会就此罢休。哪怕一根电缆上有一个擦痕，外国人也会指责中国人并要求赔偿。

1865年，俄国人前来提议把西伯利亚的电缆连到北京，被中国婉拒。代表朝廷与蛮夷打交道的恭亲王说，天朝不需要此种技术。5年前，法国公使向恭亲王赠送电报手册，试图引起他的兴趣，得到了同样的答复。恭亲王说，天朝有靠驿马传送的信差服务，远至天涯海角。他不屑地认为电报至多是无用之物。

欧洲人对恭亲王的拒绝置之不理，干脆瞒着中国我行我素。丹麦人最先动手。1870年11月一个月明无云的夜晚，他们悄悄地从停泊在法国海军基地的一艘丹麦驱逐舰上卸下电缆，沿吴淞江西岸埋进土里。电缆的铺设在黎明前完工，整个行动神不知鬼不觉。

欧洲人占据了大部分中国市场，彼此间也你争我夺。大北电报公司这个电报业务垄断公司为丹麦所有，而丹麦意图统治东亚市场，总想把英国的东方电报公司甩在后面。丹麦和英国抬出各种理由来说服中国做出让步。它们说电报能够便利中国国民之间的通信，还说电报有利于救援海上沉船。

中国农村老百姓对铺设电缆的不满在不断发酵。乡民们认为，横跨大片乡村地区的电缆惊扰了坟中的祖宗之灵，破坏了自家地里的风水，会造成庄稼歉收。据说电缆会带来厄运，会令人横死，招致灾难。1875年上呈的一份奏折这样解释："夷人只知上帝耶稣，不知祖宗。一俟入其教，则必先毁去家中神像。我中华对今世来生一视同仁。此乃吾人数千年之祖制，尤重骸骨及魂魄之所寄。夷人深埋电报线于土中，四方延伸，几至断绝地脉，令茔地难御大风洪水之患。吾等岂能心安？"

民众对西方电报的反应恰好为官方所用。1900年义和团运动期间，起义者挖断电缆，造成从直隶到山东多条电报线失灵。知道如何将民愤引向外国人的并非只慈禧太后一人，地方官员也学会了给民众的怨愤和迷信煽风点火，他们鼓励农民毁坏或偷走一截截电缆，有时电线杆和电报线被偷是为了获取里面的高质量金属。当局逮捕偷窃者的行动故意拖延磨蹭，外国人来报案，登记案情时也拖拖拉拉。

1881年，李鸿章等朝廷重臣认识到西化已不可阻挡，知道中国需要拿回控制权，最终成立自己的电报局。津沪电报线的开工建设得到了大张旗鼓的宣传。不过到那时，欧洲在电报技术上所着先鞭已不可逆转。丹麦人设计出了一套用于汉字的电码系统，那是历史上第一套中文电码，欧洲的技术优势因此而更上一层楼。中国还有很多事情需要追赶。

为汉语制定电码是西方人长期以来研究汉语的巅峰。自16世纪的耶稣会传教士利玛窦起，对中国文化怀有景仰之心的欧洲人对汉字痴迷不已，但鲜有外国人对汉语的掌握娴熟到能够赢得中国人的尊重。利玛窦很快记住数千个汉字，此事被传为佳话，但很少有人比得上利玛窦的好奇心和恒心。许多人声称掌握了汉语的诀窍，却都言不副实。

欧洲人经常对幻想的东西信以为真。汉学家阿塔纳斯·珂雪（Athanasius Kircher）的著作《埃及之俄狄浦斯》（*Oedipus Aegyptiacus*）里有一张著名图画，描绘了怪异的中国文字，第一次向欧洲人展示了汉字的样子。图画中奇形怪状的字是从一本中国民间历书里抄来的，当时有学问的中国人不会认为那是合法的出处。尽管如此，汉字的图画还是燃起了欧洲传教士和学者的兴趣。之后几个世纪中，他们都沉迷于对汉字的研究，乐此不疲。

这种研究在电报时代转了向。汉字不再仅仅是遥远的稀奇事物，而是如几何公式一样需要破解的技术谜题。此时，一位法国冒险家加入了虔诚的传教士和迂腐的学者研究汉字的行列。皮埃尔·亨利·斯坦尼斯拉斯·戴斯凯拉克·德洛图尔（Pierre Henri Stanislas d'Escayrac de Lauture）伯爵是发展中文电报的先驱。

1860年，他自愿加入英法联军对北京的侵略。那次侵略的目的是延长现有条约，再次向中国显示西方的优越。一天早上，戴斯凯拉克在执行侦察任务时被俘，在监狱里因遭受酷刑落下残疾。那段时期，英法联军借口惩罚中国没有遵守第一次鸦片战争后签订的条约，攻破并烧毁了皇帝避暑的圆明园。戴斯凯拉克在满地屎尿的土屋里被关了几个星期后获释。

因在牢中受过刑，戴斯凯拉克用手写字都很困难，若是意志稍微薄弱点的人经受过这些，定会留下永远的心理创伤，但戴斯凯拉克并未因自己的遭遇而敌视中国或中国的文化。相反，戴斯凯拉克开始着手为汉语设计电码。他采用印刷刻字把一个字分为两半的办法，很像后来祁暄在20世纪20年代设计中文打字机的思路。但是，戴斯凯拉克缺乏现代语言学和工程学知识，最终设计出来的是由语义网格组成的一个相当抽象的"tekachotomic"列表，实际用处不大。他的设计巧思新颖，却是闭门造车，仅仅是巧思而已。

到19世纪最后四分之一的时间，一位务实理性的丹麦金融家把寻觅中文电码的漫漫长路带到了一个决定性的转折点。C. F. 蒂特根（C. F. Tietgen）是工业和银行业大亨，也是大北电报公司的老板。这位看上去和马丁·路德一样严厉的铁面无情的资本家一直希望进入未开发的中国市场。1868年，他接待了一个来访的中国外交使团后，开始重新估计中国的潜力。19世纪60年代初，中国走上了"自强"之路。经历过两次鸦片战争的屈辱后，中国打算靠外国顾问和教官的帮助建造船坞和军火库，以此来发展自身军事和工业能力。蒂特根从中看到了机会。

蒂特根看到，挡在他的野心和中国巨大市场之间的障碍是语言。他的第一个目标是直奔消费者的喜好，尽可能地使中国人能够轻松使用电报。蒂特根开始找人为汉字编制电码。可丹麦是个小地方，在这个位于斯堪的纳维亚半岛南部的袖珍王国，他能够找到的最好的专家是奥斯特沃德（Østervold）天文台的天文学教授汉斯·谢勒俄普（Hans Schjellerup）。这位教授为了对比中东和欧洲的月食记录学习了很长时间的阿拉伯语，然后又学了汉语。

应蒂特根的请求，谢勒俄普教授开始用手制卡片来汇编汉字清单。到1870年2月，他的工作已卓有成绩。他给蒂特根写了一封信，附上了他拟议的汉字电码字典的头两页，上有260个字。那些字像在汉语字典中一样，是按照《康熙字典》的214个部首排列的，这样中国人用起来就不觉生疏。字的先后排序按照部首和笔画数来定。谢勒俄普把部首称为"钥匙"。在他之前的汉学家也使用这个词，因为他们相信，汉字中锁着一个幽深的秘密。

完成汉字电码初稿后，谢勒俄普教授不得不回天文台去继续自己的研究。不过，这已足够推动工作的开始。草稿交给了下一位主管、大北电报公司首任远东地区主任爱德华·苏恩森（Edouard Suenson），由他带到了上海。上海外滩熙熙攘攘的全是外国人，在他们的圈子里消息传播得很快。不管是需要进口许可证，还是打听总理衙门的政治风向，都能在那个圈子里找到合适的联系人。苏恩森希望也能轻易找到人，为公司完成谢勒俄普教授开始的工作。他真的找到了。此人是风度翩翩的法国港务长、33岁的塞普铁姆·奥古斯特·威基谒（Septime Auguste Viguier）。

威基谒有信心，也有相应的技能，正是大北电报公司要找的人才。几年前，法国政府试图引起清政府对法国电报电缆的兴趣，却无功而返。为支持那次努力，威基谒曾研究过编制汉字电码的问题。他非常熟悉卡塞利传真机这种作为现代传真机前身的早期

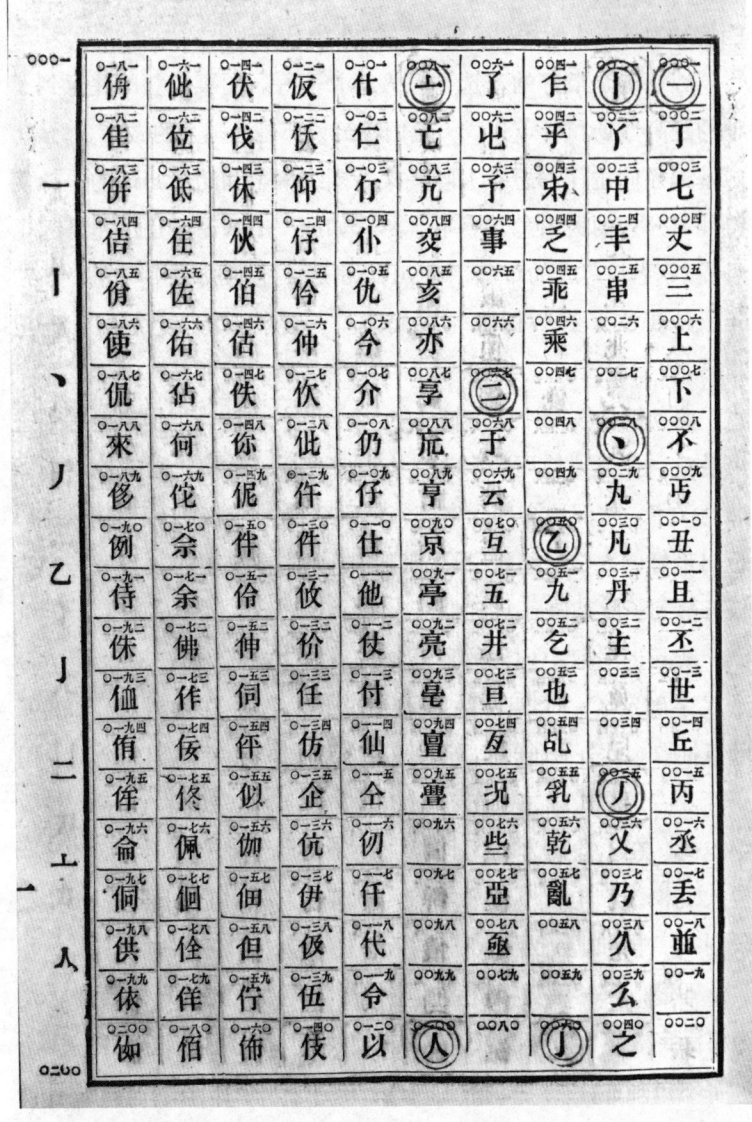

图8 塞普铁姆·奥古斯特·威基谒的《电报新书》,上海美华书馆,1872年。藏于丹麦国家档案馆。

传真机。法国的项目被束之高阁后，威基谒来到了上海，他的才能恰好为丹麦人所用。

威基谒是最好的人选，但人缘并不好。同事们立即注意到了他的趾高气扬和夸夸其谈，他们嘲笑说那是法国人的做派。后来，威基谒还同主任苏恩森大吵一架。围绕酬金和功劳归谁的争执使得他与公司的关系急转直下。尽管如此，威基谒还是迅速搭起了丹麦教授未完成的框架。1870年6月，他完成了第一稿。1872年，他提交了终版标准化电码本——含有6 899个字的《电报新书》。

谢勒俄普教授计划编制5 454个汉字的电码，但他未能达到这个数目。他建议使用数字来代表汉字发报，在接收端将数字再译回汉字。按照这个理念来充实编码系统，给每个汉字分配数字，想出最好的办法来组织并限定最终电码本中汉字的数目——这些任务落到了威基谒肩上。

威基谒采取了列表的形式，每页横20行，纵10列。他给每个汉字确定了一个四位数电码，四个数字从"0001"到"9999"随意抽取。此外，他还留下了可容纳另外3 000个电码的余地，用于商业专门词汇。每页纸有200个方格，列出200个汉字及其数字电码。在总数约为4.5万的汉字中，编了电码的汉字相对较少。要大规模推广电报，就要重点照顾普通百姓和通用语言，所以，限制汉字电码的数目不仅高效，而且务实。

不过，在利用数字的背后，发生了更加重要的理念转变。人为将汉字数字化意味着汉字与其代码之间没有任何有意义的关联。汉字不再是谜，不再需要"钥匙"来打开。电报员眼中的汉字引不起任何浪漫的联想。汉字是何形状，它们经过千百年的使用如何变成了如今的样子……这些都无关紧要。在决定电码的形状或形式时，部首不再起任何作用。剩下的只有始终如一但枯燥无趣的四个一组的数字。阿拉伯数字丝毫反映不出汉字的形状、含义或发音。西方电码把汉字变成了真正意义上的技术——为解决一个实际问题而设计的实用工具。

按照威基谒设计的电码，中国人发电报时，实际上需要用一种外国代码来代表自己的母语。威基谒只给中国人留了两个辅助工具。发报人仍然可以使用按《康熙字典》的部首组织的"发报表"来用部首查字，但仅此而已。查到字后，发报人需要使用字上方的四位数电码，用莫尔斯的点线发出。在收报端，这个过程正好反过来。收报员使用如同电码本镜像的"收报表"把数字电码转化为汉字，"收报表"里面的字和"发报表"一模一样，不过是按数字而非部首组织的。为了让中国人比较能够接受，威基谒把数字汉化，采用汉字的数字"一、二、三"而不是"1、2、3"。然而，这无法改变汉字性质被彻底改变的事实。

威基谒似乎坚信，一旦中国人能够轻易使用自己的语言发电报，所有其他问题，无论是对西方技术的不信任，还是对电缆的破坏，又或是朝廷的犹豫，都会迎刃而解。用汉字发电报不需要事先翻译成西方语言，而是直接用数字电码发送，这至少省却了过程中的一个环节。

在威基谒这个法国人看来，这是合情合理的，因为他是从自己的角度来看待西方字母。他假设，如果汉字字母化让中国人觉得不快或感到犹豫，那么用数字代码这种中性方法就可以解决问题。没有强迫同化，就不会有针对外国的敌意。但事实上，威基谒不过是把汉语变成了字母系统中的二等公民，因为根据莫尔斯电码的原有规定，发送数字的价格比发送字母高。用莫尔斯电码发送一份完全由数字组成的电报是最昂贵的通信方式，因为数字占用的点和线比任何字母都多。简言之，威基谒处理了一个问题，却没有处理造成那个问题的前提条件。不过，威基谒和大北电报公司都不关心这种事。他们达到了眼前的目的，找到了他们想要的解决办法。

在公司强大的支持下，威基谒的四位数电码得到了推广。他还建议铺设三条主电报电缆来巩固大北电报公司的影响力。这三条主电缆将在中国大地上跨越南北、横贯东西，将较小的分电缆延伸到遥远的省份。既然现在可以用电报传送汉字了，大北电报公司认为没有理由耽搁下去。一年前，丹麦人偷偷地在夜间埋设了一条电缆，现在他们有勇气采取协调行动公开力推电报的使用。

汉字电码就这样诞生了。丹麦公司里几个对汉语一知半解的人为了卖产品想出来的办法在中国使用了半个多世纪。威基谒的汉字电码本成为后来所有汉字电码本的范本，一直延续到王景春的时代。

不过，威基谒的电码并非无人挑战。中国人几乎立即开始寻找更胜一筹的方法。第一个试水的中国人名叫张德彝，这个沉默寡言的年轻人作为翻译参加了1868年那次访欧外交使团。张德彝注意到，每有急事，用"洋字"把中文信息送回中国有诸多不便。他也看到，西方电报更加安全，因为密信是用数字发送的。受此启发，张德彝采用与威基谒电码类似的格式编出了自己的汉字电码本。

威基谒的电码本是一个重要的里程碑，但张德彝敏锐地发现了它的草率马虎之处。威基谒给汉字编的数码中国人用起来并不顺手。连续不断的数字不能依照中国人查字典的习惯把汉字分组。张德彝决定精简威基谒的系统，将其重新安排，使内容更加清晰。威基谒1873年提出电码初稿的两年后，张德彝出版了《电信新法》。张德彝重组了汉字电码的顺序，使数字代码更加规律。他使用了相同的214个部首，但他从《康熙字典》中重新选出了大约7 000个字，给那些字分配了从"0001"到"8000"的不同数字组合。

张德彝和威基谒电码本的主要分别在于视觉呈现。这对于电报员尤其重要，因为发报必须又快又准，没有时间细查所发的字是否准确。张德彝的电码索引更加合理，电码本包括的字也更多。电码本被重新组织为10乘10的网格。所有214个部首都标为红色，确认了传统汉语词汇的组织原理，并留下许多空格给未来可能添加的字。张德彝还为简单的加密代码留出了地方。西方电报加密是把字母移动几位。例如，如果加密方式是从原来的字母倒退3个字母，那么"SECRET"就拼为"PBZOBQ"。汉字电码以10乘10的网格排列，每个字在网格上都有自己专门的坐标，这使得汉字更容易变位加密。为了使经过变位加密的汉字易于查找，张德彝电码本每一页上的网格都是一样的。比起典型西方电码本那种一行行排列的格式，用张氏电码本查字更加便利。

发送中文密电麻烦异常。一个曾经在中国国内流行一时的办法是使用某些成对出现的汉字来代表日期，但除此之外没有容易的汉字加密法。中国自己的加密法使用汉字加密，但不太有效。后来汉字电码的编制和加密混乱无序，以颜色为标记的密码本因官僚机构普遍效率低下或保密不力而不起作用。最高机密的密码本未经授权就任意抄录流传，不是供不应求就是无处寻觅。还有，密码本在复制时常常用错颜色标签，或者干脆泄露出去。甲午一战中国战败，被迫割让台湾给日本。到1895年战争结束后中国人才知道，20多年来，日本一直在拦截解密中国的电报，中国因此而付出的政治和外交代价无法估量。

第三章　中文在电报领域的逆袭（1925年）—093

图9 张德彝的《电信新法》，1873年。藏于丹麦国家档案馆。

然而，张德彝对威基谒电码做出的最重要的改变是，他实质上提出了中国式的新莫尔斯电码。他设计的电码不仅限于汉字，还为26个字母和10个阿拉伯数字中的每一个都编了四位数电码。张德彝想让所有人都能使用他的电码，而不只是中国人，希望以此表明，他的电码达到了任何现有通用电码的标准。他打算夺回汉字电码的编码权，尽管电码的编制必须遵照外国标准。威基谒采用中文数字是为了迎合本地需求，让中国报务员易于识别电码本中的数字。张德彝把中文数字改为阿拉伯数字，绝对更具全球视野和长远眼光。虽说字母为汉语使用电报技术起了搭桥的作用，但张德彝成功逆袭，发明了中国自己的方法，用以表现并容纳西方字母以及使用西方字母的所有文字系统。

张德彝和其他人对中文电报的发展做出了诸多贡献,但他们默默无闻。威基谒大名远扬,张德彝的发明却一直鲜为人知,他所做发明的相关记录也错误百出。两代西方专家学者都没有意识到张德彝原名张德明,字在初,他在电码本上的署名是他的原名和字——德明在初。西方历史学家误以为署名的是个名叫"德明在"的人,去掉了"在初"里的"初",误把他的姓当作"德"。他们好比是把张德彝的名字加了密,向后错了一格,因此未能将电码本上的名字与张德彝联系起来。从蒂特根到张德彝这一至关重要的直接关联在上个世纪大部分时间内都湮没无闻。

20世纪20年代,终于到了决断的时候。这项任务落到了王景春头上。他深知,虽然中国和西方在电报的问题上曾纠缠不清,但喋喋不休地诉说新仇旧恨只会适得其反。中国无法让西方人因无地自容而自发行动起来纠正现状,因为在西方文化中,羞耻不是核心价值观。既然诉苦抱怨和激起负罪感都不起作用,就只能另辟蹊径。

话头拉回索邦大学,那里的电报大会已经开了两个星期。大会每天从早9点开到下午5点,分四场同时进行,讨论的主题包括规则及细则、定价问题、编辑工作。王景春团队每天早晚加班复盘会议情况,弄清楚会上各方意见,好计划己方策略和次日的回应。代表团里没人能说流利的法语,于是雇了一位法国人当助手。可是,会上的讨论一直围绕着欧洲人关心的问题展开,王景春始终没有发言机会。

欧洲国家代表一个接一个地抱怨、发牢骚。王景春听着他们的发言,心中无疑在琢磨如何把话题引向中国,又不至于显得只顾中国自身利益，这样才能获得外国同行的信任和尊重。除了中国和日本之外，每个与会代表都来自使用某种字母的国家或地区，无论是拉丁字母、西里尔字母，还是阿拉伯字母。就连日本也使用一种音节文字，不像中国人，纯粹依靠表意文字。中国的情况独一无二。

那时，中国大地上已经铺设了成千上万英里的电报电缆，足以把中国连入全球通信和贸易网络。中文通过四位数电码进入了电报系统，但价格昂贵，且不能使汉字被承认为电报语言，这令王景春深为不甘。汉字在电报系统里地位全无，仅用数字代表。国际电报大会的会议大多用来辩论规则，或讨论一封电文应该准许用多少字母、如何收费这类细则规定。召集巴黎会议的国际组织"国际电报联盟"的宗旨之一是防止任何一方采用不公平的方法利用现有系统占便宜，但事实上，欺骗作弊比比皆是。

因为电报按字母计费，所以发报人都尽量缩短电文。1854年一位母亲给儿子的电报言简意赅："回家。滚石不生苔。"儿子的答复同样有说服力："来吧。抱窝鸡不肥。"最短的电报是一位美国商人向他在伦敦的代理人询问消息的推特式电报："？"答复是"0"。

更常见的做法是稍微破一点规矩。发电报按字母数而不是单词数收费的时候，人们在拼写中偷工减料，如把"立即"拼为"immidiatly"，而不是"immediately"，把"就这样"拼为"nuf sed"而不是"enough said"，或者使用其他文字。19世纪60年代晚期，电报企业采用了按单词收费的计费制度，于是人们开始使用合并词，如把"this morning"拼为"smorning"，把"for instance"拼为"frinstance"。人们还很快想到，可以在电文里塞入更多内容，但又能少付钱，办法是用一些词来表达与其原意完全不相干的意思。市面上甚至出现了教人如何取巧的书。1884年出版的一本教人少付电报费的手册建议用"CELESTIFY"来代表"我觉得那样并不更便宜",用"DANDELION"来表达"如果发生损坏"的意思。按照 1896 年的《阿特拉斯世界旅客与商业电报密码》(*Atlas Universal Travelers' and Business Telegraphic Cipher Code*),"GULLIBLE"的意思是"包裹被海关没收了",而一个矿业股票交易公司在 1910 年使用"REVERE"一词来代表无疑是用来应付客户投诉的一句话,而那句话包含的英文单词达到惊人的 31 个,大意是:"电线出了故障,您的电报未能及时送达,今天无法交易,既然您的订单一周内有效,我们将尝试明天执行您的订单。"这种自作主张的凭空造字使电报公司不胜其烦。总是有人钻规则的空子,电报公司只得多次说明什么才能算一个单词。后来,电报公司不得不公开明确地宣布更加严格的规则,一来是规范哪些做法在准许之列,更重要的是要求所用的单词必须符合词典中的意思。明码电文和密码电文之间的基本区别逐渐浮出水面。

1925 年的《国际电报服务规则》第八条重申,明码电文指"以授权用于国际电报通信的一种或几种语言表达明白易懂的意思的电文",密码电文则"使用授权的一种或几种语言的单词,组成的句子却无法理解"。国际电报联盟的许多成员认为,这个条款依然模糊不清。一位美国观察者问:密码电文的意思对收信人来说非常明白,而一种语言的明码电文对不懂该语言的人来说和密码电文没有分别。此种情况下——哪怕是在同样使用字母的不同语言之间——该如何界定什么是明白易懂?

在巴黎会议的大厅里,人们围绕着文字的问题展开了激烈的辩论,因为参会的不仅有国家代表,还有电报公司派来为自身利益游说的人员。关于数字却无人谈论。欧洲人从一开始就认为,从 0 到 9 的数字被视为秘密语言是毋庸赘言的。首先,数字是抽象符号。每当用于计数之外的目的时，它们显然就代表别的意思，是秘密信息。电码本也利用了这一点。想想看，若是用"1"来表示"我给你寄了一本书，我自己也有同样的一本，这样我就能够轻易地经常与你联系"的意思，这样的简约将是无与伦比的。或者用"214"来表达伤感："心如止水，完全听从上帝的意志。"也许可以用"7571"来表达报复之意："你若那么做会后悔。"

规避定价规则的各种巧妙办法令人眼花缭乱，各国莫不如此。只有中国是唯一的例外，但这并非它自愿的结果。西方人在字母和数字发报价格上取巧占便宜的办法中国人用不了，因为中国人的语言完全由数字代表。一个汉字能占到44到68个单位，几乎比一个英文单词多四倍，因此也就更贵。中国没法作弊。如果你参加的系统中所有其他人都可以作弊并经常作弊，那么你自己不作弊并不表示你有什么美德，而是一种默认的惩罚。

王景春知道，电报规则在发展过程中，丝毫没有考虑到中国人的需要或习惯。中国人不是试图在系统内部钻定价规则的空子，而是试图找机会加入系统。真正的麻烦开始于1912年推广了一种专门的技术性电报服务之后。由于发电报的各色人等越来越多，顾客愿意支付的电报费用高低不一，所以推出了一项新服务：那些不必作为急件或正常电报立即发出，而是可以等48小时以后再发的电报算是迟发电报，价格很优惠，只有正常价格的一半。

然而，条件是必须发明码电报。这是为了防止顾客既利用价格优惠，又使用缩写、商标、标点符号或任意的字母组合来在电文篇幅或内容上做手脚，两边占便宜。对一个字的音节数也有限制，并规定，字必须能念得出来。这项新服务禁止使用加密电文或密码电文，自然也包括数字。过去，汉字和字母之间只是存在差距，现在这差距扩大成为无法弥合的鸿沟。

王景春在巴黎的任务是尽量温和但坚定地陈述这种情况，并说明这给中国人造成的困境。他认识到，与会的西方代表虽然是定价和关税的内行，却对汉字原理及其在电报方面构成的问题一无所知。王景春的外交技能没有用于国家交往，却在解释汉语中有了用武之地。他要给西方同事们讲解汉语的基本知识，解释汉字是如何组成的，为何汉字因其结构而难以系统化，为何用数字代表汉字是不得已且有缺陷的办法。

白天的正式会议散会后，王景春才开始真正投入工作。他和中国代表团其他成员组织晚间沙龙和晚会，借机举办介绍汉语的简短演示。他们知道，西方人通常对汉语抱有猎奇或轻蔑的态度，于是提供大量酒水来缓和来宾的反应，令他们放松。他们想尽各种办法来讲解汉语的基本要素——部首、笔画、汉字等等。他们讲解得很耐心，从不采取教训的口吻。王景春讲了许多关于表意文字起源的故事。做了这些铺垫之后，他开始介绍汉语中常见的同音字这个比较技术性的问题。王景春尽力说明，本来罗马化也许是个简单的解决办法，但遇到同音字就行不通了。发音相同的不同汉字若是用字母表达则很难分辨，因为字母无法标出字的声调，也无法显示汉字一目了然的细节。无论对汉字采取怎样的罗马化方式，都不可避免地会失去汉字的根本识别特征，除非能找到另一种方法来代表汉字。这是换个说法来阐述一个不言自明的道理：中国愿意实现国际化，但绝不能脱离它的历史、文化和语言国情。

9月中旬，国际电报大会举行了第七届会议。代表们又回到了定价和规则问题上。他们需要堵住明码电文和密码电文传输中的漏洞。欧洲代表中有人呼吁成立一个小组委员会来研究电码和目前的电码管理规则，王景春马上表示中国代表团愿意参加。不过，他接着说，这不是为了中国，因为这个问题是欧洲所特有的。他温和地指出，在目前明码电文和密码电文之间区别的基础上制定的任何发报费用规定对中国都没有帮助，因为中文要靠数字传输。他自愿参与这方面的工作，是本着合作的精神，表明中国愿意做出牺牲，把为别国找到公平的解决办法置于中国自身利益之上。王景春不厌其烦地提醒其他与会代表，汉字用四位数代表，这是独一无二的。他像在晚间沙龙里一样，礼貌谦卑，但锲而不舍地侃侃而谈。

王景春从未提出过要求，但是他在几周时间内成功说服了其他国家给予中国特殊考虑。他的方法奏效了。10月9日，大会开幕五个多星期之后，开始听取各国介绍。王景春明确表示，必须采取行动使中国不再因依赖数字而受到惩罚。明码电文的一个核心定义是它必须以发报人的母语发出，那么中国的四位数电码就必须算是代表母语的方法。

王景春和西方代表坐在同一个会议室里，积极参加会上的讨论，表明中国可以是文明的团队成员。他的辛勤努力终于使西方代表放了心：中国不仅愿意进入错综复杂的国际关系网，而且愿意遵守国际规则，接受自己的例外情况。最后，王景春成功地让西方国家的代表看到，对中国有利的对他们自己也有利。

欧洲各国代表开始明白，解决中国在定价方面的劣势有益于所有各方。他们若想顺利地把商业活动扩展到新成立的中华民国，最好给予中国特例待遇。王景春代表官方以平静的语气提出了简单的要求：

自中国引进"迟发"服务以来，政府于1912年开始准许外国人享受发送不太重要的电报少付一半费用的优惠，但中国人却因为只能使用数字发电报而无法受益。事实是，汉字因其特点，除四位数一组、每组代表一字的方法以外，并无其他更好的发报方法。由于迟发服务仅接受表达普通含义的数字，所以海内外华人无法在电报中使用自己的语言，换言之，他们享受不到半价服务……在此情况下，中国政府提议将表达汉语意思的四位一组的数字纳入各国与中国之间的电报迟发服务。

国际电报联盟被说服了，在力所能及的范围内提出了一个解决办法。为照顾一种非字母文字而改变莫尔斯电码依靠字母的前提既不可能，也不可取。但是，可以把中国和汉字定为例外。于是，在收费或字的长度的定价上面，他们同意放入一个特殊条款——"exceptionellement"——规定中国使用的四位数代字法为明码电报。

看来目的达到了。王景春强调，这个提议不是作弊，而是承认把防止作弊的规则用在中国身上是不合适的。欧洲人想吵尽管继续吵下去，但中国做事要正大光明。王景春的辛勤努力没有白费。

国内同事准备像欢迎英雄凯旋一样热烈迎接王景春。他取得的成果意义重大而持久。中国终于在电报领域的国际舞台上表明了自己的立场，并且将更加坚决地发声，争取赢回自己的世界地位。可是，王景春还没登上回国的航船，就已经因自己未能达到夺回汉字的完全主权这个最终目标而感到遗憾。那么多个星期的谈判和外交活动都进行得相当顺利，但根本性问题仍未解决。毕竟，汉语为什么必须用数字来代表才能得到世界的接受？让国际组织给予例外待遇可以暂且解决迫在眉睫的问题，但问题的根子依旧未解。只要中国仅仅是被容忍的例外，它就不能完全进入全球通信的圈子。接受特殊待遇不能使中国最终获得充分主权。在分秒之间就能通过电报影响政治的时代，中国尚未成为世界制度中独立的一员。

接下来的几年中，王景春一直忙个不停。他在巴黎取得成功后，各方更是对他争相延聘，但他不愿意完全放弃用西方字母表达汉字的努力。王景春参加了多次将西方的产业和政治价值观奉为圭臬的国际会议，愈发认为中国必须进一步坚定立场。巴黎会议的两年后，他参加了在华盛顿特区举行的国际无线电大会。那次会议上，王景春采取了更加坚定的态度，表示没有中国的同意，外国公司不得在中国领土上建造或成立电报站或无线电站。

然而，这些小小的胜利仍然不过是赢得了短暂的喘息时间，并非持久的保证。应当找到一种电码，既能利用西方字母的标音优势，也不致有损汉字的性质。王景春在中国召集起 50 多位语言学家、官员、教师和电报员帮他研究这个问题。在国内不久前兴起的罗马化运动的影响下，他们尝试了一种新的经过改动的字母系统。这一系统不是依照英语或其他欧洲语言的拼法，而是代表了汉字三个最主要的特征：发音、形状和句法。

之前，威基谒等西方人用数字来代表汉字。后来，中国人自己试图用数字来代表字母。大家不断地把同一种办法试来试去。王景春日益坚定地认为，应该用西方字母更长期地为汉语罗马化服务。他采用了 1913 年在北京举行的全国读音统一会上批准的汉语注音符号，也赞同其中的用汉字的不同组成部分作为辅助性注音字母的主意。在此基础上，他对被称为拉丁字母的罗马字母做了调整，用它来代表汉字的三个语言学属性：发音、声调和部首。

为了在自己的新注音系统中标注发音，王景春用具有相似首辅音的字母来显示ㄅ、ㄆ、ㄇ、ㄈ等符号所代表的波、泼、摸、佛的发音。这样，与ㄅ、ㄆ、ㄇ、ㄈ相对应的字母就是"b""p""m""f"。为表示声调，他挑了5个字母来代表古代与近代音系中的5个声调："B"代表平声；"P"代表第二声，或上声；"X"代表第三声，声调先降后扬；"C"代表第四声，或去声；"R"是第五声，或轻声。对于部首这个最后的属性，王景春使用两个字母来表现，一个辅音和一个元音。用两个字母拼写发音的做法仅限于汉字部首，如，土拼为"tu"，力拼为"li"，口拼为"ko"，等等，和王照的官话字母中的处理方法有些类似。

王景春用一个字母代表发音，另一个字母代表声调，再用两个字母代表部首的发音，这样为每个字确定了由4个字母组成的密码。汉字因此可以通过电报传输，而完全不必使用数字。王景春的想法与当时其他的罗马化方案相似，但那些方案不是为了收发电报，而是为实现提高识字率这个更大的目标而设计的。王景春从语言学家和民族学家的讨论中获得了灵感，找出了办法来解决他在外交舞台上看到的问题。

王景春的方案引起了注意，并因他的声望得到重视。他编制了一本字典，按照他设计的注音系统给公共电码中所有的汉字重新配码，这本字典再版了三次。王景春的方案由教育部批准并颁发，于1929年1月1日生效。王景春大功告成，但已经有人开始对汉字进行更大胆的实验。到20世纪50年代中期，莫尔斯电码基本上被埃米尔·博多（Émile Baudot）于1870年发明的二进制代码所取代。在博多的代码中，所有字母统一用5个等长的基本单位来代表，使用二进制数字制度。但是，直至20世纪80年代，威基谒发明的最先催生了其他代表汉字的方法的四位数格式仍在国际上和中国国内被使用。

王景春对中国公众福祉和政府政策的贡献无可否认。华盛顿会议后，他离开了铁路交通部。他在美国待了3年，担任中国教育代表团团长，尽心培养中国的年轻人才，后来又成为政府电报部门的顾问。王景春在国外逗留时间最长的一次是在伦敦待了18年，为中国采购原材料和工业设备。

不过，王景春从未放弃汉语罗马化的事业，不断修改自己这方面的主张。他把自己最后设计的系统称作"Gueeyin"。中华人民共和国成立后，王景春最后一次搬家，来到了美国加州克莱尔蒙特（Claremont），设计Gueeyin成为他暮年的个人爱好。他在克莱尔蒙特一直住到1956年去世。王景春一生尽全力为国效劳，帮中国把电报基础设施掌握到自己手里，从而赢回了部分主权。他常说，中国必须走出对往昔苦难的沉溺才能前进。作为中国最出色的谈判家之一，王景春在美国初露头角，他笃信美国是中国未来的榜样，他在1912年就是这样对美国人说的。

然而，许多中国人不相信罗马化是解决一个老问题的唯一办法。王景春在20世纪30年代和40年代研究罗马化方案的时候，一场从根本上改变汉字的广泛讨论正在展开。这场讨论不涉及字母，而是另辟蹊径，对汉字本身进行分析，这引起了全国范围内的广泛兴趣。王景春加入的时候年事已高，无力像推动电报事业那样推进这场讨论，需要由别的人担负起领导作用。站在这场努力前列的人为数众多、五花八门。他们不是官场上的人，而是知识分子、出版商和工厂工人。他们设想创造另外一种未来：也许能够开发汉字本身的字母式功能，何必改变字母来为汉语所用？

此事与电报不同，它始于一个远离政治聚光灯的安静角落：一群老式图书馆员将领跑所谓的汉字检索方法的竞赛。在国家存亡悬于一线之际，他们要熬过又一个政治上波澜起伏的时期。在这场磨难中，有些人兴起，有些人跌落。所有人都备受考验。

第四章　林语堂与中文检索的创新

中国解决打字和电报问题的办法都是无奈的权宜之计，都是设法调整汉字来适应本是为字母语言设计的技术。打字和电报都是供另一类文字使用的系统，作为后来者的中国自然处于劣势，克服这样的劣势也就成了中国发明者和语言学家的努力目标。但是，许多人猜想，问题会不会在于汉字本身。

西方人说汉字不够快捷、简单、高效——总而言之不够现代。中国国内对汉字最激烈的批评者也毫不留情。他们指责汉字系统危及中国未来的生存。许多人同意据说是作家兼知识分子改革者鲁迅说的话："汉字不灭，中国必亡！"这种紧迫感在19世纪晚期王照那一辈人当中已经明显可见，在1912年至1949年的民国时期愈加突出。1928年，12年的军阀割据终于结束。但中国喘息未定，日本就于20世纪30年代初入侵了中国东北，然后是太平洋战争，再后来是国共两党的血腥内战。至少有20年的时间，中国一直深陷境内外的生死之争，那些战斗对20世纪下半叶产生了决定性影响。那段时间不是务虚探讨新思想或哲学理论的时候。务实行动与民族生存压倒一切。

国家、民族处境危殆，这一点深入人心，但中国人不相信把汉字和民族历史一并抛弃能够确保中国走向未来。比较温和的知识分子发问，汉字真的无可救药了吗？真的一文不值，应该像有些人鼓吹的那样和中国的古典学问一起扔进垃圾堆吗？

温和派认为，语言的挑战在于汉字本身。汉语的声调和同音字太多，汉字太难写，学汉语用的时间太长，但这些并非问题的全部。如果汉语系统有章可循，这些问题就都算不得大事。真正的问题是如何组织汉语这个没有清晰结构的语言。汉字的数目几乎无穷无尽，若不确定汉字的数目，就无法将它们组织起来或使之顺利融入机器设计和技术。那好比还没弄清楚问题的各个方面就想找到解决办法。

汉语文字系统需要由母语是汉语的人来彻底审视。对于这项任务的真正性质，西方字母使用者理解不了，因为他们习惯于用26个字母整齐利落地组成各种固定组合。要稍窥相关的挑战，可以做一个简单的练习：选一个单词，在英语词典里找这个词，然后想一想这个过程是多么容易。"b"绝不会出现在"a"前面，"g"永远在"f"和"h"之间，"t"总是紧跟在"s"后面。由于这种可预见性，可以在词典上从左到右找到正确的首字母部分，并按照同样的逻辑在该部分中找到正确的单词。如果一个单词和另一个单词的头几个字母一样，如"address"和"adrenaline"，只要向右去找到它们之间第一个彼此不同的字母就好了。用排除法一个字母一个字母地查找英语单词的过程基本上是自动的，一个字母就是一步。可以用26个字母建造、储存、查找自己想要的所有单词。这个系统的一个基石是熟记26个字母，而这很可能上幼儿园的时候就做到了。

字母的直线型组织不可违逆。总是从"a"开始，到"z"结束，就连提到字母也总是说"ABC"，不会说"CBA"或

"UVW"。这条规则可以用来组织从分点演示到购物清单的任何东西。简言之,字母顺序对于信息的组织、识别和排列至关重要。不仅词典如此,电话本、名录、索引系统、百科全书、电脑文档等任何需要顺序和条理的东西均是如此。

现在打开一本汉语字典。第一步:看通常位于字典前面或后面的部首表,找到要查的字的部首,那可以是按笔画由少到多排列的214个(曾经是540个)部首中的任何一个。第二步:那个部首带着一个数字,按照那个数字来到另一张表,此时还不到字典正文。那张表中,部首下面列出了所有包括该部首的字,有的部首下只有一个字,有的部首下的字多至64个。那些字也都是按笔画数目从少到多排列的。第三步:在部首表中找到了你想找的字后,再去字旁标的字典的那一页。除非你看一眼那个字就知道它的笔画是多少,否则你得看遍那一页上所有的字才能找到你要的那一个。查一个字要翻好几页。你若是有耐心,再加上运气,也许第一次就能查到。

当然,有好几处可能出错的地方。可能你不能肯定想查的字的哪个部分是部首,因为就连母语是汉语的人有时都搞不明白。这一步错了,你就走上了歧路,可能到了第三步才意识到自己的错误。有时,一个字本身就是部首,这也会令你疑惑迷茫。

然而,假设你没有遇到上述的任何困难,因为你知道正确的部首,也知道如何在字典中查到那个部首,但你也许不记得要查的字的其他部分的样子,因此不知道确切的笔画数目。在不同的字里,同样的部首有时会以不同的形状和大小出现——汉字又一个恼人的特征。彼此毫无关系的部首也可以看起来很相似,试想对一个初学者解释"艹"和"艹"其实都是"草"字头,"月"是"肉"的另一种写法,或者"口"与"囗"毫不相干,尽管前者看上去只是比后者小一点而已。所有这些潜在的陷阱都是汉字所固有的，因为每个字都由大小形状各不相同的部分组成，那些部分以不同的比例填满一个方块。

反过来想：如果字母没有固定顺序会是什么样子？如何组织26个字母，按照什么标准来组织都将成为没有定论的问题：排序是根据使用的频率，形状的复杂程度，还是一个字母上半部或下半部突出部分的数目？情况骤然杂乱起来，更接近汉语的一贯状态。

如果按照形状来分组，那么"C""G""O""Q"的大写字母肯定应该排在一起，因为它们有着类似的圆形轮廓。"P"和"F"都是头重脚轻，是否该排在一起？还是说应把"P"和"B"排在一起，因为"P"只比"B"少一个半圆？这样看来，"K"和"R"在字母表中也应该挨得更近一些，因为它俩下半部都有伸出来的一道斜杠。如果有人反对，说形状和外观太主观，全靠观者的眼光，此言虽有理，却引出一个要求，即需要深入字母的结构，将其分解成各种笔画，以更好地显示字形的一致性。这需要真正的思维改变。

我们通常不认为字母能够分解为笔画，因为字母被视为基本单位。把"A"分解为两条斜线和一条短横线，或把"B"分解为一条竖线和两条曲线没有任何意义，因为字母的价值在于它们代表的发音，不在于形状。可是字母本身也是由笔画组成的。可以说笔画是字母备受忽视的属性。一画是任何一种连续的线，无论是直线还是曲线，长线还是短线，有时甚至是折线。大部分字母由1到3个笔画组成（"E"是例外，有4画）。

如果按照笔画数目从多到少来组织字母，那么字母表的开头就应该是"E"而不是"A"，后面跟着"F"、"B"或"H"，它们都有3个笔画。如果字母表是EFBH而不是ABCD，就得立即把"最优的"（A-list）或后备计划（plan B）这些字眼从英语中剔除出去。学校里的老师不会用"优"（A）打分，公司也不会有C级股票。字母表的次序不仅重要，而且这种次序已深深植根于语言之中，塑造着我们在世界中的定位，我们表达优先的方式，以及我们按照重要性、偏好和等级制这些标准对事物的组织。

但是，"E"在字母表中是否应该名列第一也取决于采用哪种写法。此处，正字法构成了对笔画数目的挑战。按照印刷体写"E"，需要写4笔。但若用手写体，写得像是翻转过来的"3"，那么一笔就够了。若是以手写体为准，"E"就要被拉下字母表之首的宝座，放到后面去和"C""O""U""V""W""Z"这些一笔字母为伍。所以，随着字母的结构分析趋向复杂细微，字母该如何写，该按照何种顺序，这种正字法的规则变得更加重要。

计算笔画数目也许看似专断、主观、不可靠，因为它取决于写字的人和书写习惯，那么不妨钻牛角尖钻得再深一点，看一看笔画是什么样的，然后试着通过更加精微的分析提出规则：笔画是直线，像"L"，还是曲线，像"C"或"S"，还是直线和曲线的结合，像"D""Q""J""U""R"；再进一步，可以看一看字母是不是不仅是直线的，而且是垂直直线的，像"I""L""T"，或是直线带角度的，像"A"和"Y"，或是直线带拐弯的，像"Z"；甚至可以更深入探究，看一看不同笔画之间的交错关系，是像"T"那样在某一点上接触，还是像"X"那样交叉穿过，是像"C"那样不封口，还是像"O"那样完全闭合？尽可以按需要混搭各种标准，但要做好出现例外的准备，因为没有一条规则能涵盖全部情况，包括字母表必须是固定的一套字母的想法。

笔画、笔画数目、笔画顺序、笔画类型、写法上的不一致、书法艺术、界定一套固定的语言学单位，这些都是中国人从开始学写字就要克服的障碍。中文打字机和汉字电码的发明者各自处理了这些问题的某些方面，却都未正面或彻底解决这些问题。他们是务实派，达到了目的就收手。然而，在他们努力的同时，对此问题极为关注的一些人正在对汉语进行彻底的重新审视，这些人是每日都与文字和书籍打交道的图书馆员和索引编制者，他们的专业是组织、分类和储存知识系统，所以他们对汉字系统的分析比其他人更加详细精微。

图书馆员是中国文字传统的监护人，他们当然不想抛弃汉字或中国本土的知识系统。他们认识到，必须找到办法让汉语得以进入现代技术环境。然而，如果他们想保留过去的传统不予丢弃，就必须想办法重新组织汉语以供系统性使用。要使汉字和字母一样好用，等于把两个距离遥远的世界聚到一个书架上。尝试改变的人中有几个早早地认识到，中国与世界和平共处的关键也许就在于小小的笔画。要为汉语创立成功的归档系统，图书馆员是合适的人选，但首先要有人提出这个主意。一位年轻的英文教师无意间成了领头人。

1917年，23岁的林语堂在《新青年》杂志上发表了自己的第一篇作品。这份杂志两年前在上海法租界创刊，给中国躁动不宁和聪颖卓绝的青年人提供了一个平台。杂志除中文刊名外还有同样语义的法文刊名"La Jeunesse"，显示了带有马克思主义锋芒的世界性风格。在这本封面加红套印的平装杂志上，勤于思考的年轻人发文表达激进观点，介绍西方思想，质疑传统知识。主编把杂志的使命说得很清楚：如果中国必须丢弃过去所有传统的沉重包袱方能与外部世界竞争，那也只好如此。

与各种激烈批评传统文化的文章相比，林语堂的文章没有那么慷慨激昂。他选择了一个看似无害无趣，更适于图书馆工作者思考的题目——《汉字索引制说明》。同期杂志上的另一篇文章更吸引眼球，因为它介绍了法国哲学家亨利·柏格森（Henri Bergson）关于时间的内部体验学说，这个学说看起来足够新颖。林语堂那篇7页长的文章没有提出什么振聋发聩、令反叛青年趋之若鹜的主张，但它后来做到了杂志中任何其他文章都做不到的事：它不可逆转地改变了新旧知识的景观。

林语堂的提议乍看似乎简单，但其实可以算是一份组织汉字的完整指南。他把汉字分解成笔画，确定了5类笔画：横、直、撇、点、勾。这里隐约可见传统上教授书法时使用的永字八法的痕迹。可是林语堂给他的5类笔画界定的范围要宽得多，他注意的是笔画的方向，不是笔画的样式。例如，一横不仅包括明显的一道横线，如汉字的"一"，而且包括任何从左到右以类似的动作写出的笔画，不一定是平的。

数千年的书法练习使得笔画和笔顺根深蒂固，发展出了一套先写哪笔，后写哪笔，直至完成全字的固定规则。在英文书写中，可以想象写字母"A"时先写中间的小横，但常规写法是先写左边的斜线，后写右边的斜线，最后写连接这两条斜线的小横线。同样，写字母"X"的时候先写哪一笔都可以，结果毫无差别。但是，手写汉字时，笔画和笔顺严格得多。林语堂用一个字的首笔画作为第一分类依据，却发现分得不够细。于是他在那5个基本笔画的基础上加以扩大，确定了19个首笔画，囊括了所有汉字书写的第一笔。

接下来林语堂把第一笔和第二笔放在一起，找出了28个头两笔的格式，几乎适用于所有汉字。这如同先分出所有以一条竖线

图 10　林语堂的 5 个基本笔画

开始的字母："B""D""F""H""K""L""M""N""P""R"。然后加上第二条规定：第一笔竖线后必须是曲线，这样前述那些字母就剩下了"B""D""P""R"。用确定的一套头两笔组合来辨识汉字，如此产生的组织格式与字母的逻辑不相上下。

　　林语堂这个简单明了的办法向数千年来研究、学习和规范汉字的传统提出了挑战。他显示了汉字如何可以按照其自身组织来分类，而不必依赖其他外在的原理，无论是西方字母还是代码。在字典中分类查找汉字从来都是靠部首。在林语堂之前，没有一个中国人提出过他这样完整的替代部首制度的方法。祁暄仅仅是

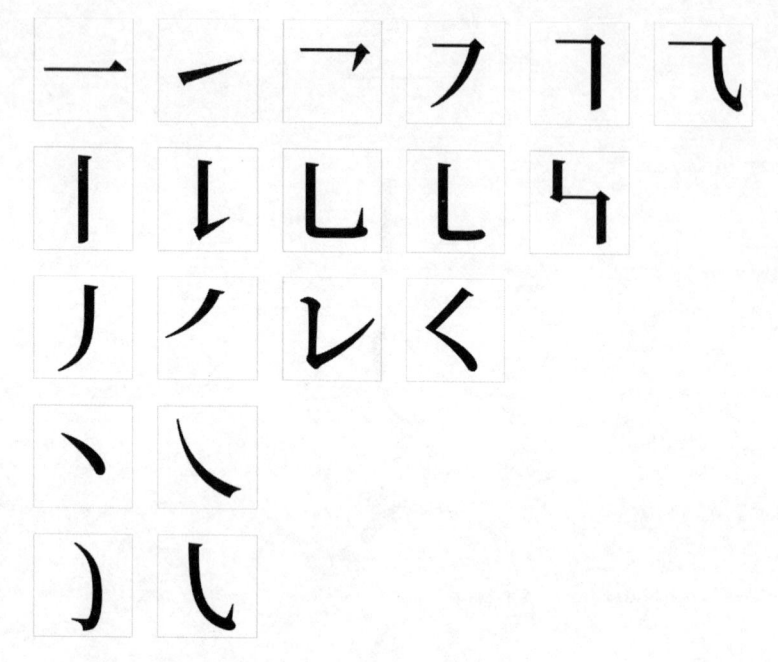

图 11 林语堂在 5 个基本笔画的基础上确定的 19 个"首笔画"。

开了个头。

  传统上，分类所依靠的原理因多年的习惯和文化实践积淀而成，而非来自抽象的语言理论。语文学和词典学是中国经典学问的核心，文字本身也是研究的对象。许多个世纪以来，学者们努力通过证实某个字的意思来保存古人的智慧，这是训诂学这门备受尊敬的学问的关键。印刷术发明之前，此事的难度超乎想象。即使手抄本的字体依照规范，仍旧有许多笔画差那么一点。一横写成一撇能引得以后好几代学者对这到底是什么字争吵不休。

  管理汉字的全部词汇枯燥无味，吃力不讨好。把字词整理记录成词汇表是对汉语知识基础的重要支撑。这项工作是对汉语词汇的必要维护保养，需要怀着负责任的精神耐心地、不厌其烦地反复比较对照，细致入微地分门别类。所有这些一丝不苟的工作都遵循着一条基本规则。两千年来，作为汉字一部分的部首一直是分类的唯一标准。最早的汉语书写出现后大约1 100年到1 500年，部首得到了确定，当时用于管理内务。那时汉字的数量已经相当可观。

第一个汇编部首的人名叫许慎，是东汉时期的大儒和经学家。因为之前无人对汉字做过总结或研究过汉字的用法，所以许慎确定了540个部首来厘清混乱无序的9 353个汉字。他深信，必也正名乃天下至道。这个信念深刻影响了他的组织准则。据说540这个神奇的数字来自代表"阴""阳"的6和9相乘之积，再乘以10，它留出了足够的类别数目。他的制度从部首"一"开始，象征着万物之源，到代表时光循环的12个部首结束，形成了制度在概念上的完整性。

简而言之，部首是神圣的，上千年来一直得到尊重和遵守。不过，时常有人发问：为何要有如此多的部首？到底多少部首最为合适？对此众说纷纭。10世纪，一位僧人把部首数目从540减到了242，近500年后，一对父子选择了444这个数字。最后的214个部首是明朝时确定的，由太学生梅膺祚整理编入了自己编纂的《字汇》之中。到18世纪，爱书如痴的康熙皇帝采纳了214个部首的制度，命人编纂一部以他命名的权威性字典，由此确立了214个部首的权威地位。

到20世纪早期，部首制度开始现出裂痕。几个世纪以来，人们一直在修改、补充、调整部首制度，以维持它的可行性，但这个制度学习和使用起来仍然费时费力。没有易于掌握、有章可循的规则来储字检字，也没有合理的办法来管理浩如烟海的字轴和书籍中用汉字记载的大量故事、歌谣和王朝历史。

中国人在听说亚里士多德的分类学或梅尔维尔·杜威（Melvil Dewey）的十进分类法之前，很早就有了自己组织典籍的方法。他们不像杜威那样依靠数字和小数点，也不像查尔斯·A.卡特（Charles A. Cutter）那样使用字母。卡特在 1880 年前后开始使用字母来标识不同的题材，后来他的制度成为美国国会图书馆目录制度的基础。中国真正的书目分类始于公元前 1 世纪，建立在道德秩序的概念之上。一位儒学家设计了一套复杂的制度，有 7 个大类，下分 38 个小类。儒家经典居于首位，包括天文学、风水占卜、药理学、性学在内的科学和医学敬陪末座。两个世纪后，一位秘书监把被称为"七略"的七类缩小为更简练的"四部"，即四类。几经调整后，四部被确定为延续至今的形式：经、史、子、集。四部之下分别收藏了海量书籍和记录。据报告，到 15 世纪末，中国产出的书目和册数比世界上所有其他国家加起来都多。

18 世纪，中国执行了一项巨大无比的皇家藏书项目，经、史、子、集四部实现了标准化。在《四库全书》的编纂过程中，大批学者奉命在四部的各部之下进行编集。《四库全书》共包含近 8 万卷书，历时 10 年终得完成。四部的次序反映了它们的重要性等级。这种以儒学为尊的书目制度在以中国为中心的世界中合情合理，但用生活在 20 世纪第二个十年的林语堂的眼光来看，它与西方的图书馆制度相比，在现代没有多大用处。

在 1917 年刊登在《新青年》上的文章中，林语堂把汉字和汉语信息管理视为同一个问题。若能轻易地在字典里找到一个字，同样可以很快找到一本书书名中的第一个字。所以，解决前一个问题的办法一定能够解决后一个问题，而办法从来就摆在那里，那就是汉字的结构。林语堂表示，汉字完全可以应付现代的挑战它的进步无需任何外援，不用罗马字母，不用数字，也不用代码。汉语不需要其他表现方法，它自己特有的笔画和笔顺就足够了。

林语堂的主张立即引起了共鸣。在中国深陷疑惑与焦虑之时，他的主张给人们带来了希望、慰藉，甚至信心。新文化运动的一位领袖钱玄同看到，林语堂的思想远超同时代的人，对这位年轻的索引编制者赞不绝口。一时间称誉四起。德高望重的教育改革家蔡元培指出，林语堂不仅重新构想了笔画的功能，而且他的办法详细展示了笔画如何引领并构成一个字的全部轮廓。林语堂发现的汉语表意文字的逻辑足以媲美西方字母的组织能力，却一个拉丁字母都不用，这是何等的巧思啊。

从康奈尔大学留学归来的庚款留学生胡适的看法最深刻。他看到，林语堂研究的是使中国的往昔得以延续到未来的基础结构。林语堂的成就是认识到汉字有自我组织的能力，能够用来在中国浩大而丰富的知识基础内存储、搜寻、分类、选择并查找想要的信息。这个能力可以扩展到各种排序系统，甚至是其他语言的排序系统。也可以借此能力恢复中华知识宝库的文化力量。胡适说，林语堂的索引制是打开其他门的那扇门，是被批评传统的人忽略了的奠基工作：

> "整理"是要从乱七八糟里面找出一个条理头绪来；从昏乱糊涂里面查出一个明确意义来……最没有趣味，却又是一切趣味的钥匙；最粗陋讨人厌，却又是一切高深学问的门径阶级……这样的努力中最困难又最不可缺少的是汉字的重组……即汉字的分类与组织。

现代压力逼迫中国与传统决裂，全中国如履薄冰。值此危难之际，众多革命者奋起行动，为事业抛头颅洒热血。林语堂与他们不同。他对重建中国的贡献是帮助拯救中国的传统与遗产，使之不致湮没。不过，林语堂不认为自己当得起如此赞誉。他内心深处觉得自己是冒牌货，与中国人的世界格格不入。

林语堂出生于中国南方福建省一个山村的基督徒家庭，从小到大学的是赞美诗、英语和晚祷词，杂以儒家经典节选和汉语课。他父亲是当地的一位牧师。林语堂自己十几岁时就在父亲那座与一所佛寺隔街相望的教堂里负责敲钟。他没有上过传统的中国学堂，也不像那时的其他孩子一样苦读过四书五经。

20世纪第二个十年中期，林语堂上大学时，同学们开始热衷于西式新文化运动，但林语堂是在西方文化里泡大的，所以他不像其他同学那样怀着反叛的激情拥抱西方文化。他思维活跃、好奇心强，秉性天马行空、随心所欲，对意识形态标签或热情洋溢的口号敬而远之。林语堂非常享受阅读和英语学习，到哪里都随身带着一本小小的英语词典。

1916年，林语堂从上海圣约翰大学毕业，接受了清华大学的聘书，成为英文教师。为了维持生活，他还兼职担任商务印书馆的研究员，来到文化古都北京生活后，他意识到自己缺了点东西：他对中国文化和传统一知半解。林语堂清楚地看到，可以用汉字来检索各种知识储存，但是他觉得自己对那些知识了解不足。与大学同事们交谈时，他听不懂他们的引经据典，也不像他们能对中国传统民间故事信手拈来。林语堂对耶利哥的城墙在约书亚的军队吹喇叭吹了六天后轰然倒塌的圣经故事熟稔于心，但对传说中因丈夫死于为皇帝修长城的苦役而哭倒了长城的孟姜女的故事茫然不知。林语堂因对本国文化的无知而羞愧。后来他说，就连洗衣工对中国传统的英雄和传说都比他知道得多。

林语堂开始如饥似渴地读书补课，不仅读孟姜女的故事，也读《红楼梦》这样的古典小说。他学会了小说中使用的北京白话，勤奋地记住地方俗语。他经常光顾古玩市场去寻找旧书。他的同事们深受 1915 年开始的新文化运动的影响，把任何古典的东西都视为毒药，想把传统一扫而光，林语堂却刚刚发现中国五千年文字传统的宝藏。他对自己的基督教信仰生出了怀疑。

正因为林语堂受西式教育长大，对中国文化接触较晚，所以他能够以一种新鲜的角度看待汉字。几个世纪以来，外国人一直试图根据自己印欧语言的规则破解汉语之谜。林语堂从他们的挫败中吸取对自己有用的东西。他仔细研究西方人为学习汉语而编纂的词典，借以重构西方人对汉语的认识。他也研究了西方人是如何按照他们的字母分类法来组织汉语的。经过这样的比较，林语堂逐渐发展出了自己的想法。汉字为什么不能有字母那样的功能？林语堂的汉字索引并未完全解开这个谜题，那只是他的初次尝试。

1915 年前后，中国大学里兴起了关于现代文化复兴向何处去的辩论。林语堂的同侪鼓吹振兴白话文，采用现代印刷排版法，把古典文言文束之高阁、埋进档案深处。辩论持续了 4 年，愈演愈烈，直到在"五四运动"的洪流中与学生运动的事业合为一体。然而，对于用白话文，甚至可能是罗马化文字来取代精英古典文言文的争论，林语堂的心情是矛盾的。他对当时许多人发出的放弃汉字、实现汉语罗马化的呼声不以为然，对他们砸烂传统的激进要求无法苟同。

林语堂决定离开北京，离开中国。他在中国是基督徒，对外部世界却所知不多。1919 年 8 月，他登上了开往美国的轮船去哈佛大学读书，后来又到德国继续深造，在莱比锡大学获得了比较语文学博士学位。林语堂对于西方治学的公益精神，特别是西方的图书馆制度生出了赞赏之心。撰写博士论文期间，他通过莱比锡大学图书馆从柏林借过书。在哈佛大学的韦德纳图书馆，他在排列整齐的书架间任意徘徊浏览。西方图书馆的分类系统方便好用，任何人都能轻而易举地从书架上找到并取下自己想要的书。不像在中国，只有富人和有权势的人才拥有并收藏书籍，最大的藏书库是"皇家图书馆"。

这个牧师的儿子将成为20世纪最受喜爱的用英文写作的中国小说家。约30年的时间里，林语堂写了《生活的艺术》、《吾国与吾民》、《京华烟云》和《风声鹤唳》等畅销书，作为中国的声音吸引着美国读者的兴趣。林语堂也在继续为汉字索引出力，不过走了另一条路。

眼下，林语堂的想法只能由留在中国的其他人继续推动。看到他的索引法，人们开始注意中国该如何维护自己的文化遗产。在林语堂的领跑之下，研究汉字索引法的竞赛就此展开。这种系统性组织汉字资料的方法对管理信息有实际用处。林语堂的同侪用了几年时间才看出他1917年的文章概述的那种制度方法的真正潜力。一旦认识到这一点，他们也开始聚焦字形问题，不仅注意笔画，还研究汉字内部结构的其他部分。林语堂出国期间，很多人热切希望做出成果，超过别人。

竞赛就这样开始了。先是涓涓细流，然后大潮汹涌而至。20世纪20年代，关于最新最好的汉字索引的提议如雨后春笋不断出现，主要集中于三类：按偏旁区分字形、按数字区分字形、按其他空间单位区分字形。这些办法的主旨都是用尽可能少的步骤快速识别、分类汉字。与此同时，著名知识分子、语言学家钱玄同在1925年发动了广泛的汉字革命，呼吁对汉语文字发起全面攻击。他号召，"带上你们的枪、手榴弹和炸弹"，扔进古典汉语的巢穴。一些投机分子趁机利用这个语言问题博取公众眼球。一个信奉催眠术的秘密会社在上海街头搞了一个降神会来召唤已逝的亡灵和智者，让他们教授如何给汉字注音。钱玄同自认为是心怀高远的知识分子，肩负着严肃的学术使命，面对这种廉价低级的招数不禁瞠目结舌。

改进汉字索引的竞赛像是一场障碍赛跑。人们需要的不是作秀，而是攻略：索引制的指示必须简单明了；汉字排序要合乎逻辑；不能多一道先查找部首或计算笔画数目的手续；索引制必须以客观稳定的标准为基础。

人们争先恐后地寻找汉字索引的最佳方法。有些人借用林语堂关于基本笔画的想法，提出了自己的"魔数"。黄希声找出了20个笔画作为汉字核心组成要素。沈祖荣和胡庆生合作确定了12个笔画。广东的杜定友重新组织了字形分析法，提出了一套完整的汉字排检法。在他之后，湖北的桂质柏提出了26笔画法。上海商务印书馆的王云五大力主张回归数字编码。还有人想兼用字形和数字。加入竞赛的人越来越多。他们把汉字翻来覆去、掰开揉碎地仔细分析，都想最先找到能够帮助规范汉字组织方法的隐蔽客观法则。

这个问题并非初次提出。自传教士开始编纂中外双语词典以供自己使用时起，如何安排组织汉字就是欧洲人研究并辩论的一个主要课题。这样的词典对于传教以及后来的贸易和开发至关重要。关于应该像中国人那样使用214个康熙部首，还是应该使用自己的字母组织法，欧洲人展开了激烈的辩论。日本人使用他们从汉字衍生而来的音节文字形成了名为"假名"的语音书写系统，并按照假名表来编纂日汉词典。但是，外国人做的这一切从来以他们自己的语言和目的为重，都不能解决中国汉字的问题。

中国国内研究汉字索引制的人各种各样，目的也五花八门。国民政府高官陈立夫主要想简化政府档案的复杂存档程序。他提出了一种五笔制，希望取代部首制。对教育家赵荣光来说，汉字索引仅是次等关注对象，他首要关心的是编制基本的识字课本。他和其他几个人一起主张应制定包含 1 000 到 1 300 个字的汉语基本词汇。这就如同基本英语（BASIC，British American Scientific International and Commercial）的 850 个单词，那是非英语母语者学习英语时必须掌握的基本词汇。

有人看到了这个迅速发展的现象，注意到仅 1928 年就有大约 40 个关于汉字索引的提议。1933 年整理出来的另一份清单包含了 37 个提议，但那只是 20 世纪 40 年代的一半之数。随着竞争的扩大，后来的人要绞尽脑汁另辟蹊径。在各种提议和宣传的喧嚣之中，很难分清五花八门的提议孰优孰劣。

最终胜出的是王云五发明的四角号码法。王云五位高权重，是商务印书馆的总经理。他很有生意头脑，对利润的嗅觉非常灵敏。他按照弗雷德里克·温斯洛·泰勒（Frederick Winslow Taylor）的科学管理原则管理印刷车间，知道如何充分利用机会，也知道如何在工作时间内榨取最多的劳动价值。

王云五利用字形辨认方法制定了一套编号制度，以此作为唯一的卖点。他借鉴了 19 世纪的电报编码方法，但有一点关键的不同。他不是随机给不同的字分配数字，而是利用汉字是写在想象出的正方形空间内这一事实，毕竟汉语中经常把汉字叫作"方块字"。他用这个想象出的空间来确定一个字的四角，然后给每个角分配从 0 到 9 的一个数字，每个数字都与某个特定的笔画类型相关联。这令人想起林语堂的主意。

王云五使出浑身解数推销自己的办法，因此跻身民国时期中国第一批现代资本家之列。他拍板出版了百科全书和作家选集等多种参考书，商务印书馆因此不仅财源滚滚，而且名声大振。全国各地数十万年轻学生蜂拥购买这些学习现代知识的工具书。1928 年，教育部门将王云五的四角号码查字法颁布为标准参考工具书的官方索引制。做出这一决定部分是出于对王云五的地位和影响力的尊重。

王云五利用自己的地位把四角号码检索法纳入了以商务印书馆的名义出版的每一部重要参考书。这个方法的影响力从参考书向外扩散到市级电话簿、省立图书馆和大学图书馆、世界语学会、政府机构、百科全书、各类词典、外国大学，甚至是与商务印书馆竞争的其他出版社。四角号码检索法无处不在。有些书籍甚至标明了王云五的名字，如《王云五英汉大辞典》和《王云五小辞典》。可以说，无论学什么，都要会用四角号码检索法。

由于王云五传奇般的成功，人们开始对他精心编造的关于自己如何获得灵感的故事信以为真。他最喜欢别人问他是如何想到这个办法的，每每提及，他总是回答说，那与自己天生热爱生活分不开。王云五说，他每天都期待着凌晨 3:30 起床快步走 10 英里的日常锻炼，有时还外加爬一千三百级台阶。他还说，自己十几岁的时候花了 3 年时间把《大英百科全书》从头到尾读了一遍。早年的自学在他头脑里种下了为他人发展学习工具的念头，导致他后来运作出重大出版项目。原来批评王云五的人变成了他的拥趸。别人争相从他对自己生平的述说中剽窃细节，甚至一字不漏地照抄。

王云五想要的是绝对统治地位。他打算让他的四角号码检索法获得实证科学的权威。商务印书馆在上海开办了暑期课程和训练班，对来自全国各地的中学生和大学生传授王云五的四角号码检索法。学生们远远不止听老师在课堂上授课，课程安排还包括班级竞赛和名人演讲，演讲的内容是四角号码检索法的优点和中国文化遗产的未来。在一场查字竞赛中，一个十几岁的上海孩子以每字不到8秒钟的成绩击败了前冠军。

当然，独立评判者对四角号码制度做出的评价更谨慎一些。王云五的办法真的比原来的部首制度强很多吗？一所小学对比了这两种方法后，认为并非如此。事实上，王云五的办法更难学，因为必须记住哪个数字对应哪个偏旁。数字与它所代表的字的组成部分之间没有无须思索的自然联系，这就违背了易懂好用、立即可辨、无需更多步骤等原则。但是，王云五对这些怀疑的声音毫不在意。他的名字现已成为品牌，商务印书馆迅速压下了一切反对声音。他们干脆不再出版任何不用四角号码检索法、使用其他索引法的书籍，同时打折出售《四角号码王云五小辞典》。

挑战者在王云五面前一一败下阵来，那情景简直可以当热闹看。不幸的张凤就是这样的挑战者之一。1928年，28岁的张凤提出了自己的汉字检索法，要与王云五一较高下。那年张凤刚刚出版了以自己的名字命名的《张凤字典》，信心满满。他在字典里骄傲地介绍了自己依靠对字形的二维几何结构分析得出的面-线-点检字法。张凤使用一套三个数字来识别一个字，显然思考得周到透彻。每个数字代表面、线、点这三个几何单位中的一个在字的结构中出现的次数。此法的优势在于它包括了检索某个字时所需的一切信息。

张凤认为王云五对字形的处理浅薄粗糙。王云五只注重四角，

124—汉字王国

没有对字的结构本身做出准确精密的分析。张凤坚信自己会青史留名，发出豪言壮语："张凤可杀，方法不朽。"他发表了一封公开信向王云五提出挑战。不过，王云五对付这个雄心勃勃的年轻人游刃有余。张凤和王云五的方法在概念上相差不大，但王云五动用自己的资源和影响力，使得四角号码检索法家喻户晓，张凤却没有这个能力。他只能因陋就简，走街串巷推销他的小册子，挎着装满小册子的竹篮去大学宿舍免费分发。接到张凤的挑战后，王云五不屑搭理，一笑置之。在那之后的几十年里，人们只记得张凤的莽撞，后来更是将他完全忘记。

当时无人知晓，王云五有个不光彩的小秘密。年轻的林语堂尚未公开自己的想法时，王云五就已经先于别人得知，因而获得了相对于其他竞争者的决定性优势。1917年，林语堂在清华大学教英文时，王云五通过两人共同的一位相识听说林语堂正在研究汉字索引法。王云五表示愿意帮忙，可以出资买断林语堂在清华的教学合同，并给林语堂在商务印书馆安排一年的研究合同，林语堂接受了。按照合同规定，林语堂每月要提交研究进度报告，那些报告都转到了王云五手中。林语堂正全神贯注研究部首和笔画分析，无疑把每个阶段的研究成果都写进了报告里。

后来，王云五坚称自己在头几个月中因公事繁忙，根本没有时间阅读林语堂的报告。等他终于读到了那些报告时，发现自己对这个问题"另有所见"。他认识到，林语堂的提议仅能解决一部分问题。王云五在自己的意志和想法的推动下，奇迹般地在几周后看到了自己的道路：部首制必须完全被基于数字的制度取代。

王云五精明地逐渐淡化了他与林语堂的关系。王云五在1926年初次推出四角号码的一本英文小册子中承认了林语堂对笔画的研究，但在两年后出版的修正版中对林语堂只字未提。时隔几十年，林语堂才说出其实数字分类法的主意也是他提供给王云五的。当时林语堂在研究索引法时探索了好几条不同的路径，数字分类法是其中一条。按此方法，每一类笔画都标为从 0 到 9 的某一个数字。所以，王云五不仅把林语堂最先提出的想法拿来为己所用，而且就连他声称是自己想出来的那部分其实也来源于林语堂的研究成果。

与此同时，林语堂如愿走出了自己的路。他在 1917 年发表了那篇文章后，出国学习、旅行了几年，但并未停下对此题目的研究。他找出了新办法来发展索引法，在索引法竞争日趋激烈之时回到了中国。然而，林语堂的语言学兴趣已经开始向其他领域发展。这段时期内，他就汉语问题写了不少文章，从宏观到微观，从方言学到汉字罗马化。他用数字来标识字形，不仅用一个字的起笔，也将该字的最后一笔纳入检索范围，并利用古音韵来建立图书馆卡片目录。林语堂的研究面铺得更宽，不再限于王云五、张凤和其他人全心投入的竞争。

林语堂想做成更大的事。文名鹊起的他找到了自己真正倾心的事业——他想造打字机。林语堂熟悉周厚坤、祁暄和其他人造出的打字机。但是他想象中的打字机设计与它们不同。他的设计将以深厚的语言学知识为基础，兼顾东方与西方、古代与现代、文科与理科。过了 20 年，林语堂才造出了他愿意向世界展示的原型机。

与此同时，国民党统治下个人发明和竞争那百花齐放的时代即将结束。20 世纪 20 年代早期，中国共产党迅速成长，虽然国共两党后来数次联手斗内敌、御外侮，但在国共几次短暂合作的间隔期，国民党对共产党人展开血腥清洗，为后来更大的动荡确定了基调。眼下，夸张惊人的传言不再能引起公众的兴趣。就连一个自己制定了汉字检索法的纺织工人都说，汉字检索法已经成了权势精英的消遣。1931 年日本侵华，开启了中国现代史上最惨烈的一场战争。1937 年全面抗日战争爆发，很快成为第二次世界大战政治格局的一部分。那时，林语堂在国外，身陷战火的国人为保性命无暇他顾。要把汉字检索法竞赛拉回它应在的地方——图书馆，还是要靠货真价实的图书馆工作者。

1938 年 10 月 12 日，40 岁的图书馆学者杜定友奉命撤出广州城。全面抗日战争进入了新阶段。拂晓时分，日本人从海上和空中入侵了附近的大亚湾，掐住了通往广州市中心的大动脉。很快，日军封锁了中国南部海岸，在珠江口切断了供应线，也封锁了广州东南方向近 80 英里处的英属港口城市香港。广州全城人心惶惶。居民们很快意识到，他们听到的低沉嗡嗡声不是船只经过港口的声音，而是敌机逼近的声音。人们急忙往家赶，有些人还推着婴儿车和自行车。商铺和小巷里流言四起，消息混乱。人们没有想到日本帝国主义的魔爪居然伸到了他们的屋顶上方。广州这个省会城市被日军攻破城防 10 天后彻底沦陷。日军迅速占领广州，几乎没有遇到抵抗。两个月后，与俄克拉何马州面积相当的广东省全省都遭到封锁。

撤退令下达时，杜定友正坐在中山大学图书馆他那凌乱的书桌前，周围全是没有编录的图书和散落的笔记。作为图书馆馆长，有时他喜欢自称为"杜俾斯麦"；作为图书馆馆长，他采取行动的时间不多了。对这一天的到来，他早有预料，六周前大学校园初遭空袭，混凝土和木头燃烧的气味仍未散去。空袭后，大批学生和教授扔下教室里没上完的课逃离了校园。大学的中式复古建筑现在空寂无人。天上轰炸机细细的白色尾气弯弯曲曲，像是小孩子的涂鸦。

防空警报响彻全城时，杜定友想到的不是即将到来的毁坏或他自己的生死。他心中最紧迫的念头是如何安排书架上、仓库中和堆在地上的那些布满灰尘的书籍。杜定友目前仍然是那些书籍的保管人。他感到自己负有抢救中国宝贵的文字记录免遭毁灭的重大责任。日本帝国主义者残害中国人民，践踏中国主权，屠杀中国妇孺，但绝对不能让他们切断中国的文脉。防空警报的尖啸变为低沉的吼声时，杜定友下了决心，要亲自护送书籍到达安全地带。

接下来的 72 小时内，杜定友带领打包了大约 30 万册图书馆藏书。留下来的少数几个工作人员在他的指导下马不停蹄。他们把阅览室的桌子和从墙上摘下来的黑板劈成木条，钉成箱子。杜定友后来叙述说，他们在飞扬的灰尘和遍地垃圾当中一刻不歇。杜定友下令把所有装不进箱子的书搬到地下室，用混凝土封住出口。

有人表示反对。城里很快就会涌入大批躲空袭的难民，难道不应该让他们到地下室藏身吗？杜定友不同意。别的人恳求说，值此危难时刻，人命当然更加重要！非也，杜定友咕哝说。人总会有聪明才智找到其他办法，书却做不到。书籍脆弱无助。它们没有腿，自己动不了，不是吗？杜定友压下反对的声音，命大家回去干活，但他记下了那些变卦离去的人的名字。他打算在战争结束后对他们的言行好好清算一番。

可是，无人知道战争何时结束。在国家处于灾难边缘，岌岌可危的时候，一队图书馆员秘密护送几车书籍跨越 5 个省份这件事也许不是人们心目中的英雄壮举。在中国血流成河的抗日战争中，数百万中国士兵在战场上厮杀捐躯，上千万平民命赴黄泉。

后代纪念的英雄是他们，而不是这一群人到中年，在做自己本职工作的图书馆员。

然而，杜定友不是典型的图书馆员。多年来，他一直在一点点执行一个重要项目，旨在最终为中国和世界创造一套通用目录制度。这个项目最重要的部分是用汉字创建一套汉语资料存档系统。林语堂1917年提出创立汉字索引的提议后，杜定友是第一批响应者中的一个。自那以来，杜定友一直在考虑，如何利用最常见的汉字组成格式发展出一套方便好用的字形检索系统。他希望能够不必费力记住林语堂在5个基本笔画类型的基础上发展起来的19个笔画或28个笔画对。为做到这一点，杜定友首先要分析汉字各个组成部分和汉字的整体。

杜定友看到林语堂的提议后不久就开始了研究，但直到15年后，他才充分阐述了自己的观点。他发表了一篇关于使用汉字作为索引的论文，在论文中首先回顾了古人如何看待动态的汉字。杜定友解释说，不能把汉字当作纯粹静止的形状，写在纸上的汉字并非经久不变。

杜定友把每个字视为对一个三维物体的二维描绘，试图重构古人是如何把自己的眼中所见反映在字中的，以及这与古人看待事物的角度是如何关联的。杜定友指出，在大约300来个绘画文字当中，"日"字或"山"字显然表现了看待物体的正面角度。"人"字显示的是一个人行走的侧面形象，"馬"（马）字看似一匹马在驰骋，下方是4个蹄子。他说，"牛"字显然是从后面的角度看的。可以想象这是牛倌一般看牛的角度，放牛者通常不是和牛面对面，而是在后面跟着那温驯的畜生，看它一边吃草，一边甩尾巴。这样的文字证明，它们是根据观察者眼中所见造出来的。

没有哪个牛屁股比在"牛"字里更加意义重大。纸上的字不会跳起来到处跑，但杜定友改变了对汉字的习惯看法。汉字不再是纸上的平面形状，而是运动中的多维物体。不同绘画文字的视角依观察层面的变化而不同。这样的洞见后来解放了其他索引编制者的思想，使他们敢于以各种方式大胆探索字形：从上方、侧方或后方，用三维的眼光来看字。有人提出使用6个、8个，甚至24个看待字形的方法。不过，杜定友考虑的是更大的用途。他准备只用8个形位，或称空间格式，来表现汉字的实际组成，并建立一套图书馆目录系统。

　　杜定友心中所想和落在纸上的并不深奥难懂。他在汉字中重新发现了西方字母早已被遗忘的东西。现在，几乎无人在字母"A"中看得出一头牛，在字母"B"中看得出一座房子，或在字母"M"中看得出水。公元前1000年的腓尼基人本来是这样看的，但两百年后，希腊人拿走腓尼基人的字母，将其改造成为自己的文字。字母早已脱离了其绘画文字的根，汉字却永远带有它形成之初的标记，无论多么微小。

　　杜定友重新发掘这个绘画文字要素，是为了给汉字加上一个空间视角。分析写在一个方块里的字如同孩子学习在横格练习本上写字母。纸上的横线令人立即对字母的空间比例有了感觉。杜定友提出了8个形位，然后在这些形位的基础上开展统计学分析，以此测出每个字出现的频率。他发现，大多数字都属于他确定的头两个形位，即形位1和形位2，都是整齐地分为两半。有竖着分的，如咽、船、墙（墙）、街，也有横着分的，如安、呈、英、芙。汉字中占比惊人的85%都属于这两个形位。接下来是斜分的形位3和形位4：左斜和右斜。可以把斜位字想象为两个拼在一起的三角形，左斜位的字包括一撇，把上方的三角形与下方的三角形分为两半，如庄、瘥（疟）、著、虎。右斜和左斜一样，不过

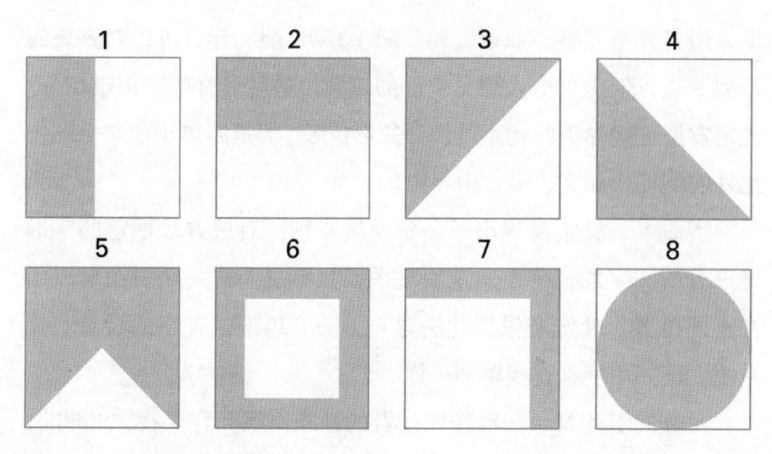

图 12　杜定友的 8 种汉字形位分析。

是方向相反，如遠（远）、迴（回）、彪、毯。

　　形位 5 比较复杂：它是金字塔结构，各个组成部分像俄罗斯套娃一样叠在一起。这类字不是三角形或四方形，而是呈现为叠加或垂盖的方式，好像圣诞树一样，如吝、奉、巷、誉。人们通常认为中国字刚好能放进一个方块，所以也叫方块字，但杜定友却认为这个概念不够精准。他详细分析了汉字的内部结构，进一步精炼了将汉字偏旁视为可移动模块的概念。所有汉字，无论难易程度如何，都是杜定友仔细研究的对象。他发现，可以把四方形的字进一步分为形位 6 和形位 7，两者以全框和半框作为区分。如同形位 3 和形位 4 一样，形位 6 和形位 7 是互补的。全框可以理解为在大方块里面放进一个小方块，如圖（图）、四、目、國（国）。框如同篱笆或隔墙类的界线，把所有组成部分都圈在里面。例如，"國"在 20 世纪早期从原来王国的意思脱胎而成国家的意思，它的构图可以解释为边界靠拿着长矛的人来保护，暗示了现代国家概念背后暴力与国家权力的交织。属于形位 7 的字不是全

第四章　林语堂与中文检索的创新—131

框,边界并不完整,如司、同、開(开)、函。开口可以在方块的任何一边,但仍可令人想见全框的轮廓。最后,有些字很难切分。杜定友把这些异类归到不可切分的形位8,那是游离于前7个形位之外的例外,如文、事、中、史。

实质上,杜定友提出了一条模块原则,对被方块框定的字形开展分析。字的偏旁是一块块拼图,只不过同样一块拼图可以用在不同位置。杜定友根据此法建立了一套用形位查字的目录卡片系统,正如用字母查找单词一样。

西方的卡片目录一般按照作者的姓来组织。若要找"Smith",先去"S"部,略过"Sm"之前的所有内容,等到了"Smi"那部分的时候就要慢下来细细寻找。一旦看到"Smit",就知道快查到了,可是如果看到"Smits",那说明查过头了。"Smith"就在它们二者之间。这个方法与查字典一样。杜定友不是按字母来查字,而是把组成汉字的各个偏旁当作字中排列的字母。然而,这样的排列不是像字母那样按直线排,而是遵循一个字写在想象出的方格里的笔画顺序。想象出的方格分4个部分:左上、左下、右上、右下。方格的4个部分不是字本身,而是构成了杜定友确定的8种形位的正方形空间。他从"滬"(泸)字左上的基本笔画"丶"开始组字。

在左边再加上一笔写成两点,这个偏旁好几个字都有,如江、况、澌。这就如同在英语词典中查到了"Sm"之前的"Sl"("l"在字母表中位于"m"之前,正如书写汉字时上面的一点在下面一点之前)。写到第三点,"氵",就等于来到了"Smi"的部分,离目标比较近了。这个偏旁恰好也是代表"水"的部首。到了方格的右上方,要写的笔画还是点,但与左边的3个点稍有不同。继续写下去,最终一笔一笔地写出"滬"字。如果你要写的不是滬,那么你就会早一点改写别的笔画，例如，写成氵、冫、氵。不过整个过程和逻辑是一样的。

杜定友与张凤和王云五的不同之处在于，他想进一步发展林语堂字形分析中的字母化顺序逻辑，而不是像王云五那样转向数字，或像挑战王云五却铩羽而归的年轻人张凤那样发明新的空间几何分析法。杜定友超越当下的战争冲突展望人类未来，相信最大的挑战将是使各国能够相互学习理解，从而纠正过去的错误。他最大的担忧是，等那一天终于到来时，人们却无法在书架上找到想要的书。如果汉字能够便利这样的沟通过程，能够向外国人展示中国的传统，它就将成为加深相互理解的基础。别人也许觉得图书馆不过是存放布满灰尘的旧书的仓库，杜定友却视之为世界和平的一个发源地。

杜定友撤离广州那天，这个念头在他心中挥之不去，意志薄

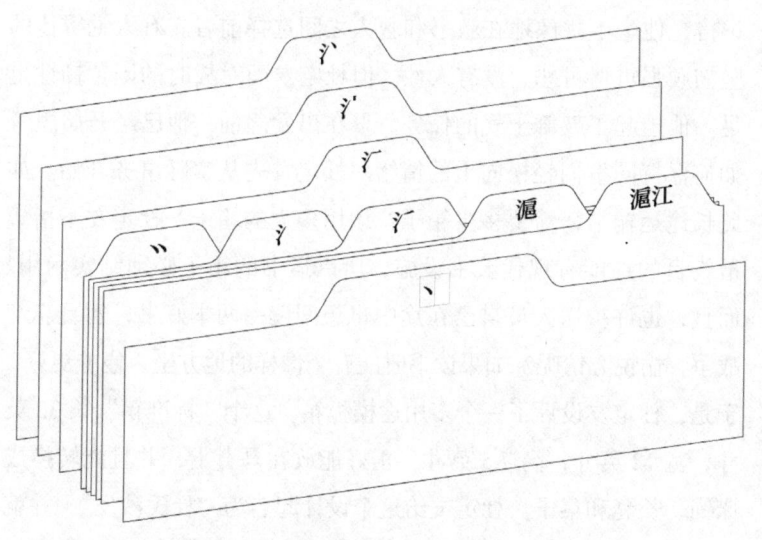

图 13　杜定友使用汉字成分和笔画建立的图书馆卡片目录系统。

弱之人做不成他要做的图书馆事业。杜定友和同事们花了72小时终于到达了拥挤的码头，加入了大群带着大包小包、你推我搡的难民的行列。在珠江南岸，他们在桥下登上了六条小船。杜定友凝视着蜿蜒的珠江那浑浊的江水流向南方，又拐个弯流向不确定的未来，心中明白自己是在打两场战争。

头几个星期过得很艰难。大家连人带行李每人只有大约半米空间。他们匆忙打包的藤箱里装着最后随手抓到的用品：一套换洗衣服、毛巾、一把牙刷、肥皂、一瓶消毒水、一个防毒面具、消炎药膏。他们知道，这些东西不过是心理安慰，并不能真正抵挡可能让他们缺胳膊断腿的弹片。大部分时间中，大家沉默不语，一种压抑在内心深处的末日将至的感觉加深了他们彼此间的同志情谊。时常有人流露出绝望之情，令所有人脆弱的神经更加紧绷。

在其他人眼中，杜定友从未有过情绪大起大落的时候。他们记得，他毫不犹豫地在救书和救人之间选择前者。有人觉得他的坚韧顽强可憎可恶、没有人性。但杜定友面对战时的困苦韧性更足。他担起了鼓舞士气的任务。早在出发之前，他已经开始思考如何保持同事们轻松向上的情绪。杜定友先从实际事务开始。如此长途运输书籍需要多少箱子？该用多大的箱子？杜定友不指望最终目的地能有现代藏书设施，所以运书的箱子必须结实耐用。而且，也许护送人员自己在途中也想阅读一两本好书，暂且忘却战争，愉悦心情呢？如果读书时能有个像样的地方坐，岂非更好？于是，杜定友设计了一个多用途模板箱，这个"标准箱"长32英寸，宽12英寸，高7.5英寸，正好能放在马背上，并且能转换成床铺、长凳和桌子。杜定友给这个设计起名为"杜氏沙发"，并就此写文章投稿到《美国图书馆协会公报》(*Bulletin of the American*

Library Association），主编看后十分欣喜。

杜定友对外表现得百折不挠，但也有感情脆弱柔软的一面。他天生有一种几乎是过分严格的公平正义感，喜欢充满正能量的格言："用智于善，所求者即为善；用智于恶，所成者皆为恶。"杜定友高度重视效率，并始终身体力行，似乎连他的发型都体现了这条原则——既不偏分也不中分，而是全部梳向脑后。他允许自己有的唯一一点虚荣是一副哈罗德·劳埃德式的黑框眼镜，像一根横梁一样架在他下巴尖尖的脸上。

最重要的是，杜定友不相信捷径。他为自己从未休息过一天而骄傲，自然对20世纪20年代汉字检索热期间的各种花招不以为然。杜定友不参与竞争，但有自己的意见。一次，他不满地说，如果没有形位分析，哪里会有王云五的四角号码检索法？王云五并未把字形作为一个整体来对待。杜定友轻蔑地说，王云五只是把恰当的字形分析的四边抹去，仅留下他认为重要的四角。其实，杜定友在王云五发表四角号码检索法的同一年也提出了他自己的汉字形位分析。一家与商务印书馆竞争的出版社出版了杜定友的汉字形位排检法手册，售价70分大洋。王云五仗着商务印书馆财大气粗，把自己的检索法手册的售价压到20分。

杜定友很清楚，自己不适合站在镁光灯下或经商谋利。做图书馆系统的后方支柱对他来说是恰得其所。毕竟，他并未走林语堂或王云五的路。杜定友接受教育的地方不是美国或欧洲的舒适宜人的大学，而是在比较便宜的菲律宾。当时，菲律宾是美国在太平洋的势力范围的一个外围站点。杜定友在菲律宾获得了美式教育，费用却只有留学欧美的一小部分。他的导师玛丽·波尔克（Mary Polk）是美国图书馆学专家，帮助他在亚洲开辟了图书馆学的发展。那时，图书馆学这个学科成立不过几十年，寂寂无闻，用途或名声远远不如工程学或当时中国所重视的外国实用工业科学。即使在马尼拉，图书馆学也是边缘学科，在大学里只是本科主修专业的一个试点项目。杜定友是这个项目的第一个毕业生，他还另外获得了其他两个专业的学士学位。

杜定友从来爱书如痴。他写过一篇自白式文章，以写给爱人的情书的口吻诉说他与书的恋爱。文中充满了含蓄的描写，述说恋人间的争吵、和解以及最终白头偕老的伴侣关系。与书的初见使他不能自已。触摸书籍的愉悦甚至令他颤抖。把书籍上架如同用手指敲击爱人裸露的背上脊椎的曲线。最令他意乱神迷的不是把一本书从头读到尾的激情，也不是探索柔软洁白的书页之间蕴藏的秘密的兴奋。最令杜定友着迷的是书籍的整理、分类和索引编制。出于这种痴迷，杜定友写了多首颂诗献给代表着他与书籍之间这种纽带的神庙——现代图书馆。他甚至为作为藏书所的图书馆发明了一个专用汉字"圕"（发音为 tuǎn）。让"書"（书）字被部首"囗"贴心地护在里面。

在中山大学，杜定友一直梦想建立一座世界一流的图书馆，并计划在旁边造一所田园风味的房子，这样他就可以整日打理他的书和侍弄园子。然而，战争断送了他的梦想。撤离广州后，经过长途跋涉，杜定友带着那些书到西南一个偏僻内地省份中的一个小村庄，待了一年半。在那里，他流着泪记录了广州之围。他安慰自己说，并不是什么都没了，他把中国一些最宝贵的书籍从敌人手中抢救了出来。日本人虽侵入了中国的土地，但在这件事上，幸得杜定友一力操持，敌人的恶念没有得逞。战争结束后，杜定友在焦土上重建了中国的图书馆系统，成为中国现代图书馆学的创始人。他提议东西结合，按照他崇拜的梅尔维尔·杜威的十进制系统建立一种新的普适性分类目录。

至于汉字索引法的竞赛，它留下了按不同部分研究汉字的重要遗产。这场竞赛促使人们寻找方法把汉字的不同部分视为类似字母表中26个字母的一套数量有限的模块单位，并排出可预见的、系统的次序，可以用统计学的方法予以分析。对汉字的所有组成部分一视同仁，公开推翻了部首多年来的特权地位。汉字偏旁分析暂时归入了图书馆学，但它的各种后果到20世纪晚期才充分显现出来。届时，由于需要为计算机设计汉字编码，这个问题将再次浮出水面。

20世纪40年代，汉字索引法竞赛仍如火如荼，但战争扭转了语言改革大潮的方向，使之成为国共两党的一个中心争执点。国民党和共产党都认识到，要动员大众，提高识字率是关键。这不仅是因为中国在14年几乎孤军奋战的抗日战争中需要动员起全体男女老少，也是因为国共两党不久后将拼个你死我活。20世纪40年代，共产党和国民党多次组成抗敌联盟，却均不长久。语言改革为两党竞争开辟了文化战场。汉字索引打下了新概念的基础，但语言战很快又转回到罗马化，这一领域的研究从未停止过，而现在正是将其推向前台的好时机。战争和动员大众的需要再次凸显了中国文盲率高的严重问题。谁能解决这个问题，谁就能赢得广大中国人的心。

与此同时，在国共内战和建立中华人民共和国之间的一个窄窄的窗口期，林语堂遇到了大喜事，他成功了。在倾注了数十年心血后，打字机终于诞生。林语堂的打字机为不久后发展起来的计算机技术确立了先例，对中国和西方来说均是如此。

1947年，林语堂在《新青年》初试啼声的30年后，夏初一个雨声潺潺的下午，他匆匆走出他在曼哈顿东河边格雷西广场7号

第四章　林语堂与中文检索的创新—137

楼的公寓。他手臂下夹着一个木头盒子，用厚蜡纸包得严严实实。那是他的刚做好的打字机的原型机。林语堂给打字机取名"明快"，是既清楚又快速的意思。如他在写给一位朋友的信中所说，他刚刚把他的宝贝接回家。这部 14 英寸 × 18 英寸的机器是第一部中国人和西方人都能用的中文打字机，因为林语堂为它设计了一个特别的键盘，哪怕目不识丁之人都能使用。找字所需的所有信息都包括在键盘的 72 个键里，那些键标的不是字母，而是汉字偏旁。键盘不比标准的"QWERTY"键盘更大，除了键上的中文标志，它看起来与普通的西方打字机没有分别。

　　林语堂兴奋得像个孩子。他花了几十年的心血，就是为了发明一个能够用最简单、最直接的方法打出 9 万个汉字的中文键盘。至于如何界定偏旁，以及在键盘的有限空间内放入哪些偏旁，林语堂在《新青年》杂志上发表的第一篇关于汉字索引制的文章中阐述的原则提供了解答。在林语堂看来，笔画是汉字的骨架，包含着汉字构成逻辑的秘密。他利用中国书法长期形成的笔画和笔顺的习惯，根据笔画和笔顺重新设计了一套完整的检索系统。原来的首笔画-次笔画现在被定为一个字的"上偏旁"，因为任何字起笔总是在左上角。另外 28 种不同的笔画组合被定为"下偏旁"，即一个字右下角的最后几个笔画。

　　从 20 世纪 20 年代到 40 年代，许多试图编制汉字索引的人都努力寻找更加客观、普遍的汉字偏旁，但只有林语堂找到了逻辑上必要的一致性。他提出的方法简洁明了、易懂易用。并非所有人都同意一个字的四角是什么，但谁都能看到什么在上方，什么在下方。林语堂不纠缠线、点、面，或一个字的四个角，也没有单纯依靠对汉字形位的统计学分析，而是把这三者结合为一套清楚明确的检索系统。

林语堂的机器不同于谢卫楼或周厚坤的打字机，它不需要在机器顶上另贴一张查字单，也不需要好几个单独的字盘来按照使用频率或次序来装字模。一切选择和检取的机制都纳入了键盘的设计。

1946年4月，林语堂向美国专利局递交了专利申请，并开始寻找愿意开发他的机器用于销售的美国公司。这是他一生的梦想，甚于成为全世界最著名的中国作家。林语堂用英文写作了几十本书，不止一次获得诺贝尔奖提名，是中国著名的知识分子和讽刺文学作者。但是，对他来说，什么都比不上那天他臂下夹的那个包裹珍贵。雷明顿打字机公司想看原型机，林语堂要在女儿林太乙的帮助下做一场演示。

他们走进一个会议室，一小群雷明顿公司的高级主管正等在那里。林语堂先泛泛地介绍了一下汉语，他指出，尽管世界上三分之一的人口在各种不同背景下使用汉字，但易于操作的中文打字机却仍付阙如。他的机器能够解决这个问题。键盘的上面三排标志着36个上部笔画，下面两排包括28个下部笔画。操作机器时，打字者扫视键盘，找到组成想要的那个字的上部和下部笔画的键，将两个键同时按下。此刻，机器内部的打字滚筒按照按下的两个键的指示找到与选择的笔画相配的5到8个可能的笔画组合，也就是汉字。这些字显示在机器顶部一个叫作"魔眼"的显示窗中，打字者可以从显示的字中选正确的那个。选好之后，按下键盘最下面的一排（就是英文打字机空格键的位置）8个键中的一个。那8个键每一个都对应显示窗里显示的一个字。打字者按下标着正确数字的键，就可以释放字槌，在纸上打印出想要的字。然而，接下来发生的事令林语堂大为尴尬：女儿按下打字机的键时，机器却因故障没有反应。

故障很容易就排除了，但林语堂失去了与雷明顿打字机公司合作的机会。他发现，发明机器容易，将其商业化却很难。为出售他的原型机以投入大批量生产，林语堂四处奔走，那天下午的演示是第一次。他动用了自己作为作家积累的全部关系网。各家报纸争相把他的发明作为头条新闻报道。林语堂那些有影响力的朋友发来祝贺，贺电和鲜花堆满了他的房子。中国学生、商人和居住在纽约市内及周边的华人蜂拥而至，来瞻仰这位大名鼎鼎的作家和发明家。革命性的中文打字机终于问世，供世人参观和使用。

雷明顿打字机公司谢绝后，默根特勒莱诺铸排机公司（Mergenthaler Linotype Company）考虑过这部原型机。由于中国正陷于全面内战，所以默根特勒和其他大公司一样，担心生产和销售的条件都过于不确定。谁也不想冒亏损的风险，因为制造林语堂的机器需要大笔投资。各个零件，尤其是键盘和字模，必须专门制造。与此同时，人们不知道林语堂其实已接近破产边缘。这项发明用尽了他写的几部畅销书的全部版税。因为借贷不成，林语堂和他的出版商理查德·沃尔什（Richard Walsh）及作家赛珍珠（Pearl Buck）的友谊几乎被葬送。林语堂其实不必花费那么多时间和金钱来制造整架机器，因为真正重要的只有键盘。可是，他想看到自己心中这个长久的念头变成一个独立的实物。他称之为"赠给中国人民的礼物"。

林语堂的打字机变得非常重要，事态发展却并非如他预想。1948年，默根特勒莱诺铸排机公司表示愿意与他订立合同，由公司就制造打字机之事开展初步研究，合同为期两年，每月付给他5 000美元。林语堂接受了，从此不再与他的机器有任何关系。然而，当时冷战已经开始，美国和苏联正争相在密码学和机器翻译方面取得进展，而机器自动翻译人类语言是人工智能研究的最初领域之一。两个超级大国都清楚地看到，谁控制了计算机，谁就能控制信息的未来。

默根特勒莱诺铸排机公司从林语堂手中买下专利权后，美国空军为了研究机器翻译和便于迅速获得大量信息的储存软盘，拿到了打字机的键盘，汉语被定为优先研究的语言之一。美国空军把林语堂的键盘交给了一位名叫吉尔伯特·W. 金（Gilbert W. King）的工程师，他是纽约州上州 IBM 研究中心的研究主任。后来，金跳槽到了马萨诸塞州一家防务承包公司"Itek"，在那里和别人合写了一篇关于机器翻译的重要论文。金还推出了他们通过研究林语堂的键盘建成的一部机器"Sinowriter"，这部机器可以把汉字写成的东西转变为能输入机器的代码，然后把中文处理成英文。

林语堂的键盘提供了关键的证据，证明汉语可以使用一种原貌式系统来进行存储和视觉检索。他把字母的逻辑用于汉字，借以对汉字进行重组，使之为即将到来的数字时代做好准备，而那时离中国获得第一台计算机还有近 40 年的时间。利用汉语特征实现汉字计算机化是汉字索引竞争的永久遗产。当时没人知道，汉字的现代化程度已经远超他们的希望。林语堂的键盘孤零零地被送往美国计算机和军事研究的核心机构后，没有被束之高阁。在 IBM 之后，它还会起更大的作用。

不过，眼下由于冷战的缘故，新成立的中华人民共和国对国际化愈加重视。自林语堂提出专利申请到 1952 年专利得到批准的几年间，中国经历了它在 20 世纪的最后一次巨大政治变革。新中国领导人在革命胜利的鼓舞下，宣布要继续推进未竟全功的汉语改革。现在，中国语言学的发展被置于国家强大力量的指导下。中央人民政府以人民的名义誓言履行扫盲承诺。在毛泽东的领导下，语言改革创造了重要的遗产，给现代汉字留下了不可磨灭的印记。

第五章　当"PEKING"变为"BEIJING"
——简体字与现代拼音的诞生

1955年2月，12个人聚在一起谋划汉语文字的未来。他们中间有一位曾经的世界语学者、一位过去的无政府主义者、一位语言学家和几位学究气的学者。其中有些人将在中国共产党历史上名垂千古，但他们不是为了名声才参与这个项目的。许多人在20世纪第二个十年自己的青春岁月中，参加了推翻精英用的文言文、推广白话文的运动。经历了数次革命失败、几十年派别内斗、被日本侵略几乎亡国和第二次世界大战之后，这些人清楚地知道，梦想可以刹那间灰飞烟灭。尽管如此，他们收到文字改革委员会的召唤后仍欣然前往。这些戴着眼镜、额上刻着皱纹的人组成了汉语拼音方案委员会，通称拼音委员会。

委员会的一些委员曾在1949年和毛主席一起登上天安门城楼，出席中华人民共和国开国大典。那是个凉爽的10月清晨，中国的新领袖在红旗的海洋前朝着天安门广场的人群致意。那些人黎明前就乘卡车来到了天安门广场。毛主席身后站着周恩来等领导。毛泽东庄严宣告中华人民共和国中央人民政府成立。人群欢声如雷。

几十年后，技术人员对记录开国大典的胶片做了修复，发现毛泽东的讲话带有浓重的湖南口音。毛泽东几乎不会说普通话。然而，这位政治人物在历史上除其他成就外，还引导了汉语在现代史上两次最大的变革。第一次变革是汉字简化，减少了2 200多个汉字的笔画。第二个变革是拼音的问世，那是一种使用罗马字母、以普通话发音为基础的标准化语音系统。

毛泽东领导的共产党是人民的代表，带领工人、农民和所有被剥削压迫的人打赢了解放战争。中华人民共和国成立时，全国人口90%以上不识字，而且只会讲地方方言。罗马化将成为国家兑现向人民所做许诺的手段，也是人民掌握语言的工具。在热火朝天的扫盲运动中，罗马化成为识字的新途径。文字改革委员会就是为协调这方面的工作而成立的。

毛泽东早在1918年就开始思考语言现代化的问题。那时他还是北京大学图书馆里一个普通的办事员，挣着一份微薄的薪水，干着整理报纸的工作，只能和别人合租。1919年春，"五四运动"在北京街头爆发仅仅几周前，他回到家乡长沙。25岁的毛泽东是《新青年》这类进步刊物的热心读者。"五四运动"的爆发燃起了毛泽东的雄心。当时，他只能从外地远观运动的发展，给在首都领导这场运动的人写热情洋溢的支持信。"五四运动"号召与封建主义的过去一刀两断，向千百年来与老百姓日常口语完全脱节的僵死的文言文宣战，这些都令毛泽东激动不已。他很快开始在长沙宣传进步思想，但他不是这场运动的中心人物。

36年后，为了中国语言的未来，毛泽东广泛召集专家来改革汉语，他选择的12个人都经验丰富。这些人将负责汉语改革的规划、测试和推广。中国文字革命在强有力的顶层指导下，迈出前所未有的一大步。

第五章 当"PEKING"变为"BEIJING"——简体字与现代拼音的诞生—143

对毛泽东来说，为中国人实现汉字罗马化是民族和政治自决中必不可少的要素。为了提高识字率，毛泽东和专家们双管齐下：使用西方语音字母，以便于中国人和外国人学习汉语；减少汉字笔画数目，以降低读写汉字的门槛。汉字的罗马化和简体化相辅相成，可用来消除文盲，同时维护汉语。

人们普遍认为，现代简体字的发明要归功于毛泽东和他成立的委员会，实则不然。第一个具体的汉字简化建议是1920年民国政府统治时期提出的。曾盛赞林语堂发明的汉字索引制的语言学家兼改革者钱玄同提倡减少笔画数目。在朝堂和学堂以外的民间，字体简化已经流行了好几百年。目前简体字的80%左右在20世纪中期之前已经存在，其中约30%在公元3世纪之前就在用了。

简体字是约定俗成的结果，经常可以在账本、发票、药方和演员的戏本里看到。这些文件用简体字而不用正体字是为了省事。街头小贩和艺人为了做生意和记笔记方便，在笔画上偷工减料。有些简体字来自书法。草书讲究一气呵成，运笔如飞，笔画简洁，连笔成字。还有些简体字源自符箓和秘录。道士用简体字召唤已逝智者的亡灵。19世纪的太平天国号称是基督教的一个教派，领导人洪秀全相信自己是上帝的次子、耶稣的弟弟。他们是最早在他们的文件、记录和他们发行的货币中正式使用简体字的。

汉字简化的历史中鲜有女性的作用，但一个重要的纪念碑却是女性创造的一种秘密文字，而且至今仍在使用。"女书"是一种简化文字系统，笔画较少，妇女用女书既能识字，又有了彼此私下交流的手段。女书发源于湖南省最南端一个多民族混居的小地方，历史长达好几百年，有人认为它和包含最早简体字的甲骨文一样古老。妇女使用这种秘密文字绕过传统社会对她们的禁锢，创造了一个女性专有的文字世界。女性和儿童一样，鲜少接触书面语言，活动范围仅限于家庭内部，所以，女书主要用于女性之间私下的交流沟通。官方叙事一贯把文字表现为权威、国家和父权式统治者的标志，女书的存在使这种叙事出现了裂痕。

作为女性秘密文字，女书的灵感主要来自刺绣的针法。女书的字形纤细修长，笔画交织犹如十字绣，与汉字那较为复杂的方形结构不同。总的来说，替代性或秘密的文字被视为上不得台面的歪门邪道，它们背离了正统的字体，为此有时会遭到统治者的清洗。例如，中华人民共和国成立后，女书一度被当作迷信巫术而受到压制。

20世纪10年代和20年代的新文化运动采取了另一种办法。它重振白话文的目的是实现语言与文字的一致，这个目标激励了一代年轻知识分子和工业发明者。他们遵循早期改革者、诗人黄遵宪发出的誓言："我手写我口。"白话文主义被当作决定汉语和中国人民存亡的关键而得到大力推动，有时甚至被理想化。这样的希冀促使人们全面行动起来，从过去及现在的文字中发掘日常用语的例子。在此过程中，人们发现了简体字的巨大宝库。进步文化人士的首脑人物胡适是中文打字机发明者周厚坤的同学，他希望充分利用这个新发现，于是在1919年发出号召，呼吁改革中国教育。审视汉语书写传统因此而成为一项紧迫的文化任务。其间胡适承认了汉字索引运动所做的重要工作。

20世纪20年代早期，简化文字的号召发出后，民国政府开始对简体字开展系统的收集、筛选、调查和整理。但是，20世纪头30年间，政局动荡未有稍歇，推行系统性文字改革全无可能。印刷新的简体字需要重新制造排字版，耗资不菲，难以承受。细梳汉语词汇，寻找以前用过、对现在可能有所帮助的简体字，这需要花大力气。经过10多年的全面研究，直到1935年，专家们才向教育部提出了324个简化汉字的正式提议。国民政府领导人蒋介石曾三次试图推行汉字简化计划。可国民党高官都是写繁体字长大的，他们思想保守，哪怕减一笔也坚决不同意。他们誓言，只要一息尚存，就不同意汉字简化。蒋介石无奈只得退让，以免惹恼党内元老。元老中有一位故意双膝下跪恳求蒋介石饶过汉字。面对不懈的阻挠反对和重重的后勤障碍，汉字简化计划只能偃旗息鼓。

国民党人磨蹭踌躇之际，共产党人扛起了汉字简化的大旗。抗日战争期间，共产党开始在自己控制的地区发行的地方报纸上使用简体字。1949年后，简体字的使用扩展到全国。随着探讨和辩论的展开，简体字吸引了越来越多的注意。最后，教育部选择了大约500个简体字供专家和语言学者审查。1952年文字改革委员会成立后，这项任务交由它做进一步研究。

1954年末，委员会完成了官方文字简化计划的第一稿。次年1月，798个简体字正式推出，受到热烈欢迎。教育部向全国各地的文化组织和教育机构分发了30万份《汉字简化方案》征求评论和反馈。20多万人提出了意见。文字改革委员会一家就收到了五千多封来信。多达97%的受访者对《汉字简化方案》表示赞成。

党的干部心花怒放。简体字几百年来得不到官方承认，让它重归人民群众是对社会主义平等原则的践行。一位语言学家回忆说，汉字简化计划推出后的那些日子，同志们彼此见面都互相祝贺，因人民的声音终于得到倾听而欢欣鼓舞。那时，人民解放军还在与台湾海峡对面的国民党军队交锋。解放军对距离大陆不到25英里的两个小岛发动了猛烈炮轰和空袭，最终拔掉了国民党军在那里的最后据点。同志们见面寒暄时都在说，解放军的胜利难道不是预示着新时代降临的又一个先兆吗？简体字是象征胜利的文化丰碑。

经委员会仔细审视后得以保留的简体字被广为印发，好让老百姓熟悉它们的样子。政府虽然管不了民众私下写什么字，却能通过规范印刷品上的字来改变书写习惯。这项措施一旦实行，就难以逆转，因为印刷时需要为每个简体字制造崭新的字模。当时，中国的印刷流程仍很古老，甚至可称为原始，而铸造铜字模耗资费时。为此，选择简体字须慎之又慎。关于一个字的哪个部分应该减少，出现意见冲突不可避免。于是，汉字简化计划的后几版又做了一些改动。

几经修改的汉字简化计划到1986年确定为2 235个字，这个数字后来仍不断调整，继续增加。大部分简化是减少整个字的笔画，但一些简化只涉及偏旁部首，这样，任何字中同样的偏旁部首都可以用新的简化形式取而代之。

汉字简化的受益者有中国的工人和农民，他们的现身说法，最有力地确定了汉字简化计划在人民心中的合法性。一次，发表了一版简化计划后，一个普通排字工人站出来作证，说这个计划简直太好了。他干了几十年挑选字模排字付印的活，很感激现在有了更容易辨识的简体字。一个字的各种变体被合并为一个简体字，使他再也不用发愁在"窗"字的6种不同写法之间该选哪一个。另一位排字工人回忆说，文字改革前，她每天把字盘搬来搬去，8小时没有歇脚的时候。现在，不仅是字的笔画，就连字的数目都有了限制，她的一部分工作坐着就可以干了。毛泽东认为，群众是真正的英雄，必须信任他们。工人们觉得自己每天排列汉字的工作是国家实现社会主义现代化伟大奋斗的一部分。毛泽东领导下的文化工作者为所有男女老少提供了识字的机会，从排字工人到士兵，再到管理人员和工厂工人。

对于简体字固然有一些主要出于文化和审美原因的保留意见和反对意见，但随着简体字和拼音双管齐下，文盲率开始下降。到1982年，全国15岁以上公民的识字率升至65.5%，2018年达到96.8%。

1949年后，国民党人对汉字简化曾经有过的支持烟消云散。他们退据台湾后，自诩传统文化的正牌监护人，将繁体字保留至今。国民党与汉字简化拉开距离，不再锐意改革。汉字简化成为新中国的一大成就。

汉字简化的历史充满争议，至今仍被时时揭开伤疤重新提起。1949年后，一道台湾海峡隔开了中国大陆和台湾。自那以来，简体字在政治上的武器化加剧了新老文字之间的区别。汉字简化的提倡者和反对者不断地互相嘲讽侮辱。"爱"（繁体字是"愛"）这个字是最常用的例子。简体字的"爱"用"友"取代了"心"。倡导繁体字的人质问，没有心，何来爱？一位线上批评者称："自汉字简化以后，'亲'不'见'（親/亲）……'厂'空空（廠/厂），'面'无'麦'（麵/面），'运'无'车'（運/运）……'飞'单'翼'（飛/飞）。"

简体字的倡导者也有话说。他们说，简体的"爱"更加广博、现代，慷慨地延伸到朋友和同志，而不是狭隘地只遵从私心。另一个例子是"众"字。这个字的一些笔画被明智地删去后，现在恰当地完全由"人"组成（眾/众）。"灭"去掉了多余的"三点水"（滅/灭），因为这个部首没有任何语义或发音的作用。至于"虫"字，谁不想离那些爬来爬去、让人起鸡皮疙瘩的东西远远的？至少一只比三只好一些（蟲/虫）。

两边互相讥讽，妙语连珠，一方自以为维护着传统，而另一方锐意改革。这些争论没有几个外人能真正弄明白。

汉字简化的目的是重组并微调中华文化中已有的书写惯例，而不是创造全新的东西。罗马化则更加激进，它要使汉字以完全不同的面貌呈现在世界面前。

罗马化在中国源远流长，可追溯到16世纪80年代中国与西方传教士的初遇以及传教士做的各种实验。法国、西班牙、葡萄牙、俄国和波兰的传教士各用自己的方法把听到的汉语记录下来。自19世纪晚期以来，用英文记录汉语发音一般都用威妥玛-翟理思式拼音法（简称威式拼音法）。这个方法由英国外交官威妥玛（Thomas Wade）于1859年发明，后来威妥玛在剑桥大学的同事、汉学家翟理思（Herbert Giles）于1912年做了进一步改善。威式拼音法对西方人来说是天降大礼，他们终于可以依靠罗马字拼音读出汉语了。

威式拼音法并非十全十美，自问世起就受到抱怨。它以官话的南方语音作为基础，所以不能反映中国后来的标准化国语发音。威式拼音法中的破折号和撇号有时用得没有道理，令人迷惑。就连中国人也很难记得住它那些别扭的规则。另外，它不能区分同音异义的字。不过，威式拼音法还是适用于使用其他欧洲语言的人，如丹麦语、德语、西班牙语和土耳其语，用以满足其记录汉语的需要。

中国人想自己创立一套符合自己发音习惯的罗马化系统。20世纪早期留欧归国的学生倡导采纳（1887年由一位波兰眼科医生发明的）世界语，也想过使用沃拉普克语（Volapük）（1879年一位德国天主教神父主要用英语、德语、法语和拉丁语拼凑起来的），还考虑过1902年综合世界语和沃拉普克语的精华创造的中

第五章 当"PEKING"变为"BEIJING"——简体字与现代拼音的诞生—149

立语（Idiom Neutral）。但是，这些人造语言不是任何人的母语，在世界上任何地方都从未真正取代自然语言。其他注音法使用本土的发音标志，似乎比较好用，比如王照的《官话合声字母》。推行拼音之前，中国大陆使用最广泛的辅助性注音系统一直是1912年初次提出、1918年正式颁布为《国音注音字母》的"波泼摸佛"。在毛泽东的青年时期，中国仍未确定一套罗马化计划。

注音符号中国人用起来比较顺手，外国人却不太适应。1908年注音符号初次面世时，看起来不像现代的字，却像古代文字。只有在文化上熟悉汉字笔画和反切音的微妙的人才觉得注音符号容易掌握。对非母语使用者来说，学习这种注音法的门槛很高。故要确立一套不仅中国人欢迎，外国人也觉得好用的罗马化系统。只有这样，中国才能实现工业化，并在国际上宣传自己的社会主义理想。

20世纪20年代和30年代，出现了两套相互竞争的罗马化系统：国民党的"国语罗马字"和共产党后来提出的"拉丁化新文字"。两党都标榜自己的系统能够赢得群众，特别是农村几乎大字不识的众多农民。

建立国语罗马字系统的努力始于民国时期的1923年。教育部主持成立了一个研究委员会，聚集了当时新文化运动所有最著名的进步知识分子，包括林语堂、钱玄同和赵元任。赵元任和林语堂是朋友，也和林语堂一样聪颖。赵元任涉猎广泛，对东西方各种传统，从语言学到物理学再到催眠术，无不求知若渴。作为把刘易斯·卡罗尔（Lewis Carroll）的《爱丽丝漫游仙境》译成中文的第一人，赵元任研究催眠术和作曲同样得心应手。赵元任和发明了中文打字机的周厚坤是同一期庚子赔款留学生，后成为20世纪中国最著名的语言学家。他研究汉语特别有一套。为了更好地分辨方言的不同声调，他用音乐的音符作为标记。赵元任坚定地提倡标准国语，后来还撰写教科书并亲自录制示范国语发音的留声机唱片，将其作为学习国语的工具在全国推广。在美留学期间，赵元任浸淫在英文字母的环境中，早在1915年就开始思考如何用罗马字母来代表汉语。现在，他成了国语罗马字运动最博学雄辩的专家，也是罗马化系统的主要建筑师。

对打开大门，接受字母，进而接受西方的全面统治地位，有些人心存疑虑。不过，赵元任安慰怀疑者说，发音与符号之间的联系更多的是人为而非自然。法国人、德国人和意大利人使用同一套字母，发音和拼写却全然不同，丝毫不影响自己国家的语言。既然这样，中国人也可以使用字母作为便利的媒介。一个会说话却不识字的人可以按字母的发音认出纸上写的字。学习表意文字时，如果先通过字母发音来听声学字而不是靠观形认字，学起来就会比较容易。要达到表意文字扫盲的目的，罗马化可以成为至关重要的桥梁。

赵元任的说法并未说服所有人。仍有人怀疑字母在推广表意文字方面到底能有多大用处。不必是语言学家也能看到一个明显的问题：汉字比字母的发音多得多。字母只有26个，表意文字却有数千个。字母无法完全表达语音和声调的细微差别。这个问题存在于两个层面上。

第一，拼写相同的字，也就是同音字，实在太多了。在英语中，两个不同的词发音相同是例外，如"内核"（kernel）和"上校"（colonel），"区"（borough）和"挖掘"（burrow），或"肌肉"（muscle）和"扇贝"（mussel）。在汉语中，同音字却普遍得多。例如，发音为罗马拼音"yi"的字接近两百个，包括"一""衣""依""亿""漪""伊""咦"等等。

第二，拼写一样的字也许声调不同。确定了同音字后，还要按声调进一步细分。在英语中，很容易根据声调识别"是吧？"（yes?）和"是的！"（yes!）两个词之间的差别，即使它们的拼写一模一样。相比之下，汉语的声调对于理解说话人的意思重要得多，远不止表示询问或强调。汉语的声调能够进一步区分发音相同的字。

即使对中国人来说，把声调准确地记录在纸上也难得出奇。汉语没有一个像西方字母那样的客观制度，将发音与文字永久固定在一起。所以，经过一代又一代人，汉语的声调发生了变化。20世纪早期，反切音已经与王照的北京官话相去甚远，有些字的声调所代表的意思已湮没失传。整个系统亟须修复。

声调因地而异，不同的方言各有不同：标准普通话有4声，广东话有6到9声，上海话有5声，闽南话有5到6声。假设有一种英语，它同时混合了标准英语、伦敦东区口音、利物浦方言、约克郡口音、伯明翰口音、北爱尔兰口音和苏格兰口音，还有美式英语的各种北方和南方口音，外加澳大利亚英语、新加坡英语和印度英语，可以想象，试图给这样的英语标出声调是多么艰巨的一项任务。

英语在世界各地有许多非母语使用者，这样的人讲英语时带有自己地区的发音特点。同样，汉语覆盖的地理和语言学领域之广阔丝毫不逊于英语。汉语两个方言之间的差别可以大于西班牙语与意大利语之间的差别。若要建立一套单一标准下的注音系统，这套系统必须纳入的各种声调多得令人生畏。

很长一段时期内，外国人掌握不了同音字和声调。区分汉语口语的不同声调令他们头痛不已。他们留下了各种苦恼的记录以及给他人的告诫。1769年的一个虚构故事对这个问题极尽自嘲，故事中一位传教士给欧洲的一位夫人写了一封信：

> 我听说"shu"是"书"的意思，就以为"shu"字每次出现，都与书有关系。根本不是那么回事："shu"又出现时，意思是"树"。于是，我在"书"与"树"之间左右为难。这还不算，"shu"的意思还有"暑""述""曙""澍""恕""熟""输"等等。我若是列出"shu"的所有意思，那会没完没了。

威式拼音法本就不是为了解决所有问题而创建的。它的目的有限：它不是为了给中国人准确标出汉语发音，只是要建立一套供外国人学习汉语用的记录方法。经过几个世纪，才搞出了这套能够为大多数外国人所接受的用罗马字母为汉语注音的系统。威式拼音法固然有缺陷，别的方法却更不尽如人意，因为它们在汉语罗马化方面完全做不到始终一致。

赵元任同情这样的苦恼。的确，字母这一媒介很成问题，需要做些调整才能适用于汉语。一个原因是，包括威式拼音法在内的所有西方拼音法都从未想过为词组注音。设计注音法的西方人普遍对汉字有个误会，认为汉字是单音节的独立实体。他们把一个汉字视为对一个意思的表达。与王照同时期的文字改革者卢戆章在19世纪90年代早期撰写关于汉字拼音的《一目了然初阶》时，就提议使用破折号把表达汉字的罗马字母连接起来。其实，汉字常常是成对或成组使用的，这样马上就可知道某个字在哪种背景中是什么意思。

例如，"蝴蝶"或"尴尬"总是两个字一起出现的，因为从中单独拿出一个字来不能充分表达意义。"东"和"西"放到一起是"物"的意思——但只有这两个字在一起时才是这个意思。许多

第五章 当"PEKING"变为"BEIJING"——简体字与现代拼音的诞生—153

汉字的用法如同英语中的复合词，如"学童"（schoolchildren）或"向日葵"（sunflower）。若是不明白汉字常成组使用而非始终单独使用，就会以为所有的"shu"都是一样的，其实它们每一个在不同的上下文中都有自己单独的意思。

声调对西方人来说最折磨人，赵元任却将其视为汉语最具表现力的特征。作为示范，他用31个不同的字写成了一段寓言故事，讲一位姓施的先生嗜好野味，想吃十头狮子，却不料那些狮子是石头刻的。这个故事用简洁的汉语表达得十分生动：

石室詩士施氏，嗜獅，誓食十獅。氏時時適市視獅。十時，氏適市，適十碩獅適市。是時，氏視是十獅，恃十石矢勢，使是十獅逝世。氏拾是十獅屍，適石室。石室濕，氏使侍試拭石室。石室拭，氏始試食是十獅屍。食時，始識是十獅屍，實十石獅屍。試釋是事。

（石室诗士施氏，嗜狮，誓食十狮。施氏时时适市视狮。十时，适十狮适市。是时，适施氏适市。施氏视是十狮，恃十石矢势，使是十狮逝世。氏拾是十狮尸，适石室。石室湿，氏使侍拭石室。石室拭，施氏始试食是十狮尸。食时，始识是十狮尸，实十石狮尸。试释是事。）

然而，若用罗马字母表达却不注明声调，这段话就成了一长串单调的莫名其妙的胡话：

Shi shi shi shi shi shi, shi shi, shi shi shi shi. Shi shi shi shi shi shi. Shi shi, shi shi shi, shi shi shi shi shi shi. Shi shi, shi shi shi shi shi, shi shi shi shi shi, shi shi shi shi shi shi. Shi shi shi shi shi. Shi shi shi, shi shi shi shi shi shi shi shi. Shi shi, shi shi shi shi shi shi, shi shi

shi shi shi. Shi shi shi shi.

这段话译成白话文是：

石屋诗人施先生喜欢吃狮子，发誓要吃十头狮子。这位先生时常去市场寻觅狮子。十点钟，正好有十头大狮子运到了市场。这位先生看到这十头狮子，射出十支箭，射死了它们。他捡起十头狮子的尸体回到了自己的石屋。屋里潮湿，于是他让仆人把屋子擦拭一下。石屋擦干净后，这位先生开始试着吃这十头狮子的尸体。吃的时候，他发现十头狮子的尸体其实是十个大石头狮子的身体。此刻他才知道实情。这是怎么回事呢。

赵元任的意思是，不标出不同的声调，汉语罗马化永远不可行，因为所有的"shi"都一模一样，好像那段寓言故事只是把同样的字不断重复，这个例子显示了国语罗马字运动最重要的缺点，而赵元任建议用额外的字母标注声调，使之成为字的拼写的一部分，这是他的罗马字方案的特点。赵元任并未使用26个字母之外的变音符号或特殊标志，而是用了额外的字母来标明声调。因为他设计的是国语的罗马字系统，所以他标明国语四声的办法是使用特定字母来显示拼写的字是二声、三声还是四声（一声就是基本拼法，没有额外的字母标识）。例如，"guo"以如下的方式表示四声："guo"（一声）、"gwo"（二声）、"guoo"（三声）、"guoh"（四声）。

1928年，国语罗马字得到了一个获得官方认可的宝贵机会。6月，北伐的国民革命军攻占北京，结束了统一中国的两年征战。

虽然国民党内部的权力斗争仍无休止，但是新政府的成立预示着十余年的政治动乱终于结束，一个相对稳定的时期从此开始。国民党将首都迁至南京。北京，即"北方京城"，改名为北平，即"北方和平"，其国语罗马字是"Beeipyng"。

教育部将国语罗马字颁布为通行全国的官方用法，很快就开设了课程、编写了课本、办起了学校、录制了唱片来教授国语标准发音。学童在教室里大声练习四声，成人上夜校学习新的拼写标准。

所谓的南京十年尽管开局乐观，却没能维持住和平。军事行动还有六天就要结束之际，国民党对它最重要的盟友共产党发动了清洗。当时，中国共产党尚未确定总的战略方针，仍在发展党员打基础的阶段。共产党与国民党在农村携手合作多年，从辛亥革命后割据称王的军阀手中夺回权力，同时赢得了广大农民的信任和支持。国共两党在面对共同敌人之时，能够搁置意识形态上的分歧。然而，一旦胜利在望，国民党人就露出了真面目。他们用枪和大刀在上海街头屠杀了数千名共产党人和有同情共产党嫌疑的人。

接下来的10年里，国民党作为中华民国政府的执政党，不遗余力地动用强大的军队企图粉碎共产党的红军。在这场斗争中，语言起了关键作用，因为两党都在争取文化和政治合法性。国民党赞扬国语罗马字，说它是由中国人为中国人设计的符合现代汉语标准的第一套全面罗马字系统。这个系统实现了中外人士几个世纪都未能达到的目的——建立一套单一完整的汉语注音系统。

然而，共产党人对于如何实现罗马化，特别是罗马字系统为谁服务的问题另有看法。国语罗马字的研究开始时，中国共产党成立方才两年。随着党的力量日渐强大，共产党人开始在文化领域向国民党统治发起挑战。领导国语罗马字运动的是知识分子，而不是广大人民。国语罗马字把北京官话作为国家标准，也就是说，只接受四声，而其他方言有的有7个或9个声调，却都被排除在外。共产党人对此表示不满。他们称，国民党没有把大众放在首位。国民党是彻头彻尾的精英派，自上而下地把决定强加给人民。

在将要永远改变中国政治风貌的国共之争中，这个问题事关重大。两党竞相争取中国最重要的权力基础，即农民的支持。共产党决心在此问题上胜过国民党。对这个问题的范围开展研究的是一位脸色苍白的、热诚的、年轻的马克思主义者。

1921年，22岁的瞿秋白被中国一家新闻联合体从北京派往苏联，任务是报道布尔什维克革命后成立的政权的情况。对这位五官纤秀、略带忧郁的新手记者来说，这次旅行是政治朝圣，也是他本人的探索之旅。前往莫斯科途中，瞿秋白意外遇到了很多华人同胞，包括远东城市伊尔库茨克（Irkutsk）和赤塔（Chita）的华人劳工和店主。华人在西伯利亚定居已有数十年，大多是小贩、商人或劳工。由于大批华人住在中苏边界的苏联一边，有些中国人称赤塔为"消极的殖民地"。瞿秋白在赤塔见到了当地华侨协会的领导人，与当地华人交上了朋友。华侨协会在整个地区有12个分会，成员多达7万人。在赤塔的小街上，中国茶馆随处可见，火车站甚至挂着中国国旗。

苏联与中国一样幅员辽阔，也刚刚经历过暴力革命。那时苏联社会非常贫穷，民众生活悲惨。瞿秋白出身于家道中落的士绅家庭，成长期间贫困穷苦，还与家人分离。这样的经历令他对华人移民的困境深为关注。他要超越小我的悲苦，投身于更宏大的事业。瞿秋白以巨大的悲悯和同情描写自己遇到的陌生人。看到小镇和边境城市污秽的街道上那些衣衫褴褛的农民，他愤怒不已。他们的生活已经如此艰难，却还要因该地区匪盗猖獗而担惊受怕。

瞿秋白在发回国内的报道中激动地写道，资本主义和阶级剥削的罪恶将达到爆发点，尤其是在中国，那将是阶级斗争的下一个阶段。瞿秋白离开赤塔到达莫斯科后的所见所闻加深了他的信念，坚信世界范围内的社会主义革命即将到来，他决定加入中国共产党。

1923年，瞿秋白回到中国，进入共产党的宣传部门工作，身为杂志编辑和散文作家的他在党的宣传运动中发挥了作用，在党内的地位也得到提升。彼时共产国际承担着在世界上传播共产主义的任务，而《新青年》杂志原总编陈独秀与该组织发生冲突，故被解除中央书记一职，瞿秋白则暂时担起了这个职务。事实很快表明，瞿秋白更多的是理想主义者，不是思想家，对党内政治运作不太在行。同志们觉得，他的主张激情洋溢、富有哲理，却不够脚踏实地，无法付诸实施。1927年，国民党打破了与共产党的联盟后，共产党创立了红军并很快接连发动了三场起义，却均未成功。1928年，瞿秋白和许多其他中国马克思主义者被送回苏联，在布尔什维克老大哥的教导下重整旗鼓。

此时，语言问题是苏联少数民族政策中的头等大事。新统一的苏联包括中亚的大片土地，那里的居民不讲俄语，也不会读俄语。居民中有的已经有了文字传统，使用阿拉伯语近千年之久。但属于突厥语系的一些中亚少数民族却根本没有文字。苏联要想安抚并同化这些少数民族，需要细致谋划。于是，使用拉丁文字来降低文盲率成为教育和控制中亚民众这场大运动的一个关键部分。

1917年布尔什维克革命后,中亚各个突厥共和国开始试验使用拉丁字母将口语转为文字。许多突厥群体认为,阿拉伯文字越来越无法满足现代生活的实际需要,恰似中国的改革者认为汉字在技术时代会拖后腿。一位苏联塔吉克诗人解释说,拉丁字母以飞机的速度飞,而阿拉伯文字却像一头病痛缠身的羸弱驴子一样跛足前行。还有人认为,自己的民族若是使用拉丁文字,能成为人类历史的一部分,因为书面记录能确保从古至今的连续性。

苏共中央委员会为推行多民族语言政策,支持阿拉伯文字拉丁化。这是为了使新统一的苏维埃国家中每一个民族都能行使语言自决权。52种语言被确定为转用罗马字的对象,最终实现了拉丁化的大约有70种语言,涵盖的区域从挪威延伸到朝鲜。

事实上,拉丁化也是一种分而治之的手法。俄罗斯人眼中的中亚野蛮落后,那里的不同民族难以分辨。俄罗斯人常常把阿塞拜疆人称作鞑靼人,把乌兹别克人称作萨尔特人,把塔吉克人称作乌兹别克人。俄罗斯人觉得,要收服苏联东部地区,必须彻底肃清伊斯兰教的影响。将阿拉伯文字作为需要改革的落后事物恰好是一个方便的抓手。只要那几个突厥共和国有了自己的文字系统,摒弃群体所习惯的突厥-波斯式的阿拉伯文字,转而采用拉丁文字,它们就难以组成泛伊斯兰联盟来挑战苏联统治。到20世纪30年代晚期,语言政策才从拉丁化转向西里尔化。一旦这些群体与自己的母语拉开足够距离,俄罗斯人对它们的控制和影响力就得到了加强。

苏联人很想把阿穆尔地区的华人劳工当作拉丁化扫盲运动的一个测试群体,希望借此把影响力进一步扩张到亚洲。这些人就是瞿秋白初访苏联时遇到的华人劳工。他们几乎全部是文盲。

中国共产党当时尚属初生的政治力量,它从苏联的语言运动

第五章 当"PEKING"变为"BEIJING"——简体字与现代拼音的诞生—159

中得到了启发。瞿秋白在国内为党工作时，深度参与了中国围绕语言问题开展的辩论，因此他返回苏联时对语言改革比较有见识。可是，瞿秋白不是专业语言学家。于是他求助于俄罗斯语言学家弗谢沃洛德·S.科洛科洛夫（Vsevolod S. Kolokolov）和亚历山大·A.德拉古诺夫（Aleksandr A. Dragunov）。1929年2月，瞿秋白起草了一份关于拉丁化新文字的提议，在华工当中分发了200份。当年10月，吸收了科洛科洛夫更多建议的拉丁化新文字修正版出版。翌年又再版了3 000份以供分发。

华人劳工的反应非常热烈。瞿秋白等人开办了夜校教他们认识一些简单字句，如"开水"，或"我是卖馄饨的"，还给他们讲解一些意识形态方面的问题，如"穷人属于什么阶级"。同志们志愿到夜校教书或管理行政事务。在他们的努力下，5 000多名工厂工人和农民在夜校学成毕业时都能够读家书并给家里写信。1931年到1936年，数十本拉丁化新文字的课本和几部文学作品问世。这方面的需求令语言改革者应接不暇。他们训练的教师和印刷的课本总是供不应求。在哈巴罗夫斯克（Khabarovsk，又名伯力），改革者发行了一份完全使用拉丁化新文字的周刊《拥护新文字》（*Yngxu Sin Wenz*）。这份周刊的第43期出版于1934年末。

拉丁化新文字的教学被誉为社会主义兄弟情谊和互助时代的一个标志性事件。苏联人认为这是一个机会，可以最终解决他们领土上10万华人劳工的文盲问题。中国的马克思主义者现在有了一件用以实现革命目标的语言学工具：如果中国人能够轻而易举地学会识字，就可以用新文字让他们接受先进思想的启迪，使他们信仰共产主义。

在瞿秋白看来，拉丁化新文字取代汉字是不可避免的，甚至是必要而迫切的。他说，国语罗马字是一小群学者、知识分子根据阳春白雪的语言学理论设计的，拉丁化新文字则是为所有方言和所有阶级服务的切合实际的音标字母。

瞿秋白痛批国民党及其国语罗马字运动。这个方案不仅只迎合讲国语的人的需要，而且过于复杂，外行人根本弄不懂。瞿秋白说，国语罗马字运动将大部分国人排除在外，不过是自鸣得意的知识游戏。他不认为赵元任关于"吃狮子的施先生"的故事有什么幽默聪明之处，它只是说明了特权阶级的穷极无聊。共产党推行的简单朴素的拉丁化新文字使用农民自己的语言，唯有它能抵制国民党的资产阶级政策。瞿秋白等人为所有讲汉语的中国人呐喊，将他们按阶级而非地域或宗教来划分。瞿秋白他们坚信，自己是在维护工厂工人、苦力劳工和辛勤劳作的农民这些未来社会主义革命的主力军。

1929年版的拉丁化新文字表明了面向未来的意图。对字母做了几处改动，没有使用"q""v""x"这几个字母，因为瞿秋白觉得拼写汉字用不到它们。他加上了两个经改动的字母"é"和"ń"，用来区分鼻音，还确定了几个汉语口语中常用的复合辅音："zh""ch""sh""jh"。这些改动的主旨是保留现有的西方字母，不另外创造新字母。他对三个棘手的发音给予了特别注意："ji""qi""xi"这几个音北方人和南方人发起来不同。拉丁化新文字把它们标为"gi""ki""xi"，这些音可以适用于所有地域的发音。

瞿秋白显然想尽量保存字母现有的发音，也考虑到了音节的拼写。拉丁化新文字的第二版更加全面，吸取了俄罗斯人意见，将所有26个字母单独或作为组合与注音符号的发音对应起来。

俄罗斯语言学家还确定了拼写的详细规定，例如，一个由两个或多个汉字组成的多音节词组是应该连在一起还是应该一个音节一个音节地单独写出来；外文字是给出音译还是保留原文。在此方面，俄罗斯人遵守的是《统一新突厥字母表》，他们希望中国同行也能够多少与这个框架保持一致。其实，中国人已经在思考如何在国内实施这一系统，还特意为中国人做了例外规定，保留了"ch""sh""zh""ng"等复合字母，而没有采用下加变音符号，如"ç""ş""ẓ""ŋ"。

聚居在哈巴罗夫斯克和符拉迪沃斯托克（Vladivostok，海参崴）这些远东城市的华工是主要的测试群体，在布拉戈维申斯克（Blagoveshchensk，海兰泡）和阿尔乔姆（Artyom）也开展了测试。1931年，拉丁化新文字草案提交给了在符拉迪沃斯托克召开的中国文字拉丁化第一次代表大会，供大会辩论。瞿秋白没有参加，当时他已经返回中国另有任用。不过，他的两位同志萧三

ㄅ	b	ㄍ	g	ㄓ	zh	ㄧ	i	ㄞ	ai
ㄆ	p	ㄎ	k	ㄔ	ch	ㄨ	u	ㄟ	ei
ㄇ	m	ㄏ	h	ㄕ	sh	ㄩ	ü	ㄠ	ao
ㄈ	f			ㄖ	r	ㄚ	a	ㄡ	ou
ㄉ	d	ㄐ	j	ㄗ	z	ㄛ	o	ㄢ	an
ㄊ	t	ㄑ	q	ㄘ	c	ㄜ	e	ㄣ	en
ㄋ	n	ㄒ	x	ㄙ	s	ㄝ	ê	ㄤ	ang
ㄌ	l							ㄥ	eng
								ㄦ	er

图14 注音符号与字母发音的对应。

和吴玉章对草案做了介绍和解释,他们都有俄文名字,分别是埃米·萧(Emi Siao)和布列宁(Burenin)。

大会于 1931 年 9 月 26 日在符拉迪沃斯托克的中华戏院开幕。大约 1 500 名华人移民工人参加了大会,还有来自苏联西伯利亚和远东地区的 87 位代表。超过 4/5 的代表是华人,大部分是来自山东的工厂工人。自 19 世纪 70 年代起,华人就在符拉迪沃斯托克留下了印记。像"北京街"这样的街道名称和中华戏院证明华人在这个港口城市闯出了自己的一片天地。戏院是他们文化生活的场所,来演出的京剧剧团用唱腔和身段演绎着观众的乡愁。大会举行了开幕式后,移到地方较小的华工五一俱乐部举行技术性讨论。

人们猜想会看到与他们所知的国语罗马字截然不同的方案。毕竟,花了这么大的力气谴责国语罗马字、高调指出它的缺点之后,瞿秋白的方案必定与之不同。在苏联友人的帮助下,拉丁化新文字方案做了一些重大修改。"布尔什维克党人没有克服不了的困难,"苏联人宣称,"我们要完成丰功伟业,完成中国文字拉丁化的伟大使命。"但是,这个方案中苏联的影响显然不大。事实是,拉丁化新文字干脆采用了它的死敌国语罗马字最核心的原则。

在 1929 年的草案中,瞿秋白已经指出了在字的拼写中标出不同方言声调的重要性,他确定了 5 个声调。在修正版中,瞿秋白称其为"双辅音",用以表现"重点落在元音上"。这个办法不过是使用额外的字母来标声,与标出官话四声的国语罗马字非常相似。国语罗马字的四声是"guo""gwo""guoo""guoh",瞿秋白则提议用"-en"代表一声,用双元音字母代表三声,用双辅音字母代表四声,等等。

赵元任在 20 世纪 20 年代发明国语罗马字的声调拼写系统时,

做出的标志性贡献是把官话的四声融入了拼写。其实,赵元任的设想不局限于官话。瞿秋白批评国语罗马字为精英主义的矫揉造作,其实国语罗马字对于官话的偏向并不像他说的那么缺乏变通。瞿秋白的拉丁化新文字借用了国语罗马字的标声特点,结果有力地传播了国语罗马字的核心原则,单靠国语罗马字支持者自己的力量本来达不到这个效果。

与此同时,其他力量导致了国语罗马字运动的消亡。符拉迪沃斯托克的中国文字拉丁化大会召开一周前,日本入侵中国东北。南京十年就此告终,民族救亡斗争进入了又一个混乱时期。日本侵略打乱了国民党巩固权力的努力。这是拉丁化新文字的机会。

1931年,拉丁化新文字重新引进中国,不到一年就随着战争广泛传开。1937年到1942年,拉丁化新文字掀起了抵抗日本文化和军事入侵的熊熊烈火。新文字有效、易学,很快传遍全国各地的重要城市,从北京城的居民到贵州的苗族群众。孩子们在学校学习新文字,回家教给大人。人们自发组成社区学习小组,哪怕每天只学三四个字。拉丁化新文字不仅传到了新疆,还远播海外,抵达里昂和旧金山的华人社区,外溢到2/3的海外华人居住的东南亚,进入雅加达、吉隆坡、槟城、新加坡、曼谷和菲律宾。

拉丁化新文字的兴起与中国共产党影响力的与日俱增齐头并进。共产党和国民党在1936年再次团结起来面对共同的敌人。抗日战争给了共产党人一个建立群众基础的机会。拼音委员会以拉丁化新文字作为拼音的先驱,瞿秋白和他在苏联的工作因此而广为人知。

然而,瞿秋白没有活着看到自己努力的持久成功。1935年,他被国民党抓捕。他多次坚拒改变政治信仰,结果被判处死刑。1935年6月18日,蒋介石亲自下令处决瞿秋白。瞿秋白写完最后一首诗，临刑前要求一个狱警为他拍摄了一张照片。去往刑场途中，瞿秋白高唱《国际歌》，还用俄语唱苏联的红色歌曲，慷慨赴死，年仅36岁。

拉丁化新文字诞生于中国政治斗争风起云涌之际。有了它，中国为迎接下一场语言革命做好了准备，20世纪50年代发明的拼音巩固了汉字罗马化的成果。不过，这个在语言学方面所做的努力还有一个不为人知的前奏。拼音的另一个直系前辈在民族团结和阶级政治的叙事中湮没无闻。在一个远离北京、看似无足轻重的地方，一个年轻的穆斯林村民在汉语与罗马字母之间建立了至关重要的早期联系。

在地图上从北京到比什凯克（Bishkek）画一条横线，循这条线向西越过中国边界，就进入了中亚的大门吉尔吉斯斯坦。河西走廊是成吉思汗曾经走过的路，当年他率领游牧民族大军越过大草原汹汹而来，所到之处死伤遍地、满目疮痍。河西走廊一度是地球上最无法无天的地方之一。19世纪，俄国和英国曾在这里争夺影响力。此地也是保证中国边境安宁的咽喉要道。

在比什凯克（原来的伏龙芝）附近的塔什干（Tashkent），发展出了汉语口语的第一个拉丁化方案，但与中国毫无关系。这个方案与晚清时期中国南方开展的初次文字改革或中华民国的国语运动并不同根同源。故事开始于1924年普通的一天。伏龙芝东面18英里处一条土路的尽头，一个年轻的华人穆斯林离开他生长的小村子，踏上了旅程。这是雅斯尔·十娃子（Iasyr Shivaza）第一次离开家。他眼中闪动着不屈的光，一头浓密的头发梳向后面，露出两块高高的颧骨。他要去塔什干的鞑靼少数民族教育学院上学。

十娃子所属的族群被称为东干人,信奉伊斯兰教,当时这个仅有几千人的族群住在楚河(Chu,即碎叶河)河谷的亚历山德罗夫卡(Aleksandrovka)集体定居地,与吉尔吉斯人、俄罗斯人、乌兹别克人和鞑靼人比邻而居。中国境内的穆斯林过去常被称为回民,在国界另一边受苏联影响的地方,回族人被称为东干人。十娃子的老家在贫穷的陕西省,祖辈是大字不识的农民,一辈子不会写字。19世纪70年代中国陕西回民反清起义之后,十娃子的祖父带着当时还是个孩子的十娃子父亲和数千人一起逃到国界另一边。除了几件行李之外,他们只带走了他们的口语,那是甘陕地区的一种方言,与官话有很多相似之处。越过国界后,这种汉语方言从阿拉伯语、突厥语、俄语和其他语言那里吸收了一些外来字。最先研究这种方言的苏联语言学家称它为东干语。

十娃子的父亲是个穷铁匠,信仰共产主义。十娃子被共产主义青年组织选中送去塔什干学习。这样的机会对十娃子居住的偏僻小村庄索科胡鲁(Sokhulu)来说实属罕见。他是在毛拉严厉的教鞭下念着阿拉伯语《古兰经》长大的。学生们每天学三四个阿拉伯字母,用墨水在骨头片上练习写阿拉伯字母。第二天,学生们把前一天学会的字母背给老师听后,擦去骨头片上的墨迹,好继续在上面写字。十娃子学会了用阿拉伯文写自己的语言。他在努力适应塔什干新学校的环境时,浑然不知苏联为驯服最狂野的边疆地区而推行的全面战略即将淹没他的母语。

1926年2月,在阿塞拜疆的巴库(Baku)召开了一次大会,讨论是否应使用阿拉伯文字来表达突厥语的问题。来自克里米亚(Crimea)、喀山(Kazan)、雅库特(Yakutia)、巴什科尔托斯坦(Bashkortostan)、阿塞拜疆、乌兹别克斯坦等地声望卓著的苏联语言学家和作者齐聚伊斯马利亚宫(Ismailiyya Palace),在这座有着黄色威尼斯哥特式尖拱券和摩尔式圆顶的宫殿里讨论标准拼写法的缺陷如何阻碍了不同群体之间的沟通。与会代表们享受着应有尽有的美酒、香烟，对相关议题开展审议。他们发表的意见与中国人对自己文字系统的看法非常相似。

代表们主张实现拉丁化的理由各不相同，俄罗斯人想消除阿拉伯文字，突厥人却希望抵抗俄罗斯的主导地位，但他们都同意采用一种新的文字系统。他们说，需要新的文字，因为用拉丁字母写阿拉伯语要比当时使用的西里尔字母快15%，读起来更是快3倍（汉字与拉丁字母的比较也产生了相近的结果）。阿拉伯语并不适合突厥语的发音，因为阿拉伯语缺少元音，而元音和谐在突厥语中十分重要。在加速发展的现代，要生存就必须放弃不合时宜的旧有文字系统。

代表们不知道，苏联的语言规划者对吉尔吉斯斯坦的东干语寄予厚望，将其视为可能会打开东方大门的楔子："我们决不能忘记，在那个小族群身后是东方大国——他们后面站着中国。"再后面则是下一个要"追随"苏联的族群——2 000万朝鲜人民。苏联准备对东干人这个与中国离散的部落开展语言同化，借以大大扩张自己在亚洲的影响力。

巴库大会结束时，通过了一项拉丁化决议，不久后即出台了《统一新突厥字母表》。巴库大会决议最先影响到的就是十娃子和他在塔什干的同学们。他们奉命用罗马字写出自己的口语，为的是按照新突厥字母的模式设计出首套用来表达东干语的拉丁字母。虽然十娃子的祖父来到楚河河谷定居已有好几十年，可十娃子仍然讲祖辈使用的甘陕方言。在成长过程中，他听的是和今天的北京话同样的儿话音。他小时候听姑姑讲民间故事，从中学到了中国的一些老话。故事和传说形成了东干人的历史传承，而那与他们突厥-伊斯兰邻居的历史截然不同。在突厥人与俄罗斯人关于语言的生存和自决的辩论当中，十娃子决心实现自己语言的拉丁化。他看到了拯救、维护他的民族语言的独一无二的机会，一个使东干人在夹缝中得以生存的机会。

东干语的声调比官话少一个，但讲官话的人能够明确无误地辨认出东干语的甘肃音，并且能听得懂。十娃子使用新突厥字母作为模板，提出了东干语拉丁字母的草案，尽了最大努力将东干语的声调准确表达出来。在为东干方言口语创造第一套拉丁字母系统的努力中，十娃子还得到了学院中其他东干青年的帮助。他的两个同学后来因此而成为第一批研究东干人问题的苏联学者。但是，十娃子最终向往的不是研究语言学，他发现了自己写文作诗的才能。

十娃子帮助设计的东干语拉丁字母提交给了1928年1月在塔什干召开的突厥学大会第二次会议。这套字母基本上采用了新突厥字母，另外增添了从西里尔字母借来的几个符号。大会审议的另一个提议是吉尔吉斯新字母委员会起草的，但十娃子方案的独特性在于它是东干人自己创作的。方案在会上成功通过后，被俄罗斯语言学家正式接管，拿到圣彼得堡的俄罗斯科学院东方研究所进行进一步研究改进。这个从年轻的东干学生手中接过来的项目成为国家资助的语言项目之一。

东干语拉丁字母的命运现在掌握在圣彼得堡的俄罗斯语言专家手中，是他们在东干语和拉丁化新文字之间建立了关键的联系。十娃子方案的原稿提交给塔什干大会，又转交给东方研究所后，被直接送给了科洛科洛夫和德拉古诺夫这两位帮瞿秋白制定了拉丁化新文字方案的苏联语言学家。苏联人的计划本来就是使用东干语来实现汉语拉丁化，并支持中国自己的罗马字运动，将其视为亚欧大陆语言字母化的一部分。

两种强大的民族主义和国际主义叙事盖过了东干语的作用。一个是社会主义如何在亚欧大陆上迎战资本主义的故事；另一个讲述中华民族如何从帝国的灰烬中涅槃重生。苏联人认为是他们提供帮助，把拉丁化带给了中国，他们将汉语拉丁化视为1917年俄国革命产生的成果之一。中国人却不这样看，他们认为拉丁化是自己在19世纪以来的民族斗争中流血流汗取得的成果。两大叙事中都没有边缘群体的功劳，边缘群体的桥梁作用未见只字，东干语更是被完全排除在这段语言学历史之外。虽然十娃子是汉语拉丁化的先驱之一，但他并未受邀参加1931年在符拉迪沃斯托克举行的第一次大会，即讨论瞿秋白方案的那次大会，而只是参加了1932年召开的后续性会议，该会议专门讨论苏联境内华人使用拉丁化字母的问题。彼时，十娃子与中国汉语拉丁化项目的最初联系已经鲜为人知。

对十娃子来说，维护东干语始终是自己毫不动摇的使命。他成了吉尔吉斯斯坦的国宝诗人，继续在比什凯克的一所学校里教东干语，还亲自撰写并与人合著了大约18部东干语教科书。十娃子总是鼓励东干人遵守自己的传统，留在自己的社区。他因为与中国作家萧三的深厚友谊，于1957年访问了乌鲁木齐和北京，那是他第一次也是最后一次来到中国。十娃子对中国同志们发表讲话，可是，虽然听众因他那熟悉的东干语而感动，十娃子却丝毫没有感觉到他一直渴望的归属感。对他而言，最自在的地方仍然是两个语言世界的交界处。他一直留于此地，直到1988年在伏龙芝与世长辞。

事实证明，拉丁化新文字对人民有号召力。它使中国向着它最后一次语言变革的完成阶段又走近一步。新中国成立前夕,曾在符拉迪沃斯托克大会上介绍瞿秋白的拉丁化新文字的语言改革者吴玉章致信毛泽东,建议把汉字改革列为待办的头等大事。早在20世纪40年代,毛泽东就认识了吴玉章,他把这封信转给了他在教育和文学事务上的三位顾问。在他们的建议下,成立了文字改革研究委员会,这个委员会是拼音委员会的上级单位文字改革委员会的前身。

委员会成员都参加过研究和推广国语罗马字或拉丁化新文字的工作,有的人两者都参加过。他们确信,不出几年语音拼写就会取代汉字,这是他们翘首以待的新时代的黎明。经过80多年的努力,历经皇朝统治、民国政府、数十场革命和武装斗争、两次世界大战和一场全面内战之后,语言改革者和全国人民一起,准备好了迈出转向全国性方案的最后一步。

然而,20世纪50年代有它自己的政治背景。尽管事实证明,国语罗马字和拉丁化新文字都是进步,却仍不能就此确定新中国的国家注音系统"拼音"会采用拉丁字母。拼音的意思是"把音拼到一起",做到这一点有不止一个办法。1951年,毛泽东似乎是支持注音化的,还重申文字改革是优先大事,可是他并未明言注音是否应采取拉丁字母的形式,只是说拼音应该采取"民族形式",要起到辅助"社会主义内容"这一共产党信条的作用。毛主席此言含糊,不怪委员们百思不得其解。"民族"形式是否指"中国"形式,因此要用汉字的部分而不用字母呢?是完全不要外国文字,还是说什么文字都可为汉语拼音所用呢?毛主席是不是想要一套用传统汉字笔画作为语音符号的注音系统?但即使如此,是要保持汉字永远不变吗?若要改变,是应该大致保持原来的形状,还是全部改为语音符号?委员马叙伦恭敬谨慎地提出,毛主席确实要求实现汉字的注音化，但至于如何做到，"这还不是他的最终指示"。

中国共产党最初希望从汉字中发展出音标，委员会首次开会讨论的就是这个问题。多数委员想使用注音符号发音法作为蓝图，把从汉字中提炼语音符号作为工作的基本前提。

委员会到处搜寻在全国具有足够普遍性的其他形式。这是为人民开展的语言运动，所以拼音委员会向公众征求意见和建议。军人、工人、教师、商人，甚至是海外华人一共提出了650多份提议。许多提议以汉字为基础，或是使用现有的表意文字，或是发明一套全新的符号。有的提议使用拉丁字母或西里尔字母。还有的大胆实验，使用速记符号、几何符号，甚至阿拉伯数字。

从1952年2月到1954年底，文字改革研究委员会为达到毛主席的要求努力工作。工作的首要重点是找到一种与汉字相关的书写形式，尽可能达到"民族形式"的标准。1954年末，一项包括六种可能的草案诞生，其中四种提议使用汉字或注音符号；另外两种不太受重视的形式提议使用西里尔字母和拉丁字母，还另加了5个字母。

毛泽东并不满意，又下达了一条指示。使用拼音是为了简化拼音程序，但在汉字基础上选定的音标笔画还是太多。毛泽东严肃地指出，提议中的有些符号甚至比注音符号还难写。拼音文字不一定采取严格的方块表意形式，也许可以借鉴书法的草书体，写草书时运笔如飞，毛笔尖始终不完全离开纸面，所以笔画都是连着的。因此，书写的动作如行云流水，笔笔相连。

委员会又从头开始。委员们可能有所耳闻，毛泽东从苏联人那里听到了不同意见。当时，苏联还是年轻的共产主义中国的老大哥。1953年斯大林去世后，尚在中国的苏联专家包括语言学家力劝毛泽东使用西里尔字母，他们想借此把新中国进一步拉入自己的影响圈，这也是当年苏联人希望通过拉丁化新文字达到的目的。

显然，拼音是该用表意符号，还是用拉丁字母，或是用其他形式，此事殊难决定。于是，新改了名字的"文字改革委员会"于1955年2月宣布成立汉语拼音方案委员会，简称拼音委员会，由这个专家小组找出解决办法。拼音委员会有12位委员，在公众关注的目光下开展工作。他们分为两组，一组继续分拣以汉字为基础的符号，评估其可行性，另一组专门研究使用罗马字母的可能性，这实际上背离了毛泽东那颇为笼统的"民族形式"。符号能否易于直线排列以便用于打字、电报和排版是一个重点问题。十几次会议讨论都未得出最终决定，但大家同意，将拉丁字母做一定修改补充作为汉语国际音标字母推出。1956年2月，拉丁化拼音草案终于完成。

公众反应依然是重要的测试标准。这次，委员会发出的问卷上的问题更加具体。《人民日报》刊登了一则通知，征询市级、省级和地区级所有官方单位的意见，少数民族自治区也包括在内。拼音草案包括31个字母：26个字母中的25个（没有"v"）、一个西里尔字母、两个新创符号和国际音标字母中的两个拉丁字母。草案宣布后被分发到了全国各地。

各地展开了对拼音草案的讨论，参与人数多达一万。对草案做出评价的人有邮政局和电报局的工作人员、军人、铁路运输人员，还有从事盲人教育的工作人员。截至当年秋天，拼音委员会收到了4 300多封评论信件。相当多的人坚决不同意，更多的人提出了批评意见。曾几何时，国语罗马字和拉丁化新文字固然取得了成功，但各种令人信服的论点也说明，不应将拉丁字母化与对西方的负面联想挂钩。然而，许多回答问卷的人对采用外国文字系统就是无法接受。

有人问，汉字几千年来和中国人一起成长，因中国人的生活、经历、思想以及与现实的斗争而丰富，这样的文字难道不值得保留吗？汉字从群众中诞生，来自中国文化情感的深处。不管汉字有多复杂，中国人民总会觉得另有渊源的外国文字奇怪而陌生。拉丁字母或西里尔字母写起来弯弯曲曲，更不用说还难以发音，不会被广大群众轻易接受。另一种论点不谈历史，而是着眼未来：社会最终将实现共产主义、天下大同，届时全世界最好通用一种语言和文字，全球范围内的最终文字革命不可避免。既然如此，难道不应该谨慎行事，不要匆忙采用拉丁字母吗？

在未来的拼音系统中维持汉字的某种形式，这个愿望难以压制。但是国家的意志更强，它对自身目标的追求不可阻挡。此时，其他困难开始显现。数百份意见的提出者对自己原来的提议不满意，源源不断地向委员会寄来后来经改进的符号、字素和自己发明的草书。委员会每天都要处理成堆的信件，到了次日又寄来一堆。工作人员恪尽职守，仔细研究每一份提议和同一个作者再次提出的提议，认真记下哪里需要充实技术细节，或应如何填补提议者意见说明中概念上的缺口，对提议的每一个符号都像对一颗可能的粗钻那样细细审视，生怕漏掉一个合适的。

委员会又多次召开会议，邀请更多来自出版界、教育界、文艺界和科技界的代表出席。它还进一步向北京以外几十个城市的语言工作者征求意见。最后委员会终于做出了决定：在汉字继续简化的过程中，汉语拼音方案将用拉丁字母作为学习书面汉语和普及普通话的辅助工具。拉丁文字可谓最好的选择，它不仅能为现存的汉字系统服务，而且能为中国少数民族发展新的文字系统。

那时，中国除了汉族之外，有55个少数民族得到官方认定，其中有一些没有自己的文字，而拉丁化文字能够解决这个问题。

拼音的最终方案去掉了新创的符号，使用了所有26个罗马字母（虽然字母"v"专用于拼写外国字或中国少数民族语言）。拼音也遵守了西方字母的顺序和拼写习惯。只有一个小发明：为便利向罗马字母的过渡，每个字母都有一个注音符号作为对应。在取代威式拼音法中的"chi"和"hsi"的"q"和"x"两个字母上费的功夫最大。地名和人名对于邮件的正确递送和与外国人的交流尤其重要。

汉语拼音方案于1957年末得到批准。时机赶得很好，因为毛泽东在1956年初号召"百花齐放，百家争鸣"，鼓励社会各界人士对政府政策畅所欲言。因此，拼音委员会在这段时间里得以使全国各地人民感觉自己在参与创造历史。人们相信自己的声音是有分量的。1958年初，周恩来总理坚持推进实现文字改革目标。拼音最终稿于1958年2月提交全国人民代表大会审议并获得批准。拼音就这样诞生了。

民众一片欢腾，爱国热情高涨。这个改变将影响5亿多人民，是世界历史上绝无仅有的壮举。同年秋天，全国范围内的教学开始了。光是第一年，据报道就有5 000万人学习了拼音，这还只是在中国境内。在国际上，拼音从此成为拼写汉语的方法，外国人再也无法干预。人们希望，中国一旦开始传播自己的拼音法，现存那类外国人制定的威式拼音法等罗马字系统将会逐渐退出国际舞台，中国人再也不必忍受威式拼音法那令人困惑的小撇，也不必忍受威氏拼音法拼出的"Peking"，从今往后，中国首都的拼音改成了"Beijing"。

几十年后，拼音委员会的12位委员之一周有光回忆了他们所担负任务的重大意义。周有光是汉字罗马化初稿起草小组的创始成员，111岁高寿而终的他被誉为"拼音之父"。但是，周有光比任何人都更清楚，那是一项集体事业，每个成员都尽了全力。那是个充满理想主义和希望的时代，新中国一定会带领人民走向更加美好的未来，这振奋人心的言辞令知识分子和工人无不热血沸腾。周有光回忆说："毛主席答应要让人民当家作主。"拼音使人民得以发出自己的声音。

作为一个新的语言学平台，中国与世界的交往自此通过拼音这个新的国际媒介展开。简体字运动获得成功，开始扩展到中华人民共和国国界以外。1971年，中华人民共和国恢复在联合国的合法席位，简体字被承认为中国的文字系统。有着大批华侨人口的新加坡和马来西亚先后采用了简体字，1977年拼音被联合国接受为中国的官方罗马化文字。

中国迈入国际化新时代后，在技术融入世界方面遇到了新挑战。与之相比，早先电报的挑战简直是小巫见大巫。中国文字革命虽已取得很大成就，却还有一段路要走，方能跟上即将来临的计算机时代。汉字现在有了字母这第二种形式，推动中国前进的能力得到空前加强。问题是，汉字的下一个跨越幅度能有多大，速度能有多快。

第六章　计算机怎么输出中文
（1979年）

　　沉静、谨慎、执着的支秉彝是高级知识分子，他在莱比锡大学获得物理学博士学位后，婉拒了去美国工作的机会，回国效力。他在中国的两所大学教过书，后来参与制订了1956年中国颁布的里程碑式的《1959—1967年科学技术发展远景规划》，该规划将电子学、计算机技术、自动化和遥控技术确定为发展的目标领域。对科技人员来说，那是充满希望的时代。他们被视为有用之人，因为他们能够对国家主导的社会主义经济做出贡献。

　　1964年前，支秉彝还是第一机械工业部下新成立的上海市电工仪器研究所所长，那是一份非常稳当的工作。新中国建立初期，一机部负责制造重型工业机器，后来从它那里分出了四机部来负责电子通信技术的发展。支秉彝是电信测量专家，他能通过提高一个装置的不同部分的性能来做出精确测量，建立电子模型。

　　1968年，在"文化大革命"中，支秉彝被戴上"反革命学术权威"的帽子，被关进"牛棚"，遭受冲击、迫害。那段时间唯一陪伴他的是"牛棚"墙上的八个大字,提醒他勿忘"坦白从宽,抗拒从严"。

"牛棚"里的支秉彝怔怔地看着墙上的八个大字。一天,他看到的不再是那些字的凶险含义,而是组成那些字的笔画。他开始注意到墨迹在哪些地方变浓,在哪些地方出现洇染,以及每个字写完处的拖尾。每个笔画似乎都成了新的待解谜题。支秉彝认识到,虽然字是人写的,但每个字实质上都是同一批抽象的点与线的结合。

杜定友会抓住这个发现,按照笔画的方向、长短和相似性将笔画分门别类。但是支秉彝产生了另一个念头。如何将人写的这些毛笔笔画变成一种可输入计算机的代码语言?当然,这并非首次有人生出把汉字系统地变成代码的主意。一个多世纪之前,在北京尿液横流的一间囚室里,戴斯凯拉克伯爵想到了同样的问题。1925年,王景春在巴黎大理石铺地的大厅里坚决捍卫汉字代码,将其视为关乎国家主权的大事。张德彝和威基谒试图通过给汉字编码来达到电报加密的目的。然而,这些人没有一个想过要为机器编码。他们所做的编码无一不是为人类用户服务的,考虑的是如何组织汉字,使人写起来、学起来、记起来、查起来更加容易。支秉彝思考的问题却另有目的:如何把汉语变为计算机能读的语言,即由0和1组成的二进制码?常常为电工仪器建立计算机模型的他一定多次遇到过这个问题。

20世纪70年代,为追赶先进国家的技术水平,中国开始制造能够进行大规模计算、筛选海量信息、协调复杂操作的机器。要计算并控制飞机航线、军事目标和地理定位,或跟踪农业和工业产出,首先需要收集相关数据。然而,目前所有的记录、文件和报告都是中文的。显然,为了进入计算机时代,汉字必须转变为数字形式。西方计算机技术也在向着文本处理和通信的方向发展，而不是仅仅用于大规模计算。将文字转为数字形式是下一个前沿。冷战时期的军备竞赛推动了苏联和美国计算机技术的发展。把汉语转为能够用机器处理的语言对于确保中国不致落后至关重要。

计算机要求精确输入，容不得半点误差和例外。汉字所有的让以前的发明者费心的特点——庞大的数量，复杂的笔画、声调和同音字及拆解的困难都给汉字数字化造成了新的挑战。可操作的指令只能是"是"或"否"，它意味着计算机控制板电路中的电流是开还是关。这一次，部分的或打补丁式的解决办法不管用了。支秉彝接受改造期间，中国正经历着中华人民共和国成立以来最大的社会和政治动乱，哪里有资源为未来做好这方面的准备？不过，对于远远落后于西方世界的中国来说，科学技术不仅是需要克服的障碍，也被视为使中国一跃摆脱落后状态，快速实现现代化的关键要素。中国因此有双重的理由探索进入计算机时代的路径。在中国面对的无数障碍中，汉语有可能使中国雄心万丈的计划尚未启动就陷入停滞。

挑战是多方面的：要为汉语设计一套好记易用，还能靠穿孔带或键盘输入机器的代码；要找到办法使机器存储海量信息以供辨识和复制汉字之用；要能够检索相关文字，并一丝不差地复制在纸张或屏幕上。

支秉彝知道，自己可以解决关键的第一步：如何最好地把中文输入机器。这意味着找到办法把汉字变为人类操作者和机器都懂的语言，要么是可直接输入机器的一套确定的0和1，要么是计算机编程语言使用的字母。后者似乎更有希望成功。然而，用字母表现汉字立即引起了其他问题：给一个汉字编制独有代码需要几个字母？汉字的拼写应该像缩略语一样压缩吗？缩略的基础是什么？是汉字，是偏旁，还是笔画？

支秉彝需要纸笔来测试各种假设，但看管他的人连厕纸都不给他，更别说写字用的纸。他环顾四周，看到室内唯一可用的东西是一个茶杯。他就用这个不起眼的神器，开始了自己的朝觐之旅。每天，支秉彝用一支偷来的笔在粗糙的陶制茶杯盖上写下尽可能多的字，试着把每个字与一套可能采用的罗马字母相对应，然后把杯盖擦净。他在弧形的杯盖上一次写下密密麻麻几十个字，靠脑子记录试验的进展。

支秉彝想为每个字制定一个方便易记又独一无二的字母代码。这样做有两个办法：靠发音或靠字形。支秉彝之前的人，如杜定友、王云五和林语堂，偏爱以字形为基础开展分析，把笔画和偏旁重新组织为可以分辨的类别，但拼音的问世使得语音成为国家与国际语言标准化政策的基础。

拼音解决了发音标准化的问题，却并未消除旧有的困难。例如，它加剧了同音字造成的问题，因为那么多字的字母拼音都一模一样。用 26 个字母来拼写不同汉字的发音，拼法只能有这么多，面对数千个各不相同的汉字根本不敷使用。支秉彝决定从显示发音的罗马字和基于字形的线索两者中取其精华，尽可能确保编码过程的可预见性和逻辑性。

1969 年 9 月，支秉彝离开"牛棚"，被分配去做低层次劳动，继续接受改造。他的工作是扫地、在工厂做模具、看守仓库。支秉彝觉得当个无名之辈反而是好事，自己正好埋头研究编码。他把仓库当作书房，在那里存放他捡来的外国杂志文章和报纸。支秉彝兴奋地得知，日本在解决这个问题方面有了进步。日本人采取了类似当初制造中文打字机的方法，利用字的部首来定位、检索，并在电脑屏幕上把字显示出来。可是，日文键盘上有 3 600 多个字，每个字占一个键，完全不实用。澳大利亚的一家公司也使用部首法来做检索。他们的键盘小得多，有33个键，一个键能控制近200个字。这相比日本的键盘大有改进，却仍不足以涵盖中国人使用的所有汉字。还有美国，他们正在实验的键盘模型有44个键。支秉彝后来了解到，位于马萨诸塞州的图形艺术研究基金会（Graphic Arts Research Foundation）正在推行一项更加雄心勃勃的项目，要实现中文打印的计算机化。与此同时，台湾地区的学者正在发展繁体字输入系统。

支秉彝大感振奋。他不是孤军作战，还有这些更大规模的努力。不过，大部分努力仍摆脱不了笨重的键盘。当时已有的系统输入的是整字或部首，因为没有像拼音那样真正的标准罗马化系统或其他拆解、恢复汉字的比较一致的方法，毕竟拼音当时在国外尚不广为人知。将汉字拆解为偏旁的办法在具体的汉字索引系统中和打字机键盘设计上行之有效，但不能直接用于计算机编程。

支秉彝想起了基于字形的做法的一个优点：它可以直接用字的某个部分辨识整个字。杜定友展示了如何使用笔画来组织图书馆卡片目录；林语堂的方案根据字的写法确定了不同的笔画格式。为了把这条有用的原理纳入自己的编码方案，支秉彝决定使用每个偏旁的第一个拼音字母，按偏旁，即作为表意文字一部分的更简单的字来编制汉字索引。

这个想法又过了两年才充实成形。一般来说，一个字可拆解为2~4个偏旁，汉字偏旁的总数是300~400个。杜定友在20世纪30年代的研究结论是，多数汉字可以分为上下或左右两半，另外还有其他的几何形状。所以，可以给每个字编2~4个字母的代码，也就是说，使用普通的英文键盘，每个字最多需要敲4下键。相比之下，英文单词的平均长度将近4.8个字母。如此一来，支秉彝用字母打出表意文字的效率就比英文更高。他的系统巧妙地绕过了方言的差别和同音字的问题。因为代码只取第一个字母而不是字的完整发音，所以不同地区发音之间的大多数差别都不成问题。四字母代码好似一个字中不同部分的缩写。支秉彝实质上使用字母作为代理手段，使用偏旁而不是整字来拼写。

支秉彝按照字的笔顺来排列组成该字的各个偏旁的次序。按照偏旁编码能表明前后关系，给出重要提示，因而减少模糊和重复编码的风险。同样的偏旁，哪怕是以同一个字母开始的偏旁，以完全一样的次序出现在两个不同的字中，这种情况几乎没有。

有了支秉彝按照汉字的字母化偏旁检索汉字的方法，只要你会写中文，人工输入中文就更加容易，人机接合也更有章可循。例如，在支秉彝的方法中，"路"这个字有13笔，可分为4个偏旁：口（kou）、止（zhi）、夂（pu）和口（kou）。把每个偏旁的首字母拿出来，这个字的代码就是"KZPK"。再例如"吴"字，这是中国的一个常见姓氏。很容易把它分为口（kou）和天（tian）两部分，所以它的代码就是"KT"。

字母拼写一旦以这种方式用于汉语，就不再是语音，而是语义的拼写系统，其中每个字母代表的不再是一个音，而是一个字。这种索引法也可以扩大到词组。例如"社会主义"（shehui zhuyi），只要标出这个词组中4个字的拼音的首字母，就可用4个字母将词组编码：SHZY。再来看另一个常用词组，7个字的"中华人民共和国"（Zhonghua renmin gongheguo）这个词组只需打"ZHRMGHG"几个字母即可输入。

支秉彝的编码系统还能包括并非严格意义上的语音性能。给根据偏旁确定的4个字母的基本代码加上额外的字母可以显示字的发音或字形格式。"路"这个字的发音是"lu"，它可以竖着分为两半，所以是左右结构。这两个特征都能够通过扩大的代码"KZPKLZ"表现出来。给一个字编码时对字的信息反映得越精确，编成的代码就越有用。支秉彝系统经过如此扩展后，将大大帮助发展机器翻译的汉语应用，对检索存储的数据也颇有助益。

1978年，支秉彝在中国的科学杂志《自然杂志》上正式介绍了他的"见字识码"系统。他从不同部分的几何图形中推断，把这个系统定义为拓扑性质。使用26个字母编成的4个字母一组的代码足以组成456 976个可能是独一无二的代码。支秉彝称，他的系统在效率上可媲美莫尔斯电码——快速、方便、透明。

支秉彝取得这一成就的消息传遍全国，1976年后爆发出来的发展科学技术的政治热情更推动了消息的传播。1978年7月19日，上海《文汇报》在当天报纸的头版宣布"汉字进入了计算机"。

计算机终于可以"读懂"方块字了，中国终于能够试着用新形式与世界沟通，并且用数字方式管理自己的信息流动。支秉彝的发明也大大提高了中国亟须提振的士气。"文化大革命"结束，邓小平很快宣布了实现四个现代化的计划。计划设定的四个领域中三个是农业、工业和国防，第四个，也就是科技领域，将决定前三个领域中现代化努力的成败。

有了支秉彝的编码法，就能用人工把中文输入计算机。不过，这只算是完成了数字化进程的1/3。在那个时代，计算机终端没有今天常见的互动性图像显示屏，而是根据编程遵从用户的指令执行自动化操作。用户在键盘上输入一个字母或汉字代码，终端会将其转换成相应的地址代码。这个地址代码告诉计算机的汉字生成器要输出哪个栅格图，也就是用细小的方块组成的网格，输出时或者显示为计算机屏幕上的像素阵列，或者显示为纸上的墨点

图 15 支秉彝。《文汇报》1978 年 7 月 19 日。

（点阵）。

要发展中文的输入-输出系统，还需要跨越两道障碍。很快，全中国和世界各地涌现出大量代码输入法。今天有全球通用的内部代码，苹果笔记本电脑可借以与搭载其他系统的个人电脑连通。但那时这样的通用内部代码尚付阙如。另一项艰巨任务是确保一份文档或一条短信能够被接收者读到，无论他人在哪里、使用哪种装置、讲什么语言。直到进入 21 世纪，世界各国的计算机工程师仍在孜孜不倦地试图破解这一难题。

支秉彝的发明引发了汉字编码研究的高潮，其狂热程度不亚于之前的汉字索引竞赛。研究的目的是克服汉语处理尚需应对的唯一挑战。此时，前文提到的文字改革者和汉字索引研究者已经所剩无几。王景春逝世于加州的波莫纳（Pomona）；林语堂于 20

世纪60年代和70年代在台湾地区和香港地区教书；杜定友养病期间，"文化大革命"爆发，他热爱的图书馆被关掉。支秉彝重新燃起了火炬，照亮了解决汉字输入难题的道路。拼图的下一大块是如何将汉字变为数字输出信号。

1973年4月，新华社副社长带领一个顾问团队访问日本，参观了东京港区的共同社总部。这次访问是为了观察日本的尖端计算机在新闻编辑、通信、图像-数据管理和排版等方面的操作。共同社每天都印刷包含汉字的报纸，完全没有问题。

新华社一行人看得满心羡慕，又备感难堪。他们看到排字工人穿着实验室里穿的白大褂，不慌不忙、轻松自如地敲击键盘。工作场所如同医院病房一样干净整齐。反观中国国内，印刷和通信仍延续前几个世纪的工艺，主要用热排版术。印刷车间油污遍地，噪声震耳欲聋。在车间的一侧，排字工人从架子上的数千个字模中紧张地拣字，另一侧，另一组工人排字准备付印。体力撑得住的熟练印刷工人一天最多能排7 000个字。他们的手被油墨染黑，他们的健康因每日长时间暴露在铅环境中受到损害。整个过程混乱不堪，最后经常是把所有字模熔掉重铸反而比把字模重新摆回架子上更省事。

那时，中国70%的印刷材料是用这种古老方法印出来的。在中国多数城市中，今天的报纸明天才到这种事时有发生，印一本书常常要用整整一年的时间。中国传播信息的方式早已过时。事实上，从1912年麻省理工学院的年轻学生、发明了中文打字机的周厚坤在波士顿看人演示那架办公室用蒙纳铸排机到彼时，中国的印刷工艺并未发生多大变化。

新华社访问团回国报告了自己观察到的情况。日本在技术上比中国先进好多年，这早在意料之中。毫无疑问，中国的工业和经济百废待兴。美国总统理查德·尼克松1972年访华的里程碑式事件标志着冷战开始逐渐融冰。中国恢复了与美国的外交关系，对学术和科学交流放松了限制，新华社团队这才得以访日。次年，在党内受到批判、被发配到一家拖拉机修理厂劳动了将近4年的邓小平获得平反。邓小平把国家政治重心转向提高科技水平。中国将着力推行经济改革而不是阶级斗争，将再次对世界敞开大门。

新华社访问团指出，如果中国人民连当天的报纸都读不到，何谈经济改革？先进国家的出版业已经采用了冷式排版法。这种方法使用照相技术和计算机技术，彻底去除了危害健康的铅。印刷已经不再靠铅与火了。

新华社团队出访后，四机部邀请日本公司和新闻机构的代表访华，开展进一步交流。通过这次来访期间的交流讨论，四机部和许多人深深认识到中国急需再来一场印刷革命。11世纪，中国发明了活字印刷，比谷登堡印刷机面世早了差不多300年。但是后来中国却远远落后。1974年8月，新华社和四机部联合一机部、中国科学院和国家出版局，一起向国家计划委员会和国务院发出呼吁，要求把汉语信息处理作为国家科技发展规划的优先事项。

这个要求恰逢其时。美国公司在计算机技术和现代印刷领域正突飞猛进。1953年，雷明顿兰德公司造出了第一台高速打印机，与第一个里程碑式的计算机系统UNIVAC配套使用。1957年，IBM向市场推出了第一台点阵式打印机，1971年又发明了激光打印机。1975年，阿尔伯克基（Albuquerque）一家小公司制造的第一部个人电脑投入市场。翌年，Apple I电脑问世。1977年，配有彩色显示器和软盘的Apple II闪亮登场后，年轻的个人电脑产业开始迅速扩张。

中国政府的科学机构注意到了如雨后春笋般大量涌现的新技术，就中国应努力发展哪些技术开展了审议。对中国来说，当务之急是制定一系列五年计划来发展全国各地的国有产业，并协调生产。各科学机构看到，自动化代表着未来。自动化技术可帮助加强基础设施，便于推行国家治理。新华社和四机部在联合呼吁书中敦促采取协调行动。他们指出，西方计算机产业正把重点从建造屋子大小的计算机主机转向生产用于语言处理和通信的小型个人电脑。技术进入了文本和语言处理领域，即将彻底改变对信息的管理、信息的传输速度和控制信息的方法。报刊领域对必须实现现代化有切身感受。新华社负责把党和国家的信息传达给人民，每天必须在短时间内将大量信息排版。联合呼吁书的提交者警告称，只要计算机无法处理中文，就无法把党的重要信息有效传达给民众。如果汉字迈不过计算机这道门槛，中国对数字技术只能望洋兴叹。把汉字与计算机技术结合起来还得靠中国人自己。

　　国家计委审议了这份联合呼吁书，做了相关计算后发现，在铸造字模方面，机械印刷产业每年要消耗20万吨铅合金和200万套铜字模。那些字模每一个都需要时间、汗水和人力来制造、排列，最后是熔化。排放字模、对齐页边或调整页面布局都需要人工完成。实现这一过程的现代化具有重大的政治和经济影响。制版工作只需在电脑屏幕前的键盘上按几个键即可完成，不必重新寻找金属字模，并费力地把它们排成一排。按一下键即可删去显示屏上的一个错字，不必拿走错的字模，将其熔化后重新铸造，再重复一遍之前的过程。

　　新华社和其他部门的关注领域的确是中国最薄弱、最落后的领域。国家计委决定，与其把金属材料消耗在机械印刷上，不如用来制造基本的数字印刷所需的新设备。为此，需要召集众多科研单位、相关机构和政府机关集思广益，制定研究课题，明确分工，协调资源和努力。这个项目迅速得到批准，因批准日期是1974年8月而得名"748工程"。

"748工程"的总目标是专门为汉字处理创造一个汉语的计算机技术环境，而不是全盘照抄西方的计算机技术。总目标下列三个领域：电子通信、信息存储检索系统、照相排版。人们很快清楚地看到，三个领域之中的两个目前是中国掌握的技术所远不能及的。由于计算机在中国价格昂贵，所以电子通信总的来说并不普及，个人电脑更是凤毛麟角。只有少数国家机关和研究机构才被准许建造或安装计算机主机，而且设备主要依靠进口部件，甚至是整机进口。信息检索也是远景目标。那时，信息检索不是在谷歌或必应的搜索框里输入问题，而是更加基础的东西，涉及数据信息在哪里存储、如何存储，以及如何将存储的数据用文档或其他形式调出来等一系列问题。电子通信和信息检索都需要从长计议。

眼下唯一既紧迫又可行的领域是照相排版。这种排版方法是拍下要印的字的照片，然后把照片传到印版上。与手工排列字模，然后复制字模上镌刻的图形相比，照相排版是一大改进。发展汉语照相排版同样受到汉语文字固有问题的困扰——使用和选择的汉字数量太多。要实现国内的信息传播以及与外部世界的信息交流，必须想办法存储、检索所有汉字，并实现汉字印刷过程的计算机化。

汉字结构复杂，每个字都独一无二。必须把它们转变为电子信号，以便通过计算机自动检索、调动、存储、排版。在这方面，中国并非从零开始。西方已经发展出了两代现代排版技术并实现了商业化。第一代机器遵循热排版印刷的原则，依靠机械装置而非电子技术。例如周厚坤凭借20世纪第二个十年激发的灵感,设计出了中文版的蒙纳铸排机。第二代技术采用照相制版法,直接把拍摄的照片主胶卷曝光在印版上。这种技术比蒙纳铸排机的自动化程度高一些,但其电子技术仍处于初级阶段。"748工程"落地前,第三代技术刚刚面世,引得万众瞩目。德国在1965年发明的"Digiset"印刷机通过用电子束轰击一个外涂荧光粉层的阴极射线管来把光投射在感光纸上。涂层把电子束转化为光点,组成一片点,即点阵。这种第三代照相排版技术把字母和单词的形象存储在计算机内存里或磁盘上,几乎实现了完全的数字化。

不过,即使是"Digiset"这样的照相排版印刷机也不能完全满足中国的需求。汉字结构复杂,包含的可编码信息比字母多,汉字的数量又极其庞大。因此,在存储环节,无论是存在机器内部还是外部,采用数字形式还是模拟形式,庞大的规模都是一大障碍。中国科学家和工程师必须发明一个办法来压缩汉字规模,以免给当时计算机有限的处理速度和内存造成过大压力。

中国的技术能力与早期硅谷的差距不可以道里计。中国科技工作者具有坚定不屈、迎难而上的社会主义精神,但国家发展计算机技术的物质条件实在薄弱。当时中国的计算机主要用于数字计算,只有研究机构或大学才有。国防部门大力发展自动化计算机技术,但国防研究是保密的。在受到严密保护、外界难窥真容的国防产业之外,目之所及,情况相当不乐观。

20世纪70年代,西方科学家组成的学术代表团开始访华。代表团成员震惊地发现,一些基本的零部件,如在西方已经取代了计算机中打孔卡和纸带的磁带,在中国普遍短缺。中国尚未做出实现硬件微型化的大规模努力,更遑论批量生产微型硬件。在实验室里,科学家们先是在纸带上准备好程序和数据,然后排队轮流使用计算机，如同在电话亭外排队打电话。虽然进口了少数几部外国计算机，但大部分中国专用的零部件和外围设备要从零开始。测量并制造机器零件经常需要用手工。一个常见的做法是买一部外国机器，然后开展逆向工程。据估计，中国的技术水平比美国落后 10 多年。

中国不顾现存的巨大差距，确立了到 2000 年全面赶上西方技术的目标。宣传这一目标的标语和海报到处都是，就连糖果包装纸上都有。为这场运动取名"新长征"，意在唤起近半个世纪前的长征的精神。当时令外国来访者印象深刻的一个例子是上海的一家工厂。这家工厂的工人几乎都是女同志，而且主要是已婚妇女。它原是制作门把手的，一夜之间就转为制造磁芯、半导体和计算机主机。突然间，她们成为与科学家和工程师并肩工作的同事，好一幅同志们携手奋斗的社会主义画面。同时，生产不是由需求或市场驱动，而是按计划指令进行。党决心推动中国在尽可能多的领域实现自力更生。

力争自力更生的一个原因是 20 世纪 50 年代中国在苏联人手中遭遇的惨痛教训。中苏两国关系紧密时，苏联按照自己的乌拉尔一号主计算机的运作模型，帮助中国建造了中国第一部大规模数字计算机"八一计算机"。然而，这个举国欢庆的里程碑只是一次性的。1960 年，中苏两国因意识形态分歧正式分道扬镳后，苏联撤走了在中国的 1 500 名军事和科学顾问，也取消了所有经济和技术援助，连蓝图都没留下。结果，数百个国家关键项目成了烂尾工程。这个毁灭性打击几乎令中国新生的工业化进程半路夭折。

中国发誓顶住一切困难活下来、强起来。一些科学家后来回忆说，国家在还没有能力造小汽车的时候，就要他们造出原子弹。虽然看似不可能，但是中国于 1964 年 10 月试爆了第一颗原子弹，震惊世界。不久后,中国又连续试射了第一颗核导弹,试爆了第一颗氢弹。短短两年半的时间内,中国确立了自己有核国家的地位,而此事美国用了7年半,苏联用了4年。如果这还不足以提高民族自豪感的话,中国在1970年又发射了第一颗人造卫星。这颗381磅重的铝制卫星一边在距离地球1 300英里的太空遨游,一边播放家喻户晓的歌曲《东方红》。到1973年,中国成为世界上第三个不仅能发射卫星,而且能收回卫星供研究和重复使用的国家。

国防和计算机技术长期是研发的优先领域。早在1968年,中国就开始发展集成电路,和苏联同年起步。在谨慎小心的开放、孤注一掷的雄心和微薄不足的资源的大背景中,还有一个更严重的缺口,那就是人才。

"748工程"非常幸运,找到了对中国计算机技术研究了如指掌的38岁的工程师王选。1958年,他参与建造了一台早期计算机主机。从那以后,王选就一直想把自己对硬件和软件的研究兴趣结合起来。他工作起来是有名的"拼命三郎"。对他来说,一口气工作12个小时算不得什么,忘记吃饭也是常事,而那时粮食限量供应,王选的晚饭经常只是一小碗粥加一点咸菜。慢慢地,王选因疲劳出现了浮肿,但他在工作中仍然毫不松懈。1961年他病倒了,落下的病根困扰了他一辈子。

20世纪70年代早期,王选是北京大学的研究人员。虽说后来王选成为传奇,他生活的各个方面和他在发展激光照排技术中的开拓性成就在传记作家笔下被永远记录下来,然而在当时,王选对软件和新计算机系统的研究遭到了同事们的嘲笑。他们认为他的研究不切实际,完全脱离中国技术能力的现状和实际需求。

王选是从妻子陈堃銶那里初次听说"748 工程"的。当时他在家休病假，靠微薄的津贴生活。陈堃銶也是优秀的学者和数学家，是王选的亲密合作伙伴。1975 年春，北京大学成立了一个委员会来探索是否有可能实现学校行政管理的自动化。陈堃銶被任命为委员。委员会研究了照相排版技术。当时，新华社正在测试这一先进印刷技术，协作伙伴是北京大学的竞争对手，离北大两英里远的清华大学。可是，新华社和清华大学搞出来的机器经常出故障，印出来的字高高低低不成直线。他们的机器可以读汉字，却不能保证始终按原样输出汉字。

考虑到中国照相排版技术的现状，王选觉得"748 工程"制定的为汉语打造完整的计算机技术环境这一目标有些好高骛远。不过，他认为在数字存储方面还是能够有所作为。妻子陈堃銶帮他进一步充实发展这个想法，然后介绍给了自己在数学系和工程系的同事。陈堃銶最后还说服了图书馆信息处理和出版专业的同事加入进来，组成了一个团队。北京大学根据他们的初步报告制定了一项提议，申请将其纳入"748 工程"。

支秉彝提出了一套完全可运作的汉字输入数字系统来处理汉字，但他没有解决存储问题。不管是为了编码而限定字符集，还是将汉字存储在软盘上或电脑内存中，又或是设计字型（字体）库，都像是把大象塞入小帐篷。西方第三代照相排版技术已经开始通过至少部分数字化的过程来存储字型图像，但王选的办法是跳过这一步。他没有费心思去调整现有的存储方法使之适用于汉字，而是专攻一个仍待突破的特定领域：数字字型本身的压缩。他将发明第四代照相排版机，使用激光来编辑汉字，进行排版。

这个办法专为满足汉语及其数字存储的需求。要用数字图像来复制汉字的复杂轮廓，需要许许多多个点。20 世纪 80 年代，中国印刷业由于报纸页面排版和书籍设计的各种不同要求，使用的字体达到10个以上，字型大小有16种，而那时的数字存储水平与今天相距甚远。如果不设法压缩每个字的数据量，就不可能将所有字体存储起来，哪怕是"Digiset"的磁盘也存不下。

还有审美的问题。最后输出的汉字形象对打印的成功至关重要。因为汉字不同偏旁彼此的间架位置有特定的角度，哪怕是一点点偏差都会显得奇怪，令读者不习惯。20世纪第二个十年间，有些人不喜欢祁暄的三键输入法，就是因为它不能保证打在纸上的字中规中矩。中国人高度重视汉字的形象，由字体和书法风格所决定的笔画的粗细和一个字不同部分的相对位置必须在比例上达到赏心悦目的纯熟水平。虽说打字机相对简单，但林语堂设计打字机时也将此视为一个重要问题，他绞尽脑汁，设法使打出来的字的不同偏旁契合得天衣无缝。王选提供的办法解决的是同一个问题，但他还要克服数字化这一层挑战。

把王选设想的办法变为现实并不容易。"748工程"的经费非常紧张。工程的推进主要靠国家取得成功的意志和工作人员的努力与牺牲。王选的工作条件远谈不上先进。他的研究团队起初被临时安置在校园里图书馆东边一座破败的小屋里。破破烂烂的小屋面积只有200平方英尺，冬天没有暖气，屋子四处漏风。天气寒冷的那几个月里，首席工程师陈堃銶设计工程软件时腿上得放个暖水袋。

同时，"748工程"的参与者都知道绝不能辜负党和人民的期望。科学家们小心尽职，集中精力争取出成果。工程各个项目分配给不同的研究单位，让它们感到彼此竞争的压力。上海电工仪器研究所就是一个可能的竞争者，时任所长的支秉彝于1976年参观了王选的实验室，了解他们的研究情况。那时，王选并未真的考虑过把自己的想法变为消费产品。尽管如此，同事们还是告诫他不要吐露任何关键的技术信息，以免失去自身竞争优势。

竞争压力越来越大，王选为克服数据压缩的挑战殚精竭虑。他稳扎稳打，解决了一个又一个难题。一种能够最高效地显示高精度汉字的技术逐渐成形。

王选需要以一种简洁明了的方法，使用计算机能够理解的指令和指示语言来显示每个汉字的确切形状。每一画、每一点都要严格符合比例。靠像素复制图形的点阵法不可取，因为占用的记忆量太大。王选要的是一种描述汉字笔画形状的速记式代码。可是，他需要小心拿捏分寸。压缩太多可能会影响最终输出的汉字形状的质量；压缩太少固然能够保证字的清晰，却解决不了记忆量过大的问题。有人曾试图把汉字字型存储在外接磁盘上，但那会增加检索时间，一个汉字要多用几毫秒。为避免这种低效操作，王选需要设计出一个数学公式，把汉字的几何结构变为弧、弯和直线部分。与这种数学公式模拟法相比，笔画不够精细，偏旁更是差得远。

王选首先把汉字笔画分为规范和不规范两类。规范笔画指横、竖和折这种直线；不规范笔画指曲线。然后他给每一种线标一个数字代码，等于编了一套描述汉字轮廓的指示大全。至于曲线，他使用一连串被称为矢量的数学量来代表，用矢量来表明一个字中每条线的起点、长度和方向。重要的是，矢量图形可大可小，不必改变记忆量，只需调整公式中的数值即可放大或缩小。最后，王选通过反向解压，把矢量图形转为点阵图用于数字输出。

压缩方案的结果好得超出预期。汉字按比例可以缩小到1：500。这个结果令人难以置信，可是王选从各个角度做了多次核查都达成了同样的结论。最后只剩下一个难题：他设计的高精度汉字生成器需要一种强有力的计算机芯片承担中央控制的任务。中国自1968年起开始制造少量芯片，20世纪70年代期间在进口外国芯片的同时也试图建立本国的半导体产业，但是中国芯片的质量远远达不到王选的要求。最好的芯片大部分是美国制造的，中国买不到。为寻找解决办法，王选费尽心思。

王选的项目来到了一个关键节点。没有强大的芯片，他的排版系统的性能就无法达到最优。他需要最后这块拼图，但不知道到哪里去找，他也没有自制芯片的技术。资源短缺仍是一大制约，而此时已经到了1979年。然后，一位不速之客突然现身，为王选指明了出路。

20世纪70年代早期开始访问中国的西方研究人员和学者开辟了重要的学术交流渠道。但是，为把太平洋两岸拉到一起出力最多、也对中国知之甚详的，是低调的华裔美国科学家。他们大多是去美国上学，然后留在了美国，但他们仍然本着知识合作和学术开放的精神帮助中国发展技术。在世界对中国国内的情况近乎一无所知的时候，这些人已经在开展民间外交。

1979年晚秋，一位这样的华裔美国教授来到北京。他的官方使命是以他在麻省理工学院的实验室为模型，帮助清华大学成立第一个微信息处理实验室。李凡（Francis F. Lee）比王选大10岁，是南京人。他父亲在西方留过学，是武汉大学著名的语言学教授。受父亲影响，李凡讲英语带有干脆的英国口音。

1948年共产党节节胜利之时，李凡离开中国到麻省理工学院上学。仅仅两年后的1950年，他就获得了电机工程学的学士学位，并开始攻读博士学位。他精力充沛、才华横溢，但靠助学金养活妻儿不免捉襟见肘。于是，他没完成学业就离开了麻省理工，去大电子公司工作，参与计算机技术的前沿研究。李凡先在美国无线电公司（RCA）供职，后来去了雷明顿兰德公司的 UNIVAC 超级计算机部门。后来的 10 年中，李凡研发了在计算机内部存储数据、执行操作的缓存器的前身。在此期间，他成为美国公民。1964 年，李凡回到麻省理工学院，短短 16 个月后就获得了博士学位，并立即被麻省理工聘为电机工程学和计算机科学的终身教授。

王选欢迎李凡来到他的实验室，向李凡解说了自己对汉字数据压缩的研究，还印出了汉字图形的照片。李凡深表钦佩。他告诉王选，他已经指派自己在麻省理工的一个博士生研究汉语排版的课题，并当场邀请王选去美国继续开展这个项目。李凡说，麻省理工有资源，有设备，更不用说还有正在研究同一个课题的人才。王选在那里可以大大提升研究水平。

王选认真思索了很久。当时，中国人才大量外流。"748 工程"竭尽全力想留住工作人员。一次，一位项目管理人甚至下跪恳求各位工程师不要抛弃中国，自己去国外过舒服日子。但是，恳求无法平复从前造成的不信任和感情上的创痛。科学家们担心，万一研发失败，自己的遭遇堪忧。中国的气氛一有缓和，允许国民去西方旅行，许多顶尖的科学家和工程师就抓住机会离开了，有些人再也没有回来。

然而，王选婉拒了李凡的邀请。他觉得自己的工作深深扎根在中国。他用了这么少的资源取得了这么大的成就后，不能离开组织，也不能离开与他合作的同事们。李凡完全理解王选的心情。他自己不也是一直热爱和关心着自己的祖国吗？李凡在美国生活了几十年，日子过得很好，但他对祖国的热爱和关心未有稍减。他回来是为了帮助同胞建立微信息处理实验室，打开科学交流的通道，并恢复容许知识自由流动的共享空间。本着这个精神,李凡送给王选一件临别礼物。有一种芯片比王选用的芯片好得多,而它的详细信息正好掌握在李凡的手里。那是一本手册,介绍了用于高性能处理的最先进的"Am2900"模块半导体芯片。"Am2900"仍在测试阶段,尚未定型。手册封面上印着"研发中"的字样。王选得以先睹为快。

这本手册改变了一切。王选贪婪地阅读着每一页,记下芯片的全部电路设计。自他上大学时参与建造计算机开始,王选一直把速度和审美这两条原则铭记在心。"Am2900"是两者的结合。有了它,王选终于可以完成最后一步,将一个字从压缩的矢量数据形式恢复为可打印的点阵图。

王选不知道的是,李凡的慷慨还有另一个原因。他来北京是为了帮助清华大学成立微信息处理实验室。但李凡此行还有另一个目的:代表位于马萨诸塞州剑桥的"图形艺术研究基金会"与中国建立关系,该基金会也在研究王选想要发明的技术。李凡既是外人,也不是外人。作为华裔美国人,他身上中国人的特质可能比美国人的特质多,也可能正好相反。有一件事对李凡事业发展的路径和科研兴趣产生了影响,那是在以前太平洋彼岸的美国寻求实现中文计算机化的过程中发生的。

1949年,一小群科学家和出版专业人士创立了图形艺术研究基金会,这是个非营利机构,是通过与一家名叫"Photon"的光电排版印刷公司合作而成立的。那家公司只有一个发明,但那是个重要的发明。两位来自法国的电话工程师琢磨出了不通过金属热铸造,而采用照相方式排版的方法。他们把字母置于频闪管前面的一个转动的玻璃圆盘上,一个字或字母被放到光源前面时,照相机会拍下那个字的固定照片,通过透镜调整大小后曝光在胶片上,然后用光刻的方式刻在印版上用于印刷。图形艺术研究基金会是研发照相排版法的先驱。

早在1935年3月,图形艺术研究基金会就开始讨论为非西方语言发展同样的技术。考虑到世界上仍然有很多语言为传统的活字印刷术所束缚,它觉得自己终于打通了在世界各国提高识字率、通过印刷来传播信息的最后一公里。在所有非西方语言中,汉语因其高难度而成为理想的试金石。

汉语表意文字被视为字母技术的下一个,可能也是最终的前沿。这方面的努力产生了用于汉语排版的第一架键盘机"Sinotype"。图形艺术研究基金会把这个突破归功于新英格兰的一位苏格兰裔工程师。塞缪尔·H. 考德威尔(Samuel H. Caldwell)是麻省理工学院的电机工程学教授,在第二次世界大战期间及之后是声名卓著的计算机技术先驱。他研究的是微分分析机(一种早期的模拟计算机)和开关电路的逻辑设计。考德威尔往来无白丁,全是业内名人,如网络控制论专家诺伯特·威纳(Norbert Wiener),还有沃伦·韦弗(Warren Weaver)和万尼瓦尔·布什(Vannevar Bush)等重要的行业把关人。考德威尔作为图形艺术研究基金会的研究主任负责研发"Sinotype",这是他此生最后一项大工程。

1959年,考德威尔在费城的富兰克林研究所发表了一篇论文,详细说明了"Sinotype"的概念和具体性能。这项发明是图形艺术研究基金会的看家宝贝,其之前和之后的任何发明都无法望其项背。"Sinotype"在欢呼声中被誉为第一台中文计算机,考德威尔则被誉为中文计算机之父。然而只有一个问题:考德威尔一句汉语都不会说,一个汉字都不识。

1953年早期,图形艺术研究基金会会长威廉·W. 加思(William W. Garth)在一次闭门密谈中初次向考德威尔提到研发

"Sinotype"的事。当时还有一个人在场，那就是李凡。那时他还是个年轻的研究生，4年前刚从南京来到麻省理工学院。关于"Sinotype"的那场谈话发生时，李凡正在考德威尔的指导下攻读博士学位，是读博的第二年。那次会上，导师把研究汉语的特性和技术要求的任务交给了李凡。

几个月后，李凡为麻省理工学院的电子研究实验室写出了一份内部报告。他建议对汉字进行更有条理的分析，根据每个字特有的形貌特征归结出它们在统计学上的关联。李凡建议对笔画键盘做出改动，将其与简单的编码器相连。这样，按一下键就会产生代码。基本上可以用汉字索引法来组织并检索汉字，用计算机编码来实现整个过程的自动化。转为矩阵的汉字存在照相底片上，并为其设定独有的"X-Y"坐标。李凡分析了如何用计算机来处理汉语。他作为母语使用者对汉语有深刻的了解，还提出了汉语照相排版的技术方案。

图形艺术研究基金会根据李凡的报告确定了专攻方向。它在"Sinotype"的研究上一掷千金，开始几年花了大约100万美元。图形艺术研究基金会打算把汉字计算机化定为自己的特色项目。它还暗中抱有更大的希望：如果能够使汉字与计算机技术相容，那么任何其他文字系统都不在话下。汉字可以成为所有非字母文字数字化的概念通道。

但是李凡并未留下来。他为了多赚钱，离开麻省理工学院进了公司。之后，"Sinotype"项目就交到了考德威尔手里。一段时间内，李凡的名字经常出现在基金会的内部备忘录和通信里，明确承认他是考德威尔的"Sinotype"项目的奠基人。值得称赞的是，考德威尔承认，最终被称为"考德威尔21笔系统"的21个汉字笔画是李凡和另一位华人同事、哈佛大学教授杨联陞两人帮助选择的。然而，这个事实从未公之于众，在图形艺术研究基金会的官方介绍册中也未提及。慢慢地，李凡和杨联陞直接参与了美国"Sinotype"项目这一事实淡出了人们的记忆。

1956年，考德威尔代表图形艺术研究基金会为改名为"表意排字机"（Ideographic Type Composing Machine）的"Sinotype"申请专利。他在申请书中反倒谈到了林语堂所做的工作和林语堂1952年获得的中文打字机专利。事实上，作为"Sinotype"核心的考德威尔21笔系统与林语堂最初的19笔系统大同小异。考德威尔在广义上扩大了笔画的范围，不再区分第一笔、第二笔或最后一笔，还精简重组了各种变体。

富兰克林研究所的论文引起了多方关注。那是20世纪50年代，冷战正在加剧。各层级都高度重视通过传播自由世界的意识形态来抗击共产主义。五角大楼成立了一个小型工作组，由国防部、中情局和行动协调委员会的人员组成。这个小组认为，美国也许能够利用"Sinotype"在直接向汉语世界传播信息方面取得巨大优势。他们想请艾森豪威尔总统公开宣布"Sinotype"的发明。掌握第一台中文计算机能够在反共意识形态斗争中起到决定性作用。然而，工作组经过进一步了解后决定，还需要更多证据来证明"Sinotype"真如图形艺术研究基金会所说是突破性技术。最终，五角大楼认为，作为宣传战的武器，"Sinotype"的杀伤力还不够大。就美国的战略利益而言，用来破解俄语或汉语文件以及加密文件的机器翻译一类的技术更加有用。

考德威尔的专利申请于1960年得到批准。两个月后他猝然离世，"Sinotype"因此失去了首席科学家。接下来的10年里，考德威尔的原始草图被束之高阁，无人问津。再没有别的主意能像"Sinotype"那样令人兴奋，致使图形艺术研究基金会会长加思差一点辞职。"自从中文机器的合同完成后，基金会几乎无所事事，"他在一封信中悲哀地写道，"如果从考德威尔博士开始的……研究复杂文字系统的工作无法继续下去，那实在是个悲剧。"这个项目被移交RCA公司。IBM公司也在研究该项目的另一个版本，它造出了原型机，机器也通过了测试，但没有投入大规模生产。

20世纪70年代，随着中国小心翼翼地向西方开放，图形艺术研究基金会的工程师和高层开始坐不住了。图形艺术研究基金会在哈佛大学的一位合作人洛伊·霍夫海因茨（Roy Hofheinz）在《自然杂志》上读到了支秉彝的文章，知道找到了一种可行的汉语输入法。与此同时，好几家公司都在考虑打入中国市场。图形艺术研究基金会还有其他理由认为自己有希望。李凡回来了，他成了麻省理工学院的电机工程学教授，也在图形艺术研究基金会做咨询工作。李凡肯定觉得眼下的局面不无讽刺，但并非因为"Sinotype"的研发是25年前由他发起的。李凡只在写给女儿的一封信中吐露了真相：他还在麻省理工读书的时候，除了奉命撰写关于"Sinotype"的初步可行性报告之外，还主动向考德威尔提出了一款中文排版机器的设计建议。考德威尔却拒绝了，理由是"符号处理的课题不适合电机工程学"。不过，李凡不会纠缠过去。重要的是他找到了王选，而王选不久后就会完成李凡自己在麻省理工学院因缺乏支持和鼓励而无法做到的事。

从图形艺术研究基金会的角度来看，李凡是通往中国的理想桥梁。早在1976年，图形艺术研究基金会就批准了派他去与中国大学建立联系的计划。1979年1月，图形艺术研究基金会还安排向中国的一群产业和政府代表讲述自己的想法。图形艺术研究基金会不知道"748工程"的存在，因为这个工程没有向国外宣传。但是，李凡1974年9月曾携夫人和孩子去中国与中国科学家交流，他一定听说过"748工程"。

图形艺术研究基金会和中方代表的会见卓有成效。双方同意由图形艺术研究基金会研究如何把支秉彝的"见字识码"纳入"Sinotype"的下一代原型机，并于1980年初再次访华签署多年期合作协议。一时间，好像万事俱备：支秉彝将劫后余生投入汉字编码工作，王选在北京大学不懈攻关，来自美国的李凡出乎意料地参与进来，中国政府决心实现科技现代化……这些因素的聚合意味着汉字在数字时代即将获得重生。由于李凡的帮助，国内造出了更强大的芯片，王选因此得以越过第三代阴极射线管技术，在激光排版技术的研究中突飞猛进。李凡的目的到底是帮助图形艺术研究基金会还是帮助"748工程"，恐怕没有清楚的答案。可能李凡只是关注这个想法，而非任何特定的组织或国家。林语堂把制造中文打字机的想法从中国带到了美国。李凡和他一样，起到了渠道的作用，使相关想法反向流回了中国。可能李凡和林语堂最为看重的都是汉字革命本身。由于王选实现的突破，负责"748工程"的官员认识到中国可以不惧西方。正如王选后来回忆这段经历时所说，面对计算机技术领域的外国竞争者，中国始终掌握着一个秘密"暗杀武器"，那就是汉字本身。

外国公司一个接一个地前来敲响中国的大门。虽然德国的Digiset为第三代阴极射线管机器确立了标准，但支秉彝后来与德国的奥林匹亚（Olympia）公司联手把他的编码法纳入了奥林匹亚1011电子打字和文字处理机。在这个领域一直居创新之首的英国蒙纳公司最积极进取。1978年秋，它想解决汉字的文本抓取、编辑和照相排版问题，借以再次确定自己的领先地位。蒙纳公司为达此目标使用的工具是先进的激光排版系统"Lasercomp"。

蒙纳公司向中国印刷公司出售设备已有几十年时间，所以与中国关系不错，彼此有一定互信。蒙纳公司把这个优势利用到了极致。1978年12月，它在香港组织了一次中文排版的演示。图形艺术研究基金会与支秉彝联手，使用支秉彝的代码。蒙纳则找了香港的骆守昌教授合作。这位教授发明了一个以字形为基础的键盘，包括256个特制键。这个发明规定了明确的按键顺序，每个顺序专门代表一个字。这样的顺序由计算机解码后，再与存储的字对应起来。"Lasercomp"提供专用于代码转换的程序，可以把按键顺序复原为汉字。

事情进展迅速。蒙纳公司在上海和北京也做了演示。到1979年夏，蒙纳公司的系统已经在这两个城市落了户，操作人员也受了培训。"Lasercomp"把字存在磁盘上，由计算机控制。然后，字的图像被投射到感光纸或胶片上。唯一的限制是磁盘的容量，当时介于80和320兆字节之间。这个容量装得下大约6万个汉字，此天文数字引起了中国官员的注意，也令他们警觉。

国务院授权购买蒙纳公司的设备，也批准与蒙纳公司合资继续发展这一技术。但是，"748工程"的领导层已经在重新评估形势了。他们开始认识到，中国的优势在于它有着世界想要的东西，那就是庞大的市场。然而，无论西方照排技术如何先进，只要机器无法为汉字所需的超大存储空间和高分辨率的问题提供更好的解决办法，在中国市场上就占不了上风。考虑引进外国人的照排技术不是开放市场，形成对外国的依赖，而是向外国学习。最终目标是自给自足，甚至赶超西方，实现这一目标的决心几十年从未动摇。1980年2月22日，国务院接到来信，时任国家进出口管理委员会副主任江泽民在信中清楚地写道，北京大学及其下属单位在汉语激光照排装置的研究中取得了重要成果，技术已接近成熟，正在进一步改进完善……至于一机部和《人民日报》提出的申请，以及它们提出的拨款250万美元用于与美国图形艺术研究基金会合作的要求，目前暂且放在一边，各单位要和北京大学一起推进关于压缩和调整汉字大小的研究。

自此，王选开发自己发明的技术，将其转变为可投入市场的产品就有了国家的大力支持。1981年，他成功造出了计算机汉字激光照排系统的第一部国产原型机——华光一号。1987年，华光一号在中国投入商业市场，之后又为走出国门而数次改进。王选以他在北京大学的"748工程"研究为基础，于1986年创立了方正集团。该公司在汉语文字处理方面的发明涵盖从软件开发到个人电脑应用的多个领域，成为中国的传奇。方正集团是邓小平经济改革时代第一批社会主义和资本主义合作的成功范例之一。它由大学研究、国家参与和社会主义与资本主义的创业新实践结合产生，是个独特的混合体。

不断有人著述描写"748工程"的传奇，介绍实施这一工程中涌现的卓越人才，记叙发展出能销往全球的汉字计算机打印技术那为国争光的时刻。作为"748工程"的一部分，王选的发明取得的成功在后来几十年间为人所津津乐道。然而，汉语信息处理领域这一显著成功也明显暴露出了汉语不具优势的相关领域，起初想为汉语创造一个完整的计算机技术环境的雄心遭遇严重制约。在采用西方结构的计算机中加上汉语处理能力是一回事，制造从中央处理器到操作系统再到程序语言都完全属于中国的计算机则完全是另一回事。

20世纪50年代，中国和苏联社会主义兄弟情深之时，中国的确怀有这个梦想。从50年代早期开始，中国科学家就前往莫斯科和列宁格勒向苏联同行取经，并在1956年制订了中国第一个

"十二年科技发展规划"。中国科学院创建第一年，就成立了全国第一个计算机技术研究所。中苏关系恶化后，中国科学家仍继续这方面的努力。1960年，计算机技术研究所的女工程师夏培肃在复制苏联的"M-3"和"BESM-II"这两台原型机的基础上，造出了中国第一部通用电子数字计算机107机。晶体管和集成电路的研究也在继续，它们因为是与国防有关的技术而被列为优先。不过，计算机技术的推广仍远未起步。1978年，Apple II和IBM个人电脑面世，开始建立在全球市场的统治地位。中国建造自己的计算机似乎机会更加渺茫。同年，邓小平上台，改革开放的精神立住了脚。科学和政策领域的规划者改变了主意，认为采用西方计算机的结构和硬件比继续试图建造自己的计算机更加方便可取。

  与此同时，在那关键的几十年里将中国推向数字时代的决定性转折的人们无声地散去，正如他们当年默默地聚合。考德威尔未能活着看到"Sinotype"的成功，李凡的事业继续春风得意。他返回了产业界，获批了几项专利，还因他的技术应用于好莱坞电影制作而获得了一项艾美奖。李凡和家人仍住在美国。支秉彝不改他一贯的沉静含蓄，从未公开表达过自己的内心想法，除了在1991年说的这些话："我国历史和我个人的经历使我深深认识到，只有中国共产党才能领导中国人民建设社会主义新中国。"两年后，支秉彝卒于脑卒中。王选一直身体不好，于2006年去世。时至今日，王选一直是中国经济技术奇迹中的伟大人物。

  几个世纪以来，中国一直在努力纠正西方对汉字的偏见。今天，似乎中国终于在数字输入和输出两头都取得了成功。然而，所有这些进步都仅是相对于中国起步时的情况而言，而不是与世界的发展情况相比。现在中国要努力融入世界，故如何与其他标准整合就成了必须面对的问题。付出巨大牺牲才达到今天成就的中国人现在需要思考如何在公共数字空间与其他语言及其代码互动。要推动中国继续向前发展,光靠百年屈辱的叙事已经不再足够,也不再可取,到了在真正的全球系统内与别国一起测试并协作的时候了。

第七章　数字时代的汉文化圈
（2020年）

　　滑、点、拖。使用智能手机的中国人能够用大拇指以惊人的速度在触摸式屏幕上完成这些动作，无论是在地铁上，在超市排队结账时，在约会见面的空当，在办公室上班，还是只是为了消磨时间。也许他们用手指疯狂点击是在搜索网页，寻找治疗因发短信过多而拇指抽筋的办法。因为汉语文字如此复杂，所以使用者执着地寻找最新、最快、最容易、最方便的办法来发出短信息或浏览海量汉语网站和新闻推送。把键盘输入法与搜索引擎、手机游戏和购物应用等其他产品和服务相捆绑的市场广阔无比。轻松打字是吸引用户的重要途径。除了键盘输入，各个公司还竞相提供成千上万可爱的表情符号和GIF来拉拢用户。无论是华为手机、vivo手机，还是KK表情键盘、搜狗输入应用，输入汉字本身已经不再是目的，而是成为通往其他智能技术的通道。

　　看来学汉语根本不用费力去死记硬背或抄写了。经过几十年的巩固和标准化，可以说现在几种主要的电脑或手机键盘中文输入法能够满足所有人的需要。台湾地区的人也许喜欢用大五码（Big5）或其他注音符号。中国大陆的人通常用搜狗，那是2020年最常用的第三方输入法，它既可用拼音，也可选择语音识别和偏旁输入法。汉语不是母语的人也许会选择手机预装的拼音输入法。打字的时候，屏幕上会跳出一列整字来预测你想写的句子或短语。若使用语音输入，则几乎可以不用键盘或触摸屏。

为实现电子通信而输入中文的技术在不断改进。从河内发出的中文信息毫无阻碍地立即显示在位于纽约、上海、芒廷维尤、台北或首尔的另一个电子装置的屏幕上，无论是手机、笔记本电脑、平板电脑，还是台式电脑。我们现在觉得这是理所当然的，世界上每一个用户都对这种顺畅无碍、立竿见影的全球通信状态依赖成习。

从确定国家语言到设计出高效的汉字数字编码，中国人奋斗了一个世纪才享受到这种精确的通信服务。今天，中国站到了与其他国家同等的竞争地位，实属来之不易。大批工程师和技术公司致力于建造最好的基础设施，以便用最先进的技术进行汉语通信。随着更多汉字进入数字流通，对汉语的使用、学习、传播、研究日益广泛，汉语转化为电子数据也越来越准确。汉语达到了任何一种活的文字所能希冀达到的永生。不过，觅得永生之路绝非易事。若说有哪个组织充当了实现汉字永生的渠道，那就是硅谷一个专门创立全球标准的非营利组织。

支秉彝发表关于汉字编码的"见字识码"系统后，400多个汉字输入法在20世纪80年代晚期纷纷登场，争奇斗艳。驱动着它们的是鼓励创新谋利的市场改革所激发的创新创业热情。使用汉字、汉字的部分、字母、字形和符号的键盘设计充斥市场，它们的专利申请潮水般涌入专利局办公室。

这些不同的编码系统由不同公司设计，通常用于各公司自己生产的机器。一旦不同的计算机之间开始通信，就出现了一个严重问题：使用不相匹配的语言或编码系统的不同计算机共享文档时，计算机屏幕上显示的不是字母或汉字，而是一排排问号或方块。在个人电脑、文件共享和电子邮件的市场飞速发展之际，互不相容的键盘输入和编码系统不仅对汉语通信构成日益增大的难题，而且成为整个全球化数字世界的绊脚石，因为数字世界用户之间的联系瞬间成立，没有时间来协调不同系统。

在美国，20世纪60年代和70年代开发的早期IBM和Unix计算机操作系统使用的标准也各不相同。两个系统都用数字代码来代表字母和符号，但它们的代码不相匹配。例如，代码97在IBM机器上的输出是"A"，在Unix操作系统中却是"/"。尽管这两个系统是在同一个国家设计的，但若想把数据从一个系统转到另一个系统，结果却只是一长串莫名其妙的符号。

把字母文字的不同编码系统归到同一种标准之下相对容易。第一套得到广泛认可的编码标准是20世纪60年代早期发展出来的美国信息交换标准码，缩写为ASCII。最早的ASCII代码是单字节（8个比特）系统：每个字（这里指文本数据，不是汉字）占7个二进制比特的存储空间，额外的一个比特位用来查错，整个系统共128个字符。ASCII的设计者觉得不需要更多了。对每一个数字、字母和标点符号，还有"%"和"#"等特殊符号，以及"tab""shift-in""shift-out""escape"等控制键，设计者都编制了两到三个数字组成的代码。为容纳其他西方语言里有附加符号的字母，如挪威语的"ø"、德语的"ü"、法语的"é"或葡萄牙语的"ç"，ASCII更新后的一个版本保留了8比特的系统，但把可能的字符数量增加到了 256 个。这个单字节结构只是为西方字母语言，特别是为英语设计的。作为基础性结构，它仍然嵌在一些如今最普及的软件编程语言中。

ASCII 从来不是为包含数千个表意文字的非西方文字系统而设计的。这也许是因为设计者的世界观不够广阔，也许是因为他们没想到自己的代码在西方字母世界之外也大获成功。结果，亚洲国家最终各自发展出了自己的两字节或多字节标准。日本率先在 1978 年采取了行动。使用两个字节来编制代码大大增加了代码的数目，可达到 6.5 万个以上。这些国家标准也遇到了困扰着早期英文计算机的不兼容问题，但问题的规模要大得多。各国的国家标准码包括一些同样的汉字，但给这些汉字编制的代码各不相同。另一个问题是，关于表意文字的数目，没有一致的数字来决定字符集的大小。各国的字数都不一样：日本的字数较少，中国大陆的字数多一些，台湾地区的字数最多，因为要把繁体字包括进来。

没有通用代码，表意文字就无法实现广泛的数字传播，使用范围只限于中国，以及新加坡、马来西亚、越南等国的华人社区，无法扩展到世界其他地方。从中国人的角度来看，这意味着全球舞台上没有中国的声音。此时，掌握"话语权"备受重视。有了话语权，不仅能在世界上占据一席之地，而且有力量确立并传播自己的叙事，使之成为被全世界接受的主导性或普遍性叙事。中国从西方借得"话语"的概念，又加上了自己观察到的西方行使话语权将西方世界观强加给其他国家的行为。在中国看来，输出自己的语言供全球使用是改变西方叙事的一个重要条件，可以使自己获得一个讲述自己故事的平台。要利用语言这个软实力，就必须掌握自己的通信技术。

与此同时，技术发展又攀新高。20 世纪 70 年代，文本处理软件为世界各国企业所广泛使用。美国公司起劲地向全球推销个人电脑、操作系统、硬件和软件。IBM这样的公司已经在西欧所有大城市设立了分公司。对于寻求保住全球竞争优势的美国计算机产业来说，整合包括表意文字在内的一套统一编码标准非常重要。虽然谁都未能预见到这个产业能发展到今天好几万亿美元的规模，但大家知道，若想将电脑推广给越来越多的个人用户，标准化编码必不可少。

20世纪80年代，硅谷的一群软件工程师和语言学家开始探索如何实现不同语言文本的流通，使台北能够轻而易举地接收并读到法语文档，旧金山能够同样轻易地接收并读到汉语文档。他们在1988年的一份工作文件中提出的办法叫作统一码（Unicode）。用其创造者乔·贝克尔（Joe Becker）的话说，要使每一种文字的代码都成为"独特的、统一的、普遍的"。贝克尔的主意并非他的独创。对于如何在世界上任何地方的任何电脑上处理任何文字这个难题，他已经苦苦思索了一段时间。上大学时，他看到了吉尔伯特·W. 金1963年的一篇文章，那篇文章以林语堂的打字机键盘为例讨论了机器翻译的可能性。贝克尔不知道林语堂是何许人也，更不知道他的键盘是怎么把美国与中国实现文字现代化的努力联系到了一起，但贝克尔关于统一码的早期想法正好与汉字革命不谋而合。

贝克尔与汉字编码的初次邂逅发生在20世纪70年代晚期他在富士施乐公司（Fuji Xerox）就职期间。他看到，富士通和日立这样的日本电子公司也遇到了与IBM和美国其他公司同样的问题，它们各自有自己的汉字编码方法。1978年，日本产业标准出台后，为日本提供了解决办法，却无法解决日本与中国大陆、台湾地区、韩国之间交流汉字的问题。

一国国内不同公司制造的计算机因为都使用同一套国家字符集，所以能够彼此通信。但是，由于东亚各国、各地区发展字符集时各自为政，结果在朝鲜汉字、台湾繁体字、大陆简体字和日文汉字中，同样的表意文字代码却不相同，且互不相容。有些字在不同的字符集中被多次编码，或被分配到不同的代码点。因此，经常出现一字多码的情况，严重影响效率。贝克尔心目中的统一码若要成为真正的全球性代码，就必须容纳非西方文字，调和不同国家和地区字符集之间的分歧。

贝克尔于1981年结束在日本的逗留。回到美国后，他就和在日本结识的李·科林斯（Lee Collins）合伙干了起来。科林斯是位年轻的软件工程师，还掌握关于东亚语言的语言学知识。1986年，贝克尔团队开始在施乐公司建立数据库，把日本产业标准下的汉字代码与中国的代码相对比。他们抛出了统一汉字代码的想法，因为这是明显的发展方向。要统一汉字代码，需要把不同国家和地区的字符集中具有同样或相似结构和同样含义的字合并起来，去除重复累赘的代码。他们需要决定哪些字是不同东亚国家和地区的用户共用的，哪些字是某个国家或地区独有的。由于东亚文字特有的挑战，若想把汉字整合入统一码结构，首先必须对其进行整理校对。到1987年底，贝克尔完成了统一码操作概念的构思。不久后，科林斯跳槽到了苹果公司。就在那时，施乐和苹果开始协同开发软件，汉字代码统一因此而成为两家公司的合作项目。

按照设想，统一码能起到总转换器的作用，涵盖各种语言所有现存的国家编码标准。它将把包括西方文字和汉字在内的所有人类文字系统归总到一套标准之下，给每个字分配一个标准码，可在任何机器之间流通。

这个设想立志高远,又切合实际。统一码的开发者认为,自己的项目超越政治,因为它是解决机器交流方面一个难题的技术手段。然而,贝克尔和同事们没有意识到,语言文字的技术从来都是政治问题。他们要统一亚洲的文字代码,殊不知牵涉的问题远比输入和输出方面的不兼容大得多。

20世纪60年代早期,美国国会图书馆决定执行一项庞大的自动化项目。它要建立一套普遍适用的目录系统,恰似中国图书馆学家杜定友几十年前梦想建立的系统,不过是有了计算机的助力。国会图书馆开始把纸质目录转为可搜索的数字索引。有了这个机读系统,用户只要有电脑,即可在一天中任何时间,在数千英里之外的图书馆里查询国会图书馆馆藏的书籍。数百万张目录卡片成了过时物品。这一自动化项目把图书馆目录编制这个学究气浓厚的行当变成了信息科学领域中的时髦学科。

冷战期间,美国的东亚图书馆藏书迅速增加。为了遏制共产主义在全球传播,学者、图书馆员和政府共同建起了关于中国的知识基础。光是20世纪60年代那个十年,东亚图书馆获得的新书就相当于之前一个世纪的总和。把这些藏书数字化是一大困难,因为机读数据库无法兼容非罗马字母语言,如希伯来语、阿拉伯语、波斯语或任何一种东亚语言。

最后,美国的几个基金会行动了起来。1979年11月,美国学术团体协会(ACLS)在斯坦福大学举办了一次大会,题目是"自动化书目系统中的东亚字符处理"。大约30个参会方中有国会图书馆和美国的一个图书馆团体"研究图书馆组织"(RLG)。此外还有来自美国其他基金会以及日本、韩国和中国台湾地区的代表。研究图书馆组织之前已经通过对日本和中国台湾地区的访问为这次大会打下了基础。日本是东亚地区正在崛起的技术和经济巨人，在汽车制造和电子产业领域已经能够与美国一争高下。日本是首个出台包括汉字在内的完整标准字符集的亚洲国家。会上，日本人提议美国国会图书馆采用日本的产业标准，想借此充分发挥自己在东亚地区的优势。国会图书馆的自动化专家说，日本标准"解决问题的方式与国际互通的现存标准相当合拍"。研究图书馆组织等与会方似乎对这个评估完全没有意见，这令中国台湾地区的代表感到紧张，因为他们认为眼前这个机会牵涉的远不止图书馆的数字化。

从一开始，自动化就是要确立一套标准，能够在全世界通用，并能够代表亚洲众多用户对汉字的用法。谁能确定表意文字的编码标准，谁就能掌握汉字信息处理的未来，而台湾当局自视为汉语传统的唯一合法监护人。国民党自从1949年退据台湾后，自称是中华文化遗产的真正承载者，未受简化"玷污"的繁体字被他们用作证明自己文化合法性的标志。然而，中国大陆和台湾地区的文字系统其实大同小异。根据官方数字，今天使用的简体字共8 105个（1986年是2 235个），但其余的汉语词汇在大陆和台湾地区都维持了传统形式。成千上万个古字几乎从不使用，有些字在所有文字记录中一共才出现过几次。但不管字数多少，台湾当局都自封为汉字的监护人。

文化合法性还不是台湾唯一利益攸关的问题。美国总统吉米·卡特1978年与台湾断绝了外交关系后，台湾亟需争取经济上的优势，将自己从一个生产稻米、菠萝和甘蔗的农业经济体转变为以电子产业为中心的经济体。台湾当局觉得，自己的字符集若能被确立为国际标准，那将是在国际计算机产业中增强竞争力的机会。

台湾地区的代表马上指出，日语中的表意文字"汉字"仅有几千个，日本按自己的标准为 6 349 个汉字编制了代码，汉语中却有上万个字。参加美国学术团体协会大会的华裔美国图书馆员也持保留意见，尽管采用日本已经确立的产业标准更加省事。台湾地区的代表抓住这个机会，信誓旦旦地保证可以做得更好。它有必要的资源和计算机产业，可以设计一套真正造福所有汉语用户的标准。与会者同意推迟对日本提议的最后审议。台湾地区的代表争取到了时间。台湾当局立下军令状：次年 3 月将提出一套汉字字符集供审议。

这打开了一个小小的但重要的窗口。台湾地区代表团返回后，动员各方力量，召集起一群计算机科学家、图书馆学家和语文学家来确定汉字字符集。经过 3 个月紧张的工作，专家们终于完成了任务。1980 年 3 月，台湾地区的代表前往华盛顿特区与美国同行举行后续会议，据说登机时装订汉字字符集终稿文件的胶水还未干透。文件包含的初步样品有 4 808 个汉字，准备用作蓝图，以后在此基础上增扩。

华盛顿会议就台湾字符集讨论了几个小时，然后组成了一个特别委员会来核实讨论结果。特别委员会由美国国会图书馆的工作人员和来自研究图书馆组织、美国国家标准学会的编码专家组成。台湾专家几个月的力气没有白费。委员会决定在美国各图书馆所藏东亚资料的数字化行动中采用台湾字符集。委员会还要求台湾扩大字符集，把包含的表意文字增加到 2.2 万以上，以满足汉语、日语和朝鲜语文字的所有需要。

台湾地区的字符集样品得到批准后，中国大陆才听说研究图书馆组织接受了台湾标准。事实上，台湾团队有意对自己的工作不事声张。他们企图使台湾在一个重要的国际平台上获得合法地位，所以他们害怕一旦中国大陆意识到台湾当局的阴谋，会提出抗议或出手干预。

中国大陆赶紧与日本联手发展第一版自己的国家标准，搞出来的字符集包括 6 763 个汉字，外加 682 个拉丁、希腊和西里尔字母和日语假名音节，一共 7 445 个字。中国大陆试图说服别人采用它的字符集，弃用台湾地区的，因为中国大陆的字符集既包括简体字也包括繁体字。（大陆的字符集里没有提供简体字原来的繁体形式。）中国大陆的工程师和计算机科学家觉得，他们提供了对大陆文档的数字化处理至关重要的简体字，因此可以胜台湾一筹。

然而，台湾专家早想到了这一步。它的字符集也包括简体字，但明确标注其为"正体"汉字的"异体"。"异体字"一词在汉语语汇中早已存在，用来指语义相同，甚至发音也相同，但字形不同的字。在汉字中，这种区别造成了地位高低之分。传统上，异体字包括可能过去在抄写中写错了的字，或某个地区对常用字的改用。台湾字符集把日文汉字和朝鲜汉字也列为异体字，但那些字显然是外国对汉字的适用，所以这个分类得到了接受。台湾当局把简体字归于异体字，此举意在发出明确的信号：他们想把简体字算作真正汉字的异常形式。

美国的图书馆学者不想卷入该地区的争吵，反正他们也无法判断里面的是非曲直。他们之所以想包括汉字编码主要是出于技术原因，因为汉字编码是美国图书馆目录自动化方案的一部分。

1980 年 9 月，研究图书馆组织宣布，它计划与国会图书馆一起，编制出所有的汉语、朝鲜语和日语资料的目录并将其录入全国图书馆网络共用的线上数据库。这一下子提升了台湾标准的地位，因为它保证了台湾标准适用范围的扩大，为它提供了平台。对仅为东亚地区好几个地方标准之一的台湾标准来说，这是做梦都想不到的好事。研究图书馆组织这个项目得到了几家大基金会的支持。几经修改后，台湾字符集将成为美国东亚语言书目自动化的基础，包括1.6万个字符和异体字的代码。它还将成为美国电脑商推荐的产业标准，尽管它不是官方的国家标准，因为台湾是中国的一个省。

  有了美国的批准和认可，台湾地区的字符代码占据了无可争议的优势。其他汉字标准在研发过程中必须与台湾地区的字符代码相符合。台湾字符集按研究图书馆组织的要求扩大之后，成为研究图书馆组织统一东亚字符集的主干。按照这个字符集的规则，一个字虽然在日本、韩国、台湾地区或中国大陆写法稍有不同，但只编码一次。这样会尽量减少失误，还能节省编码空间。这种经过改进提高的字符代码被美国国家标准学会采纳为全国通用标准。到20世纪80年代末，台湾字符集已大有主导全美图书馆藏书自动化之势，美国电脑厂家也开始开发支持这套字符集的软件。

  这项决定的影响远超图书馆学的范畴。1988年夏，乔·贝克尔和李·科林斯在研究图书馆组织位于帕洛阿尔托（Palo Alto）城中的附属机构和研究图书馆组织的关键人物会面，讨论实现汉字统一编码的标准问题。那时，苹果公司买下了研究图书馆组织的表意文字数据库做进一步研究，并形成了统一码汉字字符集的第一稿。统一码制定第一套标准时，包括了研究图书馆组织当时形成的15 850个字符的字符集，后来开发的历代版本沿用了这些字符。今天，统一码的基因里依然埋藏着亚洲因汉字而起的争端。这一争端的兴起远早于统一码，在设计统一码之时已是如火如荼，至今仍未平息。

  美国推动图书馆自动化的努力导致了统一汉字编码的最初尝试。但与此同时，东亚各国仍更加注重开发本国的表意文字字符集。谁也不愿意被迫采用其他国家或地区的标准而放弃自己的标准，特别是因为不同国家对汉字的使用和需要各不相同。各国都大力强调彼此的区别。日本在1978年确定了本国的产业标准字符集后，台湾地区和中国大陆都加倍努力发展自己的字符集。

中国大陆看到周边国家和地区纷纷声称与汉字利益攸关，更迫切地感到需要坚持并维护自己作为汉字最初的、名正言顺的监护者的地位。号称是利益攸关方的有东边的日本、东北方向的韩国，还有台湾地区，另外香港地区、澳门地区也和台湾地区一样用繁体字。中国是亚洲国家中最大的利益攸关方，因为它拥有最多以汉语为母语的人口。中国人觉得，若无他们的主导性参与，任何关于汉字编码统一的讨论都必定失败。然而在技术上，中国却不具备在此领域做领导者的资格。中国大陆的计算机技术仍处于早期阶段，个人电脑也不普及。它只能与别人合作。虽然海峡两岸的政治气候敏感微妙，但大陆的计算机科学家和工程师还是联系了台湾地区的同行。他们向台湾同行发出请求，说如果中国人自己不想出一个共同的解决办法，就不可能与世界各国沟通交流。

台湾科学家和工程师一说就通。他们也看到，讲汉语的汉字使用者有可能输给本地区其他汉字使用者。大陆和台湾如果联手，力量更大。尽管双方有政治分歧，但他们在文化上同根同源，彼此间比与任何其他东亚邻居都更亲密。于是，台湾地区的研究人员开始与大陆同行合作。

与此同时，太平洋彼岸提出了一个解决办法。统一码制定者决定在研究图书馆组织研究的基础上争取实现汉字编码统一之后，美国计算机产业的野心和统治地位不可避免地影响到了亚洲的研究动态。统一码的汉字储存远超研究图书馆组织的书目字符集，将产业标准和新出现的国家标准都包括了进来。科林斯负责开发统一字符集。1989年，他飞往北京会见中国同行。美国和中国的计算机科学家和工程师同意以眼前的任务为重，同时放眼长远。在统一码之下，他们将按照日本和中国根据制定本国标准的经验总结得出的规则，把东亚地区使用的汉字的不同版本统一起来。美国人与中国人一起要做的这桩事史无前例。他们要确立一种所有语言和文字都能使用的通用文本处理法，使之适用于一切电邮、短信和文档。这将改变电子通信的未来以及汉语在其中的地位。

对中国来说，这也是一条出路。要结束中国在技术和经济上的孤立状态，接受统一码是一个办法。中国通过统一码可以将现存的国际基础设施为己所用。这个平台远比中国当时自己能发展出来的更加优越。然而，统一码虽然与中国的利益高度契合，却未能在东亚地区赢得一致支持。日本从一开始就抱怀疑态度。毕竟，非营利的统一码联盟（Unicode Consortium）背后是美国计算机巨头的产业与商业利益。日本人抱怨说，以美国大公司的利益为主来决定国际标准是不公平的。况且，日本的语言事务应当由日本人来管理。

其他国家也有同感。韩国觉得，字符编码统一忽视了一个事实，那就是汉字书写传统在东亚实质上已经演变为不同的文化系统。一个基本问题是，应该把哪些字作为最常用的字纳入统一码的官方字符集，也就是由国际标准化组织的 ISO 10646 所定义的通用编码字符集（Universal Coded Character Set）？而且"常用"是对谁而言？统一码号称代表人类所有文字，但有些字在日本使用的频率比在中国或韩国高。此外，朝鲜半岛使用汉字的历史可追溯到公元4世纪，早于中华人民共和国20世纪的汉字简化运动。韩国认为，通用字符集应该以繁体字而非以简体字为基础。东亚各国一致同意，统一码需要更多地听取地区利益攸关方的意见。作为母语使用者，他们应当在决定汉字的未来中有最大的发言权。1990 年 2 月，有人提议成立一个由东亚国家、地区和组织的代表组成的特别工作组来研究汉字统一编码。3 年后，这个代表中国、韩国和日本的母语使用者的联合研究小组改名为表意文字工作组（Ideographic Rapporteur Group，缩写 IRG）。1994 年越南也加入了工作组。

表意文字工作组由统一码联盟和设在日内瓦的国际标准化组织联合监管，后者是非营利组织，负责设立工业标准，从酒杯弧度到牙膏甜度，无所不包。在超过 1/4 个世纪的时间里，表意文字工作组每年开两次会。汉字是唯一有自己的国际工作组的文字系统。初看起来，这个小组做的事情恰恰是中国语言改革者自 19 世纪晚期以来一直在做的：仔细审视成千上万个字符，研究它们的每一个弯和每一条线，就它们的词源和词态展开辩论。

但工作组成员的工作另有目的。他们关注的不是给字加音标或编索引，也不是把字拆解成比较简单的部分或将字变为字母形式。他们要决定的是：在不断增扩的统一码字符集中，是每个字都该有自己的编码，还是说某个字可以与 1992 年出台的统一码 1.0.1 版整理的某个国家或地区的字符集中已经编码的字"统一"起来？

表意文字工作组工作的基础是统一原则，但此事不像看上去那么简单明了。有些字历经好几个世纪后，形式发生了改变，却在日本和中国仍然具有同样的语义，读和読就是例子。这两个字的字形能否因为原来是同一个字而统一起来？还是说因为字形不同，所以不能统一？根据一条明确的规则，统一码 1992 年版收集的所有主要的商用字符集均保持不变，这就是所谓的"提交源分离"规则。

然而，统一码1992年版并不完美，因为原来的国家或地区字符集并不完全符合这条规则。重复的字时有出现，还有些字在原来的国家和地区字符集中本应统一却没有统一。这类情况令表意文字工作组头痛不已。此外，又出现了各国或各地区字符集中原来没有的古字和专用字。在考古发掘现场、古籍、少数民族语言和地方方言里不断发现过去没有见过的汉字。最罕见的字大多是地名和人名。中国父母特别重视给孩子取名，取的名字越独特越吉祥就越好。例如，罕见字"奱"上"龙"下"天"，语义为"龙翔在天"。如果父母只能用"龙"这个普通得多且已经编码的字，那就不够惊艳了。这些未列入目录的字的词源和历史常常尚未来得及整理出来做计算机编码，而整理工作需要时间。

必须对字做相关研究，在表意文字工作组开会前提交给小组成员审查。开会时，相关的字被投射在幕布上，成员们仔细检查字的结构是否准确，经过长时间讨论和辩论，最后决定是批准还是拒绝将该字纳入系统。目前，等待审查的字大量积压，致使表意文字工作组于2019年在成立26年后改名为表意文字研究组（Ideographic Research Group），缩写不变，因为它认识到，自己整理东亚表意文字的工作早已超过了与统一码联盟和国际标准化组织暂时合作的初衷。处理汉字表意文字成了重要的长期任务。仅中国大陆就提出了好几千个字。将汉字纳入统一码这项工作没完没了，无法清楚确定完成的日期。

河内越南国家图书馆的G座侧翼，天花板上的电扇嗡嗡作响，把燠热的空气从长方形房间的一头推往另一头。时间是2018年10月末的一个早晨。我跨入房间时，来自美国、韩国、日本、越南、中国大陆、中国香港、中国台湾的代表以及几位独立参会人已经就座。他们穿着休闲的格子短裤和 T 恤衫，一边闲聊，一边在笔记本电脑上搜索可靠的网络连接。这是表意文字工作组的第 51 次国际会议。

我们的越南东道主在会议室各处放了许多关于他们国家图书馆的官方介绍册，里面介绍了图书馆收藏的五千多册汉语书籍。这是对于汉字在这个地区数千年影响力的礼貌承认。在越南，汉字已经不似汉字，正如我们去吃午饭的那家几条街开外的小咖啡馆卖的法棍面包已经不再是正宗法棍面包。法棍自 19 世纪 80 年代晚期被引入河内之后，为适应当地口味发生了变化，变得更松软，以便在涂满蛋黄酱的两半面包之间塞入更多的肉酱、烤猪肉、牛腿肉、鸡肉、腌萝卜、黄瓜、香菜和辣椒末。越南人把法棍面包这个法式烹饪的标志改得面目全非。然而，与他们在长达 10 个世纪的时间内对汉字动的手脚相比，那完全是小巫见大巫。越南人不仅和日本及朝鲜一样大量引入汉字，还根据汉字半靠语义、半靠语音的构成原则建起了自己的表意文字"喃字"。喃字看似方块形汉字的扩大应用，与方块字区别不大。

越南人对汉字在本国千年传承的态度历经起伏。汉语一度深受尊崇。19 世纪 80 年代越南落入法国之手时，据说可以听到写汉字的毛笔失手落地的轻微声响。那是曾经伟大的中国所培育的高等文化的末日。然而，1946 年，一心摆脱中华文化影响的胡志明另有一番看法，他的发言的大意是：宁吃百年法国屎，不尝千年中国羹。对东亚其他国家来说，汉字牵涉的政治问题至今仍然是现实。

有些过去的竞争也许消退了，但其他竞争依然存在。表意文字工作组会议的与会者代表着世界各地的汉字使用者和利益攸关者。会议室中缺了一个代表团——朝鲜代表团。朝鲜在 10 多年前参加过几次表意文字工作组的会议后，不知为何再也没有出现。

一个兴致勃勃的日本代表从一个塑料购物袋里拿出T恤衫免费分发给大家，提醒各位本着团队精神确保今后几天会议的顺利进行。坐在我旁边的高个子瑞典人肯·伦德（Ken Lunde）是Adobe公司的编码员，撰写了一本关于中日韩（CJK）信息处理的权威著作。他小声告诉我：“他每年都带T恤衫来，永远是黑色的，永远是同一个码。"一律平等非常重要，哪怕是T恤衫的尺码也要做到。坐在我另一边的是现已年过花甲的李·科林斯，神态轻松沉着的他依然头脑敏锐。

会议室中人数最多的团队是中国大陆代表团，共有来自政府、产业界和学界的9位代表。那些代表在茶杯里注满水后走回自己的座椅。他们礼貌客气、不慌不忙，一边把茶包泡进水中，一边彼此低声略作交谈。坐在会议室另一边的是台湾地区的两位代表。自称为熊先生的那位是参会者中资格最老的。身材矮胖、面容慈祥的他在20世纪60年代参与过台湾地区目前计算机编码标准"大五码"的前身的研发。他的笔记本电脑盖上的黄色警示贴画显示了他的老资格："小心。熊出没。"

还有独立自费前来的，他们来参会纯粹是出于对这项工作的热爱。在接下来的5天中，与会者将对排队等待编码的每一个表意文字做出介绍，展开辩论，进行审议。两位新来的年轻人一个身穿白色T恤衫，上面印的人脑图的上方用英文粗体字写着"人工智能"，另一个拿着文具袋，声音柔和。两人在摆放零食的桌子前一边交头接耳，一边剥糖纸，那是他们的早餐。

此时，58岁的香港计算机科学家陆勤准备宣布开会。稍微有些驼背的她意志坚强、热心待人。她参加表意文字工作组的会议已有25年，并且在过去15年间一直担任会议召集人。陆勤气度威严，但偶尔流露出来的亲切而突兀的幽默感令人觉得她那老太君般的威严形象是装出来的。她轻敲了几下麦克风。她身后的金色帐幔上挂着汉语和英语的双色大字"欢迎前来参加表意文字工作组会议"。陆勤概括了此次会议要做的工作，然后照例提醒与会者，这是国际组织，大家要超越个人和国家利益。接下来的5天应该是高效平静的5天。3 000个字在等待审查，这个工作量算是轻的。

头两天很快按部就班地过去了。到第三天，工作组全神贯注于筛选工作。一个接一个的字被投射在幕布上。代表们发表评论，表示意向，有时站起来走近幕布。科林斯稳重平静，他的蓝眼睛看到令他感兴趣的东西时，会变得非常热切，这正是当时幕布上的表意文字产生的效果。穿着印有人脑图T恤衫的香港年轻人亨利建议把该字与另一个字分开编码，也就是所谓的"分离"（disunified），因为字中有一个笔画不仅和另一个笔画相接，而且还出了头。有人表示了不同意见。代表们离开座位走上前去细看。

幕布前聚集了一小群人，然后爆发了大声争吵。科林斯和我停止了谈话，和会议室中所有人一样循声望去。争吵者是熊先生和亨利。这两个年龄相差40岁的人此刻鼻尖相隔仅有几英寸，他俩因一条将两个字统一的提议起了争执。亨利想加速确认汉字的进程，把异体字归入另一类编码序列，基本上算作已有代码的字的子集。异体字不会有自己的代码，而是会被归入子集，作为同一个字的另一个版本。这好比人脸emoji（表情、绘文字）可以有不同的肤色。问题是，在其他肤色出现之前最先显示哪种肤色作为这一类emoji的代表。

台湾地区的代表觉得，亨利的提议听起来像是要把台湾的表意文字推下"正体字"的地位，令台湾地区数十年收集维护繁体字的辛劳付诸东流。在新字的提议不断增多之时,台湾地区小心地维护着已经编码的繁体字作为独立类别的合法地位。恼怒万分的熊先生最后大声吼道:"你不是台湾人——你不懂!"

  房间里安静下来。旁观这场吵闹的科林斯很快低声和伦德以及他旁边的国际标准化组织代表交谈了几句,他们彼此点点头,把手臂环在胸前,面无表情地向椅背上一靠,似乎决定置身事外。两个月后,科林斯和我在门洛帕克(Menlo Park)吃广式茶点时对我解释说,就统一码而言,任务已经完成了。东亚各国过去都制定了本国字符集,确定了可以满足本国需求的字符数。所有这些国家的主要字符集都纳入了统一码的 1992 年原版,当时包括 20 902 个汉字。这是统一码的初衷——达成推动不同系统之间交流的务实效果,而不是发掘往昔的文字记录。然而,自确定统一汉字的工作开始以来,增加的字约 90% 都是异体字,其中许多是生僻字或古字。例如,日本在河内会议上提议的一套字符集是从深奥的忍者手册里找出来的。

  被科林斯邀来吃茶点的乔·贝克尔轻笑出声:"凡是我告诉他们不要做的,他们都偏要去做。"在 1988 年最初提出统一码主张的文件中,贝克尔建议,统一码的最高优先应该是"确保在将来有用,而不是维护过去的古董。"但是,表意文字工作组的东亚成员有话反驳:统一码已经为拉丁语这种古老文字编制了代码,所以,统一码破了自己的规矩。此外,拉丁语已死,被世界上最大人群当作母语的汉语这一最古老的活着的语言却仍在发展。由于所有这些新老原因,陆勤在河内会议的一次会间休息时对我说:"我们对我们的工作从来都不满意。"但她对这种挫折感一笑置之。亨利和熊先生的冲突算不了什么。陆勤压低声音说:"过去闹得才叫厉害。"

在香港，我在陆勤的办公室初次见到她时，她已经暗示会发生这类争执。那是河内会议的前一周，我想弄明白为什么区分汉字如此困难，引起的争议如此之大。我知道陆勤能为我解惑，给我讲明为何表意文字工作组今天的任务与它成立之初时同样重要。就汉字而言，最大的纠纷在于最小的细节。一个表意文字能否在统一码中得到自己独一无二的代码取决于它是被视为原字还是异体字。陆勤拿出一张纸给我做演示。她写了"骨"字的三种写法，分别是香港地区、中国大陆和台湾地区的写法：

骨　骨　骨

图 16　"骨"字在香港地区、中国大陆和台湾地区的不同写法。

乍看之下，三种写法似乎没有分别。仔细观察后会看到，字里靠边的小方块方向不同：香港地区和台湾地区的靠右，中国大陆的靠左。这类变异是历史遗留下来的，其他一些变异是由于古时候的书吏、儒生、刻板工人的书写习惯造成的，也有的是武断的规定。文字在从一种媒介转到另一种媒介的过程中经常会出舛误。印刷技术也许不够精细，无法显示点和小横之间的差别，于是同一个字慢慢地出现了两种写法。木版上刻的字一开始是尖角，用的时间长了就磨成了圆角。这些错误人可以看到并纠正，机器却无法辨别。就拿"骨"字里面的小方块来说，大陆的写法根据简化政策只需一笔即可，台湾地区和香港地区的写法却要写两笔。

为了汉字统一的目的，必须决定是否给"骨"字的三种写法只编制一个代码，而这样做就表明它们都是同一个字的异体字。这是个重要问题，对表意文字工作组来说，正体字和异体字之分取决于哪种写法已经有了代码，因为表意文字工作组的任务是确保实质上相同的字不致出现重复编码。主要由计算机工程师和科学家组成的表意文字工作组不得不担负起汉学家或语言学家的工作，决定提议的字是否能与某个现存的字合并。冲突即因此而起，因为谁都不愿意看到自己的字被归到别人的字之下，毕竟一笔之差就可能令自己的字被抹去。就"骨"字而言，因为字形差别很小，且字义没有改变，所以，按照表意文字工作组关于统一的精确规定，把那3个表意文字作为一个字，编了一个码。然而，如果两个字字形相似，字义却不同，就会分别编码。

一个字是否应该与另一个字合二为一殊难决定，但这个决定总得有人来做。迄今，实现汉字完全系统化的大多数尝试均以失败告终。将来若出现比机读代码更确切的文字辨识技术，很可能会把人类今天做出的任何判定都视为一种不一致，因而导致进一步纠正。不过那没有关系，正如陆勤在表意文字工作组的代表们各不相让、激烈争吵时总会说的："我们必须继续。"他们也的确在继续工作。

表意文字工作组浩大的工作量实质上可以被视为一种繁复的语言发起的阻断服务攻击：它是汉字对西方技术的报复。不过对中国人来说，表意文字工作组的工作至关重要，他们并非有意压得统一码这个平台难以招架。他们是着眼于未来，设想数字读写能力有朝一日成为读写能力的唯一形式。中国人想在这样一个由技术驱动的世界里占据一席之地，使自己的文化继续为人所知，得到传播，赢得赞誉。表意文字工作组的工作量不断增加，是因为统一码被视为一条路径，能直通语言实力的全球平台。各个利益攸关方当中，中国最担心自己的语言得不到全球范围内的广泛传播、了解和接受。用正确、好用的方式向世界推出汉语对汉语在全球信息基础设施中的地位至关重要。

谁能掌控信息，谁就掌控了世界。这个准则在数字时代表现得愈发明显。对东亚地区来说，谁首先提出最全面的汉字数字化表现方法兹事体大。一种表现方法一旦被纳入技术基础设施，就会因反复使用而得到加强，直到深深嵌入相关技术。莫尔斯电码、"QWERTY"键盘、罗马字方案、四角号码、ASCII、台湾地区为研究图书馆组织提出的字符集，以及所有其他实现汉语现代化的尝试莫不如此。这个认知引发了汉字使用者之间的竞赛。2009年，台湾当局动议将繁体字作为世界非物质文化遗产提交联合国教科文组织，申请承认和保护。然而，对中国人来说，汉字既非失去效用的传统，亦非消耗净尽的遗产。汉字仍然活着且在不断演变，广泛传播给世界各地非母语使用者的潜力正在加大。统一码是未来实现这一愿景的官方途径。编入统一码就像永久掌握了全球平台上的一个大喇叭。

排队等待进入数字世界的汉字似乎没有尽头，这反映了汉字及中国经过一个多世纪的失败、教训和艰苦的现代化努力所达到的地位。汉语终于一只脚跨入了现代世界，中国自那以来一直在积聚数字实力。目前，中国正在准备制定大国需要达到的下一个标准——这个努力远未结束。

凡是遭遇汉字或对它发起挑战的技术都不得不对它俯首致敬。从电报学到统一码，西方各种技术自诩的普世性被表意文字逼得摇摇欲坠。汉字多次竭尽全力适应西方字母技术，然而它从未发生根本性改变。经过种种波折后，汉字反而得到了加强。围绕汉语的民族自豪感和文化兴趣重新燃起。电视节目、全国青年大赛、诗朗诵和书法成为课外平台，年青的一代从本国文化传承中获得自豪感和自信心。

过去几十年，汉字是全球中华现代艺术中经常出现的主题，现在还成了设计界的一个新门类，在互联网上也蓬勃发展。不仅有成千上万的字得到重新发现，有可能在表意文字工作组中获得编码，得以传播，而且中国的年轻网民找到了在数字领域充分发挥汉语独特表达能力的特有方法，有时令他们的长辈感到沮丧。一度令罗马字运动头痛不已的同音字强势回归，成为在线上简略表达、幽默交流的方法。就连曾经是中文电报的耻辱的阿拉伯数字也因为它们的发音近似汉语的某些短语而被用作俗语：520代表"我爱你"；886代表"拜拜了"；1314代表"一生一世"；7456代表"气死我了"；555可模拟哭声"呜呜呜"。

不懂汉语的外国人看不懂这些文字游戏所反映的中国文化状况。作为负责管理全国新闻出版事业和著作权工作的机构，新闻出版总署（现名为国家新闻出版署）在2006年启动了世界上最大的文字数字化项目，要从过去的文字记录中抽取、收集50万个新字。预期1/5的新字会来自少数民族文字，其余的则要去古代文献中搜寻。有史以来第一次，古字和生僻字将纳入距今较近的现代词库中供使用，只要在手机或笔记本电脑上敲几下键就能调出来。无论是常用字还是生僻字都触手可及。这个项目工程浩大，光是如此巨大的字数就肯定会给表意文字工作组再加上数十年的工作量。按照一种算法，表意文字工作组仅仅是评议中国提议的字就需要两个多世纪。截至2020年，统一码（现已是第13版）中的汉字数目是92 856个。如果提议的所有汉字都得到批准，这个数字会大幅增加。

为提交这些字接受甄选的准备工作一直在进行，同时，2018年表意文字工作组河内会议的审议表明，信息时代为汉语提供了新平台和扬声器。这不仅限于表意文字工作组这样的精英技术圈。就确立汉语未来在世界上的突出地位而言，每一个汉语是母语的人都是利益攸关者。2017年，一个中国公民写信给国家领导人，表达了这样一个愿望：实现中国古籍的数字化。

这位热爱汉语的热心公民我们似曾相识。他是100多年前冒着生命危险把汉字新拼字法带回中国的王照；他是在那几年后漂洋过海去麻省理工学院读书，发明了中文打字机的年轻工程师、心志坚毅的周厚坤；他也是杜定友、林语堂或王云五……这些人雄心万丈，把自己的聪明才智投入为汉字世界确立秩序的大业，把图书馆变为创立新知识系统的实验室。他们都牢牢记得，自己是悠久的汉语文字传统的一部分，就连按外国人的规矩为中文电报据理力争的王景春对此也未有稍忘。

汉字革命从来是真正的人民革命，是人民的发明创造和摇旗呐喊推动了汉字革命。无论政治、战争和国际冲突造成了何种困难与危险，中国内外的每一个积极参与者，如发明激光照排技术的王选和被遗忘的华裔美国科学家李凡，都为这场革命出了一把力。

历史上不同时期，推动汉语革命的既有人民，也有国家。超过65年的时间里，中国一直把科技发展作为重中之重。大部分时间里，计算机技术和汉语信息处理被列为最高优先。国家发生政治和社会动乱期间，似乎万事皆废。是人民再次扛起了汉字的未来。就连支秉彝这样的蒙冤者也在最黑暗的时期为推进汉字发展发挥了作用。汉字技术化让人们看到了中国摆脱工业落后状态的希望。它最先为中国发展"机构加企业家"的创新模式确立了范例，为中国特色社会主义铺平了道路。信息处理是工具，可以用来打开大门，走向由最前沿的先进技术驱动的未来。中国数十年的语言改革和国家规划终于用这个工具撬开了未来之门。

随着汉语成为21世纪地缘政治意义上最重要的语言之一，中国政府抓紧培养世界对汉语的兴趣。它在世界各地纷纷建立起孔子学院，引起了一些争议。在西欧、北美以外，中国通过推动自己品牌的文化外交来争取人心，同时宣传与西方模式不同的另一种成功模式。尽管中国在全球的形象毁誉不一，但学习普通话的风潮热度不减。汉语热潮席卷美国，从学前教育到高中课堂，再到大学讲座。汉语成为美国大学里学生学习最多的外语之一，仅次于西班牙语，经常与法语不相上下。汉语教科书进入了世界各大洲，从内罗毕到拉普拉塔，从迪拜到金边，从哈瓦那到维也纳。一场协同行动正在展开，中国的文化软实力进一步增强。

但是，汉字革命最重要的结果不在于这些明显的表现。汉字不仅代表着文化和传统，还被磨利升级为一种技术，准备成为中国数字生态系统的第一步和基础。中国想重塑从供应链到5G的全球标准。西方电报侵入中国领土，使中国认识到基础设施建设无比重要。中国不是铺设用橡胶包裹的电缆，而是制造光缆，投资发展太空卫星，要在陆上、海底和太空织造一张涵盖全世界的经济影响力大网。中国花了一个多世纪的时间学习如何实现自己语言的标准化并将其转变为现代技术，今天它终于走到了这个位置。中国正在成为从人工智能到量子自然语言处理，从自动化到机器翻译的各个领域的标准制定者。这条路才刚刚开始。

汉字完全改变了相对于西方字母文字的地位。目前，中国有超10亿互联网用户。每个用户每天都搜索中文网站，使用中文输入法，在社交媒体上发帖，并在中文网站上买卖物品。中国的互联网因此而更聪明、更迅捷、数据更丰富。中国互联网领域不断扩大，外人若无法进入，潜在的损失也相应增加。中国获得的数据比美国多，互联网用户比美国多3倍。中国互联网生态领域有着世界上最大的守护队伍，每一个用户都是志愿者和参与者。在汉字的驱动下，中国正在建造一道可与砖泥建造的古长城相比拟的数字新长城。与古长城不同的是，这道新长城能够双向发力，它可以对外部开放或关闭中国的互联网领域，也可以通过控制信息流把内部用户关在里面。在今天的技术时代，权力意味着可及性。引导并管理信息的能力的确能够重塑现实和信念。可以不用一兵一卒实现对思想的征服。

中国蓄势待发，要在这个千年再次建立汉字的影响力。这次，汉字影响的范围远不止地区邻国共用的表意文字系统。汉语的数字影响范围并不限于中国，或世界其他地区的汉语社群。中国的数字技术和基础设施欢迎更多人加入。

意第绪语专家马克斯·魏因赖希（Max Weinreich）引用过一句格言："语言是拥有陆军和海军的方言。"意思是任何占据主导地位的语言之所以能够如此，与其说是由于它的语言学特性，不如说是因为驱动它的政治。汉字革命使得这句格言在当今时代显得尤为贴切。中国的目标是到2035年成为人工智能领域的领跑者，所以它将在今后下大力气。中国正利用自己不断增长的海量数据来训练深层神经网络。中国技术巨头百度已成为机器翻译和自然语言处理领域的执牛耳者，腾讯则通过微信和游戏平台坐拥巨量数据。从医疗保健到智慧城市，从教育到社会管理，中国正一步步落实或完善自己的全球治理理念。现在的中国有着之前两个世纪不曾有过的自信。中国已不再是单纯的追赶者，它只追逐它参与设计的未来。

　　有一种感觉日渐强烈，中国现在必须走自己的路。两个多世纪以来，中国花了太多时间走西方的路，现在这条路已经走到了头。通过汉字的技术革命，中国找回了文化自信。然而弱者心态依然挥之不去。中国的文字险些丧失，但一次又一次地被汉语的维护者和中国人民救回来。不过，中国以外不讲汉语的世界并不会轻易地认同上述感觉。中国虽然在过去的40年进步巨大，决心坚定，但它作为新兴大国仍需要付出很多。中国无疑想讲述一个意气风发的胜利故事。可是讲故事的并非只有中国。所以，中国明白打造自己在世界眼中的形象的重要性。习近平总书记在2017年10月的中共十九大上提醒中国人民，讲好中国故事能够增强国家的文化软实力。数千年风风雨雨中，中国文化牢牢团结着五湖四海的中国人，这使中国人深信，文化具有强大的凝聚人心的力量。如今，中国正在落实迄今为止抱负最为宏大的科技计划。

致　谢

写一本关于汉语信息技术和语言革命的书，需要向世界各地的图书馆工作人员致敬。多年来，耶鲁图书馆的迈克尔·孟（Michael Meng）为我的工作和研究提供了极大的帮助。若没有安德鲁·W. 梅隆基金会的新方向奖学金给予的慷慨支持，身为文学和人文学者的我不可能写得出这本关于科学技术的书。感谢普林斯顿高等研究所 2014 年给我的奖学金，使我得以把初步想法落在纸面上，也要感谢约翰·西蒙·古根海姆基金会后来为本书的写作提供的支持。自本书动笔之初，伊莱亚斯·阿尔特曼（Elias Altman）就是我的战友。他作为我的经纪人和传话人从不懈怠。我有幸找到了 Riverhead 出版社出类拔萃的考特尼·扬（Courtney Young）做本书的编辑，她那非凡的耐心和精细的审查和编辑工作成就了这本书。她和 Riverhead 出版社充满活力的团队选这本书是冒了风险的，我对他们对我的信心深表感激。我感谢我在耶鲁大学的同事们和相关学院的院长们支持我，任由我的研究四面铺开。特别感谢弗朗西斯·罗森布卢特（Frances Rosenbluth）和伊恩·夏皮罗（Ian Shapiro）、拜瑞·内勒巴夫（Barry Nalebuff）和海伦·考德（Helen Kauder），以及秦安平（Ann-ping Chin）和史景迁（Jonathan Spence）的善意、建议和风趣。我也感谢从牛津到新加坡的世界其他地方的同行邀请我就本书的题材做演讲，并给了我宝贵的反馈意见，特别是戴维·王（David Wang）、本杰明·艾尔曼（Benjamin Elman）、刘宏（Liu Hong）、陈金梁（Alan K. L. Chan）、K. K. 卢克（K. K. Luke）、顾有信（Joachim Kurtz）、阿梅龙（Iwo Amelung）、林郁沁（Eugenia Lean）、狄宇宙（Nicola Di Cosmo）和何依霖（Margaret Hillenbrand）。过去在芒廷维尤，我就此项目做过谷歌科技谈（Google Tech Talk），那段经历对本书的构思大有帮助。南洋理工大学的陈六使教授基金给予我的荣誉也令我倍感振奋。要感谢的人太多，在此无法一一列举（见各章的注释），这说明我在撰写本书的过程中获得了众多群体的帮助，我有幸与他们进行的交谈也令我受益匪浅。任何想法都是这样成熟充实起来的。至于个人给我的帮助和友谊，有我在洛杉矶、剑桥、香港、芒廷维尤、伊萨卡和芝加哥的老朋友：朱明（Ming Tsu）和洛伦茨·加马（Lorenz Gamma）、阿林娜·霍（Alina Huo）和弗洛里安·克诺特（Florian Knothe）、托尔·奥尔森（Thor Olsson）和庄伟国（Wai-Kwok Chong）、丹·拉塞尔（Dan Russell）、保罗·金斯帕格（Paul Ginsparg）、安迪·施特罗明格（Andy Strominger）和尼尔·布伦纳（Neil Brenner）。还有纽约的新相识：科林·莫兰（Colin Moran）、艾米莉·特珀（Emily Tepe）、本·德门尼尔（Ben de Menil）、尼特森·肖勒夫（Nitsan Chorev）、安德烈亚斯·维默尔（Andreas Wimmer）、马歇尔·迈耶（Marshall Meyer）和詹姆斯·莱特纳（James Leitner）。埃尔莎·沃尔什（Elsa Walsh）提出了一个非常重要的建议，补上了最终稿的缺陷。过去30年来,我一直有幸能够依赖戴维·科恩(David Cohen)的睿智卓见。和过去一样,本书能够写成,全因为有卡桑德拉(Cassandra)和她那永恒的番薯园。

注 释

除了较为重要的中文资料来源外，下面的书目总结主要提供英文资料来源供读者参考。具体的原始来源列在章节注释中。

导言

对汉字的研究由来已久。汉字研究与语文学和词源学不同，它研究的是字形、字声和字义，范围延伸至写在不同材料上的字体，从甲骨文到青铜铭文，再到竹简，最后是纸张。除了公元前3世纪的辞书《尔雅》（儒家十三经之一）之外，汉朝许慎的《说文解字》被认为是这方面最古老的著作。该书提出造字六法，按某个古字的形、声、义（这三者经常同进退）改变的原因和时间做出基本的分类。我在导言中列举的几个特质与造字六法没有关系，主要是想说明，现代非汉语读者若想弄懂20世纪汉语文字系统的巨大变化，需要知道哪些东西。对于对前现代传统感兴趣的人而言，以下几本参考书很有帮助：吉德炜（David N. Keightley）的《商代史料——中国青铜时代的甲骨》(*Sources of Shang History: The Oracle-Bone Inscriptions of Bronze Age China*)（Berkeley: University of California Press, 1978）；陆威仪（Mark E. Lewis）的《早期中国的书写与权威》(*Writing and Authority in Early China*)（Albany: State University of New York, 1999）；裘锡圭的《文字学概要》(*Chinese Writing*)（Berkeley, CA: Society for the Study of Early China, Institute of East Asian Studies, 2000）。梅维恒（Victor Mair）创立并维护的网站Pinyin.info提供了关于汉语过去及现在的辩论的宝贵信息。另外还有中华人民共和国教育部主办的关于汉字的官方网站：http://www.china-language.edu.cn。

国王、教士、冒险家：Athanasius Kircher, *China monumentis, qvà sacris quà profanis: Nec non variis naturæ & artis spectaculis, aliarumque rerum memorabilium argumentis illustrata, auspiciis Leopoldi Primi roman* (Amsterdam: Joannem Janssonium à Waesberge & Elizeum Weyerstraet, 1667); Christian Mentzel and Clavis Sinica, *Ad Chinesium scripturam et pronunciationem mandarinicam, centum & viginti quatuor Tabuli accuraté Scriptis praesentata* (Berlin: n.p., 1698); Joshua Marshman, *Clavis sinica: Containing a dissertation, I, on the Chinese characters, II, on the colloquial medium of the Chinese, and III, elements of Chinese grammar* (Serampore: Mission Press, 1813); Knud Lundbaek, *The Traditional History of the Chinese Script: From a Seventeenth Century Jesuit Manuscript* (Aarhus: Aarhus University Press, 1988)。

16 世纪的耶稣会传教士：D. E. Mungello, *Curious Land: Jesuit Accommodation and the Origins of Sinology* (Stuttgart: Franz Steiner, 1985); David Porter, *Ideographia: The Chinese Cipher in Early Modern Europe* (Stanford, CA: Stanford University Press, 2001); Cécile Leung, *Etienne Fourmont, 1683-1745: Oriental and Chinese Languages in Eighteen-Century France* (Leuven: Leuven University Press, Ferdinand Verbiest Foundation, 2002)。

著名英国学者李约瑟：Manuel Castells, *The Rise of the Network Society* (Malden, MA: Blackwell Publishers, 1996), pp. 355-56; Eric Havelock, *The Literate Revolution in Greece and Its Cultural Consequences* (Princeton, NJ: Princeton University Press, 1982), pp. 6-7; Joseph Needham, *Science and Civilization in China*, vol. 2, *History of Scientific Thought* (Cambridge: Cambridge University Press, 1956), p. 77。

第一章

本章的资料来源分为四类。第一类是西方传教士做的语言学研究，包括最早编纂的汉欧词典和 16 世纪耶稣会传教士做的翻译。相隔很长一段时间后是 19 世纪新教和其他教派的传教士留下的资料，这类资料就多得多了。上述资料包括散布在世界各地图书馆的原版词典和语法书。耶稣会传教士最完整的译文收藏在梵蒂冈图书馆（特别是博尔吉亚中国收藏）和罗马几个比较小的图书馆，包括安吉莉卡图书馆（Biblioteca Angelica）和耶稣会历史档案馆（Archivum Romanum Societatis Iesu）。费代里科·马西尼（Federico Masini）的著作是关于传教士所做语言学工作和翻译的有用指南和研究，尼古拉斯·斯坦达特（Nicolas Standaert）主编的两卷本《中国基督教史研究手册》(*Handbook of Christianity in China*,Leiden, Boston: Brill, 2001–2010) 提供了比语言学更广泛的历史背景。亨宁·克勒特（Henning Klöter）的 *The Language of the Sangleys: A Chinese Vernacular in Missionary Sources of the Seventeenth Century*（Leiden, Boston: Brill, 2011）介绍了西班牙多明我会传教士对闽南语的翻译,很有价值。

第二类是中国自己悠久的语文学和音韵变化历史资料,包括公元 7 世纪把佛经从梵文翻译成汉语文字时引进的音译法。清代语音的变化为北京官话的注音和语音分析创立了新的前提。近代之前的中国音韵学技术性相当强。几部标准著作和几十篇英语文章很好地概述了相关情况,深入介绍了韵图、韵书和音韵的重建,包括在早期传教士语言研究的基础上产生的成果。见高本汉(Bernhard Karlgren)的《汉语的音与符》(*Sound & Symbol in Chinese*, London: Oxford University Press, 1929);林德威(David Prager Branner)主编的《汉语韵图:语言哲学和历史——比较音韵学研究》(*The Chinese Rime Tables: Linguistic Philosophy and Historical-Comparative Phonology*, Amsterdam, Philadelphia: John Benjamins, 2006);柯蔚南(W. South Coblin)和约瑟夫·A.莱维(Joseph A. Levi)联合主编的 *Francisco Varo's Grammar of the Mandarin Language, 1703: An English Translation of "Arte de la lengua Mandarina"* (Amsterdam, Philadelphia: John Benjamins, 2000);罗杰瑞(Jerry Norman)的《汉语概说》(*Chinese*, Cambridge, New York: Cambridge University Press, 1988);鲍则岳(William G. Boltz)的《中国文字系统的起源和早期发展》(*The Origin and Early Development of the Chinese Writing System*, New Haven, CT: American Oriental Society, 2003)。要了解更大的知识背景,见本杰明·A.艾尔曼(Benjamin A. Elman)的《从理学到朴学:中华帝国晚期思想与社会变化面面观》(*From Philosophy to Philology: Intellectual and Social Aspects of Change in Late Imperial China*, Leiden, Boston: Brill, 1984)。

第三类是记录 19 世纪晚期汉语文字改革的著作,而汉字改革又经常与 19 世纪传教士编纂词典的活动有着直接的联系。许多文字改革者最初是被招来帮助编纂词典或进行翻译的中国年轻人,但他们后来对工作结果甚不满意,于是开始发展自己的注音方法。倪海曙的著作是关于中国国内语音运动的权威介绍。1956 年到 1958 年,中华人民共和国文字改革委员会在设计现代拼音的工作中主持重印了许多最初的注音方案(见第五章)。19 世纪晚期的一些注音方案包括王照自己的《官话合声字母》(北京:文字改革出版社,1956)和《对兵说话》(北京:拼音官话书报社,1904);蔡锡勇的《传音快字》(北京:文字改革出版社,1956);沈学的《盛世元音》(北京:文字改革出版社,1956);劳乃宣的《简字谱录:吴中》(金陵:劳氏自版,1906—1907);力捷三的《闽腔快字》(北京:文字改革出版社,1956);王炳耀的《拼音字谱》(北京:文字改革出版社,1956)。现存的各种注音方案见倪海曙的《清末汉语拼音文字运动编年史》(上海:上海人民出版社,1959),9-12 页。也见倪海曙的《中国拼音文字运动史简编》(上海:时代书报出版社,1948)和《中国字拉丁化运动年表:1605-1940》(上海:中国拉丁化书店,1941)。当时的报纸也有对 19 世纪晚期各种注音方案的报道与介绍。中文报纸有《万国公报》《大公报》《申报》;英文报纸有 *The Chinese Recorder* 和 *North China Herald*。王照的生平和作品见章节注释。《国语周刊》第 129 期（1934 年）51-52 页上刊登的黎锦熙写的《王照传》披露了王照生活中不同寻常的细节。

20 世纪早期，随着中国末代王朝在 1911 年倒台，上述三类的发展来到了高潮阶段，对现代汉语或称官话（即后来的普通话）的注音起到了决定性作用。那是与现代中国创立同时发生的一场确立全国性注音系统的努力。王照的生平以及对他的流亡、归国、监禁和释放的叙述来自他自己的回忆录和诗作，并得到了当时报刊报道的证实。黎锦熙的回忆仍然是对 20 世纪头几十年国语改革运动最全面的叙述。2010 年以来，对中国语言史的学术研究再现热潮，且范围扩大至语言、语文学和华人向亚洲地区与全球的流散。见石静远（Jing Tsu）的 *Sound and Script in Chinese Diaspora*（Cambridge, MA: Harvard University Press, 2010）；莫大伟（David Moser）的 *A Billion Voices: China's Search for a Common Language*（Scorsby, Victoria: Penguin, 2016）；彼得·科尼基（Peter Kornicki）的 *Languages, Texts, and Chinese Scripts in East Asia*（Oxford: Oxford University Press, 2018）；泽夫·汉德尔（Zev Handel）的 *Sinography: The Borrowing and Adaptation of the Chinese Script*（Leiden, Boston: Brill, 2019）；吉娜·谭（Gina Tam）的 *Dialect and Nationalism in China, 1860–1960*（Cambridge: Cambridge University Press, 2020）；Li Yu 的 *The Chinese Writing System in Asia: An Interdisciplinary Perspective*（Abingdon, New York, NY: Routledge, 2020）；马滕·萨雷拉（Marten Saarela）的 *The Early Modern Travels of Manchu: A Script and Its Study in East Asia and Europe*（Philadelphia: University of Pennsylvania Press, 2020）。鲁道夫·瓦格纳（Rudolf G. Wagner）的 "China 'Asleep' and 'Awakening': A Study in Conceptualizing Asymmetry and Coping with It" 引用并详细讨论了《时局全图》，该文载于期刊 *Transcultural Studies* 1 (2011): 4–139 页。

说西方传教士：Quoted in Paul A. Cohen, *China and Christianity: The Missionary Movement and the Growth of Chinese Anti-Foreignism, 1860—1870* (Cambridge, MA: Harvard University Press, 1963), pp. 144, 291。

"那种书写语言的性质"：Quoted in Joseph Needham and Christoph Harbsmeier, *Science and Civilization in China*, vol. 7, part 1 (Cambridge: Cambridge University Press, 1998), p. 25。

"他们的牙齿"：Thomas Percy, ed., *Miscellaneous Pieces Relating to the Chinese* (London: Printed for R. and J. Dodsley in Pall-Mall, 1762), pp. 20–21。

"无论改易何状"：吴稚晖，《编造中国新语凡例》，《新世纪》第 40 期（1908 年 3 月）：2-3 页。

1859 年：王照的家庭背景和传记见：王照，《小航文存》4 卷本，载于《清末名家自著丛书初编：水东全集》（台北：艺文印书馆，1964）；吴汝纶，《诰授武显将军总兵衔京城左营游击王公墓碑》，载于《桐城吴先生文、诗集》，《近代中国史料丛刊》，365 册，第 2 部分（台北：文海出版社，1969），667-672 页；黎锦熙，"王照传"，《国语周报》第 5 期（1933）：1-2 页；黎锦熙，《关于〈王照传〉》，《国语周刊》第 6 期（1934）：第 18 页；段鹤寿（Duan Heshou）、伦明（Lun Ming）和黎锦熙，《关于〈王照传〉的通信》，《国语周刊》第 6 期（1934）：第 6 页；陈光垚，《老新党王小航先生》，《国闻周报》第 10 期（1933）：1-6 页；一士，《谈王小航》，《国闻周报》第 10 期（1933）：1-4 页。

"伤心禹域旧山河"：王照，《庚子行脚山东记》，《小航文存》（台北：艺文印书馆，1964），第 53 页。

王照在崎岖的乡间跋涉：关于王照的旅行、他在戊戌变法中的作用和与李提摩太的会面，见：王照，《庚子行脚山东记》，47-76 页；王照，《关于戊戌政变之新史料》，载于中国史学会所编《戊戌变法》第 4 册（上海：神州国光出版社，1953），第 333 页；Timothy Richard, *Forty-Five Years in China* (London: T. Fisher Unwin Ltd., 1916), p. 268。

他同情戊戌变法：Timothy Richard, "Non-phonetic and Phonetic Systems of Writing Chinese," *The Chinese Recorder* 39, no. 11 (November 1898): 545。

他毫不讳言：王照，《关于戊戌政变之新史料》，《大公报》（天津）（1936 年 7 月 24 日）。

"情景可怕极了"：In a letter from Protestant missionary Robert Morrison to The Times on October 15, 1900. Quoted in Marshall Broomhall, *Martyred Missionaries of the China Inland Mission: With a Record of the Perils & Sufferings of Some Who Escaped* (London: Morgan & Scott, 1901), p. 260。

王照后来回忆说：倪海曙，《中国拼音文字运动编年史》（郑州：河南人民出版社，2016），44-46 页。

"吾国之大弊"：倪海曙，《王照和他的"官话字母"》，载于《语文知识》第 53 期（1956）：第 18 页；第 54 期（1956）：第 25 页；第 55 期（1956）：第 17 页。

有些人同意：20 世纪 50 年代中期之后，文字改革委员会共批准并重新发表了 26 项提议。见倪海曙，《清末汉语拼音运动编年史》（上海：上海人民出版社，1959）：9-12 页。

"被征服的汉族"：In James Dyer Ball, *Things Chinese: Being Notes on Various Subjects Connected with China* (London: S. Low, Marston, and Co., 1892), p. 240。

"余不禁绕室雀跃"：何默，《记语言学家王小航》，载于《古今》第 5 期（1942）：第 19 页。

"余憬然猛省"：王照，《附记余投狱事》，《方家园杂咏纪事》，载于沈云龙主编的《近代中国史料丛刊》第 27 册（台北：文海出版社，1968），683-684 页。

1904 年 3 月初：关于王照的被囚与获释：王照，《附记余投狱事》，680-686

页;《王照被捕,王照被赦》,《新白话报》第3期(1904),载于桑兵主编的《辛亥革命稀见文献汇编》第8册(北京:国家图书馆出版社;香港:中和出版社;台北:万卷楼出版社,2011)第301页;《原王照功罪》,《申报》(1900年4月10日);《王照蒙恩释放》,《时报》(1904年7月3日);《王照拜客》,《时报》(1904年7月10日);《王照自首呈请代奏原稿》,《大公报》第662期(1904年5月1日);《王照案之概言》,《大公报》第662期(1904年5月1日)。

那桐在日记里:《那桐日记》,北京市档案馆(北京:新华出版社,2006),第501页。

尽管外界一片同情支持之声:《王照案之概言》,《大公报》(1904年5月1日)。

"狱神祠畔晓风微":《甲辰三月狱中作》,《小航文存》,第680页。

两个月后:王照获释的报道:《急闻》,《新白话报》第3期(1904):1;《王照蒙恩释放》,《时报》(1904年7月3日)。

最近的研究表明:马忠文在《维新志士王照的"自首"问题》一文中引用了王照写给那桐的信,该文载于《近代史研究》(北京)第3期(2014):32–46页。

为证明自己的论点:何默,《记语言学家王小航》,载于《古今》第5期(1942):第22页。

听惯了北方官话的王照:黎锦熙,《民二读音统一大会始末记》(《王照官话字母之脱胎换骨续》),载于《国语周刊》第6期(1934):第10页。

他的功绩受到一些人的歌颂:Lai Lun,《哭王小航先生》,《广智馆星期报》(1934):5–7页;商鸿逵,《谈王小航》,《人间世》第36期(1935):12–13页。

记得王照当年那种激烈执着的人:凌霄一士,《随笔》,《国闻周报》第32期(1933):第2页。

"人多无自知之明":在陈光垚的《老新党王小航先生》中被引用,第2页。

第二章

关于世界博览会的信息来源是维多利亚和阿尔伯特博物馆、大英图书馆和费城市政府档案部的存档记录。关于中国自20世纪早期开始的工业化进程,包括对中国出口货物与与之竞争的外国货的详细叙述,首要信息来源大多是中文资料。见陈真的四辑《中国近代工业史资料》(北京:生活·读书·新知三联书店,1957);上海市工商行政管理局和上海市第一机电工业局机器工业史料组主编的《上海民族机器工业》(北京:中华书局,1979)。

周厚坤的学生记录在麻省理工学院存档,可在如下网页看到其总结:http://chinacomestomit.org/chou-houkun#:~:text=Hou%2DKun%20chow%20(1891%2D3F)。周厚坤出国学习之前的个人背景和在中国生活的相关信息取自他的父亲周同愈的著作,周厚坤将父亲写的东西结成文集,于1935年自费出版为

《删亭文集》（自费出版，1935）。关于周厚坤在商务印书馆经历的叙述来自董事长张元济的日记。祁暄赴美之前的信息很少，但一些中文资料显示他在国内与革命运动有联系。关于留美、留日、留欧学生最好的信息来源首先是他们自己撰写出版的论述世界政治对中国之影响的文章。这些中国留学生创办了多份重要报刊，包括《天义报》（1907年在东京创刊，受俄国无政府主义影响）、《新世纪》（*La Novaj Tempoj*）（1907年在巴黎创刊，是中国无政府主义者的喉舌，支持世界语）、《中国留美学生月报》（1906年由中国留学生会在纽约创刊，是英文月刊）。（1915年在上海创刊的）《新青年》是理解那段时期归国留学生带回来的民族主义思想的不可或缺的材料。留学生发表的观点一般深受西方影响，若要充分了解当时的革命形势，最好与中国当时十几种政治上更极端的学生刊物放在一起来看，比如《浙江潮》和《江苏》。关于这段时期总的历史，标准参考书仍然是《剑桥中国史》（*The Cambridge History of China*）第12卷（New York: Cambridge University Press, 1983）。我感谢帕萨迪纳的亨廷顿图书馆，尤其是太平洋地区收藏的管理人Li Wei Yang允许我使用舒振东发明的中文打字机的照片。

6缸：*Boston Post* (March 4, 1912), p. 11, https://newspaperarchive.com/boston-post-mar-04-1912-p-11/；"A Six-Cylinder 'Silent Knight,'" "New Flavors in Show Dish at Boston," *Automobile Topics* 25 (March 9, 1912): 193–200。

"坐在键盘前"：周厚坤 [H. K. Chow], "The Problem of a Typewriter for the Chinese Language," *The Chinese Students' Monthly* (April 1, 1915), pp. 435–43。

面对此种情景，任何中国人："China's Iron and Steel Industry," *The Chinese Students' Monthly* (February 10, 1914), p. 288。

凭空捏造了一份所谓的第一手报告：Henry Sutherland Edwards, *An Authentic Account of the Chinese Commission, Which Was Sent to Report on the Great Exhibition Wherein the Opinion of China Is Shown as Not Corresponding at All with Our Own* (London: Printed at 15 and 16 Gough Square by H. Vizetelly, 1851)。

应格兰特总统的邀请：Li Gui, *A Journey to the East: Li Gui's A New Account of a Trip Around the Globe*, trans. Charles Desnoyers (Ann Arbor: University of Michigan Press, 2004)。

中国进口的美国货物总量：Wolfgang Keller, Ben Li, and Carol H. Shiue, "China's Foreign Trade: Perspectives from the Past 150 Years," *The World Economy* (2011), pp. 853–91, esp. 864–66。

相比之下，1911年：Albert Feuerwerker, *China's Early Industrialization* (Cambridge, MA: Harvard University Press, 1958), pp. 1–30; Anne Reinhardt, *Navigating Semi-Colonialism: Shipping, Sovereignty, and Nation-Building in China, 1860—1937* (Cambridge, MA: Harvard University Asia Center, 2018), pp. 21–93。

在1873年的维也纳世界博览会上：Susan R. Fernsebner, "Material Modernities:

China's Participation in World's Fairs and Expositions, 1876–1955" (Ph.D. dissertation, University of California, San Diego, 2002), pp. 20–21。

到19世纪70年代，华人劳工：Alexander Saxton, *The Indispensable Enemy: Labor and the Anti-Chinese Movement in California* (Berkeley: University of California Press, 1971), p. 10。

90%的工人是华人："Forgotten Workers: Chinese Migrants and the Building of the Transcontinental Railroad," online exhibition at the Natural Museum of American History, https://www.si.edu/exhibitions/forgotten-workers-chinese-migrants-and-building-transcontinental-railroad-event-exhib-6432。

具有荒诞狂欢特色的欢乐区：*Panama-Pacific International Exposition 1915 Souvenir Guide* (San Francisco: Souvenir Guide Publishers, ca. 1915), p. 15。

父亲集中精力：Zhou Tongyu, "Banshuo shi Kun'er," in *Shanting wenji* (Wuxi: Zhou Houkun self-published, 1935), p. 11。

"没有匮乏和痛苦"：F. L. Chang, "Innocents Abroad," *The Chinese Students' Monthly* (February 10, 1914), p. 300。

"一个国家没有"：胡适，《国立大学之重要》，载于《胡适全集》第28卷（合肥，安徽教育出版社，2003），第57页。

那年春天他学成毕业：周厚坤 [H. K. Chow], "The Strength of Bamboo," *The Chinese Students' Monthly* (February 2015), pp. 291–94。

"暂时用于一字"：Zhou, "The Problem of a Typewriter for the Chinese Language," p. 438。

无论是皇家5号："Machine for the Brain Worker," *The Chinese Students' Monthly* (April 1915), pp. vi, xv。

"任何一字配一键的想法"：Zhou, "The Problem of a Typewriter for the Chinese Language."

有的机器：Bruce Bliven, *The Wonderful Writing Machine* (New York: Random House, 1954), p. 63; Tony Allan, Typewriter: *The History, the Machines, the Writers* (New York: Shelter Harbor Press, 2015), pp. 14, 16–18。

1856年推出的早期库柏打字机：*The Typewriter: An Illustrated History* (Mineola, NY: Dover, 2000), p. 12。

美国长老会传教士：Devello Zelotes Sheffield, "The Chinese Type-writer, Its Practicability and Value," in *Actes du onzième Congrès International des Orientalistes*, vol. 2 (Paris: Imprimerie Nationale, 1897)。

"不可分割的个体"：Sheffield, "The Chinese Type-writer," p. 51。

"自己思想的主人"：Sheffield, "The Chinese Type-writer," p. 63。

在与纽约的朋友和熟人的商讨中：周厚坤, "A Chinese Typewriter," *The*

National Review (May 20, 1916), p. 429。

展示了他的原型机：Zhou, "A Chinese Typewriter," p. 428。

在载于《中国留美学生月报》的文章中：周厚坤，《创制中国打字机图说》，Wang Ruding 翻译，《学生杂志》第 2 期, no. 9 (1915): 113–118 页；2, no. 11 (1915): 95–104 页。

三步操作法："4,200 Characters on New Typewriter: Chinese Machine Has Only Three Keys, but There Are 50,000 Combinations; 100 Words in Two Hours; Heuen Chi, New York University Student, Patents Device Called the First of Its Kind," *The New York Times* (March 23, 1915), p. 6。

如果把部首当作：Heuen Chi [Qi Xuan], "Chinese Typewriter," *The Square Deal* 16 (1915): 340-41。

重组成为新的单词：Heuen Chi, "Apparatus for Writing Chinese," U.S. Patent 1260753 (Filed April 17, 1915), p. 8。

不久后，他和祁暄："Typewriters in Chinese," *The Washington Post* (March 28, 1915), p. B2; "4,200 Characters on New Typewriter," *The New York Times* (March 23, 1915)。

"既然我已经成功"：Heuen Chi, "The Principle of My Chinese Typewriter," *The Chinese Students' Monthly* (May 1915), pp. 513–14。

他演讲之后：他的演讲记录见 Tang Zhansheng 和 Shen Chenglie 的《周厚坤先生讲演中国打字机记录》，《临时刊布》第 11 期（1916）：7-13 页。

"中国人厌恶"：Tang and Shen,《周厚坤先生讲演中国打字机》，第 7 页。

很快，中国开始输出：Xu Guoqi, *Strangers on the Western Front* (Cambridge, MA: Harvard University Press, 2011), pp. 126–51。

中国留学生会的成员："Japanese Demands Arouse Indignation," *The Chinese Students' Monthly* (March 1915), pp. 400–401。

"吾等猛省到"：Quoted in Zhou Cezong [Tse-tsung Chow], *The May Fourth Movement: Intellectual Revolution in Modern China* (Cambridge, MA: Harvard University Press, 1960), p. 93。

"我就感到痛心沮丧"：Quoted in Zhou, *The May Fourth Movement*, p. 94。

如同在世界事务中那样：Hu Suh, "The Problem of the Chinese Language," *The Chinese Students' Monthly* (June 1916), pp. 567–72; Y. T. Chang, "The Chinese Written Language and the Education of the Masses," *The Chinese Students' Monthly* (December 1915) pp. 118–21。

对一群中国听众叹道：Zhou, "A Chinese Typewriter," p. 428。

商务印书馆聘用了：关于周厚坤和商务印书馆的详细情况，见《张元济日记》卷 6（北京：商务印书馆，2007），19-20 页、56 页。

周厚坤想让印书馆:《张元济日记》,第 141 页。

第三次尝试后:郑逸梅,《首创中文打字机的周厚坤》,载于《郑逸梅选集》卷2(哈尔滨:黑龙江人民出版社,1991),66—67 页。

美国建国 150 周年费城世界博览会上: *Descriptions of the Commercial Press Exhibit* (Shanghai: The Commercial Press, ca. 1926). The honor was also reported in China; 见《驻美总领事函告费城赛会情形》,《申报》(1927 年 1 月 14 日),第 9 版。

尾页粘着: Zhou, "Banshuo shi Kun'er." The insert is included in the original at the Archive and Special Collections, School of Oriental and Asiatic Studies, London, England。

第三章

关于大北电报公司在东亚的活动,包括本章提及的有关各方之间的个人通信,资料来自丹麦哥本哈根 Rigsarkivet 国家档案馆的专藏。感谢管理档案的西蒙·耶罗(Simon Gjeroe)为我提供翻译方面的协助,把卡尔·弗里德里克·蒂特根与(设计了第一稿中文电码的天文学教授)汉斯·谢勒俄普之间和爱德华·苏恩森与塞普铁姆·奥古斯特·威基谒之间的通信原件从丹麦语译成英语。1925 年国际电报联盟巴黎大会以及国际电报联盟自 1865 年成立起历届大会的会议记录均可在线上查阅:https://www.itu.int/en/history/Pages/ConferencesCollection.aspx。Rigsarkivet 国家档案馆还收藏了一些中文电码本,其中大多数在美国一些大学的图书馆中也能找到。参加了 1927 年在华盛顿特区举行的国际无线电大会的美国代表团的报告可作为辅助性参考资料。见威廉·弗雷德里克·弗里曼(William Frederick Friedman)的 *Report on the History of the Use of Codes and Code Language, the International Telegraph Regulations Pertaining Thereto, and Bearing of the History on the Cortina Report* (Washington, D.C.: United States Government Printing Office, 1928)。从各位使节及其团队成员的日记中可以了解中国方面一些个人的看法和描述。那些日记收入了钟叔河主编的 10 卷系列《走向世界丛书》(长沙:岳麓书社,2008)以及 55 卷的《走向世界丛书续编》(长沙:岳麓书社,2017),还有当时《申报》等报纸的报道。另一个重要来源是台湾"中央"研究院近代史研究所出版的《海防档》,尤其是第四卷第一部和第二部,从中可以看到清廷为抵抗电报技术的进逼而采取的策略。关于研究中国电信业的英文著作,见约尔马·阿赫韦奈宁(Jorma Ahvenainen)的 *The Far Eastern Telegraphs: The History of Telegraphic Communications between the Far East, Europe and America before the First World War*(Helsinki: Suomalainen Tiedeakatemia, 1981);埃里克·巴克(Erik Baark)的 *Lightning Wires: The Telegraph and China's Technological Modernization, 1860—*

1890（(London: Greenwood Press, 1997)）；凯尔·埃里克·布罗德斯高（Kjeld Erik Brødsgaard）和马斯·基尔克贝（Mads Kirkebæk）主编的 *China and Denmark: Relations since 1674* (Copenhagen: Nordic Institute of Asian Studies, 2000)，119–152 页上埃里克·巴克所撰 "Wires, Codes and People: The Great Northern Telegraph Company in China 1870–90"；周永明的《历史语境中的网络政治：电报、互联网和中国的政治参与》(*Historicizing Online Politics: Telegraphy, the Internet and Political Participation in China*)（Stanford, CA: Stanford University Press, 2006）；石静远和本杰明·A.艾尔曼主编的 *Science and Technology in Modern China, 1880s—1940s* (Leiden, Boston: Brill, 2014)，153–183 页上墨磊宁（Thomas S. Mullaney）所撰 "Semiotic Sovereignty: The 1871 Chinese Telegraph Code in Historical Perspective"；《现代亚洲研究》第3期（May 2015）：832–857 页上尹煜（Wook Yoon）所撰 "Dashed Expectations: Limitations of the Telegraphic Service in the Late Qing"；桑德拉·P.斯特迪文特（Saundra P. Sturdevant）的 "A Question of Sovereignty: Railways and Telegraphs in China; 1861–1878"（Ph.D. dissertation, University of Chicago, 1975）。要了解民国时期中国基础设施总的状况，见朱家骅的 *China's Postal and Other Communications Services*（Shanghai: China United Press, 1937）。

塞普铁姆·奥古斯特·威基谒和皮埃尔·亨利·斯坦尼斯拉斯·戴斯凯拉克·德洛图尔本人的叙述见威基谒的 *Mémoire sur l'établissement de lignes télégraphiques en Chine*（Shanghai: Imprimerie Carvalho & Cie., 1875）；皮埃尔·亨利·斯坦尼斯拉斯·戴斯凯拉克·德洛图尔所著 *De la transmission télégraphique et de la transcription littérale des caractères chinois*（Paris: Typographie de J. Best, 1862）和 *Short Explanation of the Sketch of the Analytic Universal Nautical Code of Signs*（London: John Camden Hotten, 1863），还有戴斯凯拉克获得的美国专利 "Telegraph Signal"，U.S. Patent no. 39,016（June 23, 1863）。关于威基谒和戴斯凯拉克的生平简历，见亨利·科尔迪耶（Henri Cordier）载于《通报》(*T'oung Pao*) 10, no. 5（1899）488–489 页的文章《S. A. Viguier 威基谒》；*A Biographical Dictionary of the Sudan*（London: Cass, 1967），120–121 页上理查德·莱斯利·希尔（Richard Leslie Hill）撰写的词条 "Escayrac de Lauture, Pierre Henri Stanislas d', Count"；*Dictionnaire illustré des explorateurs et grands voyageurs français du XIXe siècle*. vol. 2, *Asie*（Paris: Editions du C.T.H.S., 1992）中热拉尔·夏里（Gérard Siary）撰写的词条 "Escayrac de Lauture (Pierre Henri Stanislas, comte d'), 1826–1868"。威基谒和张德彝的电码发表之后，又出了一些中文电码本，大多是对四位数代码格式的调整。我感谢约翰·麦克维伊（John McVey）2014 年与我在马萨诸塞州剑桥见面，并给我看了他私人收藏的电码本，其中有些（包括戴斯凯拉克的系统）已上传至他的网站供讨论：https://www.jmcvey.net/index.htm。

王景春的英文著述，包括他对西方铁路系统的研究以及对他在电报问题上的工作产生了影响的政治观点，见他发表在《美国政治学评论》(The American Political Science Review) 4, no. 3 (August 1910) 365-373 页上的文章 "Why the Chinese Oppose Foreign Railway Loans"、发表在《美国国际法杂志》(The American Journal of International Law) 5, no. 3 (July 1911) 653-664 页上的文章 "The Hankow-Szechuan Railway Loan"、发表在 The Journal of Race Development 3, no. 3 (January 1913) 268-285 页上的文章 "The Effect of the Revolution upon the Relationship between China and the United States"、他的博士论文 "Legislation of Railway Finance in England" (Ph.D. dissertation, University of Illinois, 1918)、发表在《中国社会及政治学报》(Chinese Social and Political Science Review) 24, no. 4 ((December 1940) 263-290 页上的《新汉字》(Hsinhanzyx)、发表在《外交事务》(Foreign Affairs) 8, no. 2 (January 1930) 294-296 页上的 "A Solution of the Chinese Eastern Railway Conflict"、发表在 The Annals of the American Academy of Political and Social Science 152 (November 1932) 266-277 页上的 "How China Recovered Tariff Autonomy"、发表在《外交事务》15, no. 4 (July 1937) 745-749 页上的 "China Still Waits the End of Extraterritoriality"、发表在 The Annals of the American Academy of Political and Social Science 168 (July 1933) 64-77 页上的 "Manchuria at the Crossroads"，和发表在《外交事务》12 (October 1933) 57-70 页上的 "The Sale of the Chinese Eastern Railway"。

"思想高速通道"：Quoted in Tom Standage, *The Remarkable Story of the Telegraph and the Nineteenth Century's On-line Pioneers* (New York: Walker and Co., 1998), p. 74。

最常用的字母：http://letterfrequency.org/letter-frequency-by-language/。

每个汉字要转换为：王景春, "Phonetic System of Writing Chinese Characters," *Chinese Social and Political Science Review* 12 (1929): 147。

年轻的中华民国：Shuge Wei, "Circuits of Power: China's Quest for Cable Telegraph Rights," *Journal of Chinese History* 3 (2019): 113-35。

他在一篇文章中：王景春, "The Hankow-Szechuan Railway Loan," *The American Journal of International Law* 5, no. 3 (July 1911): 653。

"我们要做的"：王景春, "Memorandum on the Unification of Railway Accounts and Statistics" (Beijing: n.p., 1913), pp. 4-5。

"中国将发展成为"：Dr. Ching-Chun Wang, Yale Graduate, Associate Director Pekin-Mukden Railway and Prominent among Chinese Progressives, Declares That China Wants to Deal with Straightforward American Business Men Who Don't Mix Business with Politics," *The New York Times* (November 10, 1912)。

该条款规定：C. C. Wang (王景春), "How China Recovered Tariff Autonomy," *The Annals of the American Academy of Political and Social Science* 152 (November

1930): 266-77。

一个月明无云的夜晚: Erik Baark, *Lightning Wires: The Telegraph and China's Technological Modernization, 1860—1890* (Westport, CT, London: Greenwood Press, 1997), p. 81。

在黎明前完工: Baark, *Lightning Wires*, p. 75。

"夷人只知上帝": 杨家骆主编《洋务运动文献汇编》第 6 册（台北: 世界书局，1963），第 330 页。

奇形怪状的字: Knud Lundbaek, "Imaginary Ancient Chinese Charaters," *China Mission Studies 1550—1800* 5 (1983): 5-22.。

相反，戴斯凯拉克开始着手: Stanislas d'Escayrac de Lauture, *Mémoires sur la Chine* (Paris, Librairie du Magazin pittoresque, 1865), pp. 74-75。

然后又学了汉语: "Hans Carl Frederik Christian Schjellerup," *Monthly Notices of the Royal Astronomical Society* 48 (February 10, 1888): 171-74。

1870 年 6 月: Letter from Schjellerup to Tietgen (April 19, 1870); Kurt Jacobsen, "Danish Watchmaker Created the Chinese Morse System," *NIASnytt* (Nordic Institute of Asian Studies) *Nordic Newsletter* 2 (July 2001): 15, 17-21。

他建议使用数字: S. A. Viguier, *Mémoire sur l'etablissement de lignes télégraphiques en Chine* (Shanghai: Imprimerie Carvalho & Cie., 1875)。

沉默寡言的年轻人: 张德彝,《随使法国记》(长沙: 湖南人民出版社，1982)，534-35 页。

两代西方专家学者: Baark, *Lightning Wires*, p. 85; Thomas S. Mullaney, *The Chinese Typewriter: A History* (Cambridge, MA: The MIT Press, 2017), p. 354, n. 70.。

因为电报按字母计费: "Ocean Telegraphy," *The Telegraphist* 7 (June 2, 1884): 87。

1854 年记录的: "Ocean Telegraphy," The Telegraphist 7 (June 2, 1884): 87。

人们在拼写中偷工减料: *Telegraph Age* (October 16, 1906), p. 526。

1884 年出版的: Anglo-American Telegraphic Code and Cypher Co., *Anglo-American Telegraphic Code to Cheapen Telegraphy and to Furnish a Complete Cypher* (New York: Tyrrel, 1891), pp. 70, 111。

电线出了故障: As cited in Steven M. Bellovin, "Compression, Correction, Confidentiality, and Comprehension: A Look at Telegraph Codes," paper presented at the Crytologic History Symposium, 2009, Laurel, MD。

电报公司不胜其烦: "Orthography and Telegraphy," *The Electrical Review* 59 (September 1906): 482。

第八条重申: William F. Friedman, *The History of the Use of Codes and Code Language, International Telegraph Regulations Pertaining Thereto, and the Bearing of This History on the Cortina Report* (Washington, D.C.: United States Government Printing Office,

1928), pp. 2–5。

这样的简约将是无与伦比的：A. C. Baldwin, *The Traveler's Vade Mecum; or, Instantaneous Letter Writer by Mail or Telegraph, for the Convenience of Persons Traveling on Business or for Pleasure, and for Others, Whereby a Vast Amount of Time, Labor, and Trouble Is Saved* (New York: A. S. Barnes and Co., 1853), p. 268。

有人呼吁：*Documents de la Conférence télégraphique internationale de Paris*, vol. 2 (Berne: Bureau International de l'Union, 1925), pp. 218–19。

10月9日：*Documents de la Conférence télégraphique internationale de Paris*, vol. 2, pp. 44–55。

"准许外国人享受"：*Documents de la Conférence télégraphique internationale de Paris*, vol. 1 (Berne: Bureau International de l'Union, 1925), pp. 426–27。

第四章

近代的汉字索引，或者说用于逻辑性存储和检索的汉字分类方法，起源于图书馆的目录制作。林语堂和其他人注意到了过去有些人为编制汉字索引所做的努力，那些人中还包括外国人，他们编纂过双语词典，却都一试即止。林语堂提到了几位试着按部首安排索引的人：出生在拉脱维亚的俄国佛学家奥托·奥托诺维奇·罗森堡（Otto Ottonovich Rosenberg）确定了日语汉字表；P. 波莱蒂（P. Poletti）出版了 *A Chinese and English Dictionary, Arranged According to Radicals and Sub-radicals*（Shanghai: American Presbyterian Press, 1896）；约瑟夫-马里·加略利（Joseph-Marie Callery）发表了两卷本的 *Systema phoneticum scripturae sinicae*（Macau: n.p., 1841）。关于林语堂的生平，有几本英文和中文的传记著作。然而，关于林语堂发明的中文打字机的信息摘自各种非文学来源，如关于他与理查德·沃尔什和赛珍珠的个人及职业关系的资料，还有他与默根特勒莱诺铸排机公司所做商业交易的记录。林语堂与赛珍珠和沃尔什的通信以及他最终发明的打字机的设计原理草图都存在普林斯顿大学收藏的 John Day 公司的档案里。林语堂和默根特勒莱诺铸排机公司的交易信息存在华盛顿特区美国国家历史博物馆的默根特勒莱诺铸排莱诺铸排机公司记录中。打字机的详细情况也见林语堂的女儿林太乙写的关于他的传记和回忆录《林语堂传》（台北：联经出版事业公司，1989），以及林语堂的自传《八十自叙》（台北：风云时代出版社，1989）。林语堂关于语文学和语言学的作品见《语言学论丛》（上海：上海书店出版社，1989），和石静远 *Sound and Script in Chinese Diaspora*（Cambridge, MA: Harvard University Press, 2010），49–79 页上的 "Lin Yutang's Typewriter"。

杜定友的全部著作载于 22 册的《杜定友文集》（广州：广东教育出版社，2012），但他论述图书馆学的一部早期文集仍然有所帮助：《杜定友图书馆学论文选集》(北京：书目文献出版社，1988)。王云五留下了大量著作，包括他的各种传播甚广的自传，其中与本章最相关的是《岫庐八十自述》(台北：商务印书馆，1967)。王云五的自述可以与关于20世纪20年代到40年代晚期汉字索引竞赛的众多报道对照来看，这些报道载于当时的几十种中文报刊，包括《民国日报》《教育周刊》《申报》《大公报》，还有各种省级图书馆刊物。这些刊物大多可在上海市档案馆查到。

"汉字不灭"：倪海曙主编的《鲁迅论语文改革》(上海：时代出版社，1949)，第10页。

他选择了一个看似无害无趣：林语堂在《新青年》第4期(1918) 128-35页上发表的《汉字索引之说明》。

"'排序'是"：胡适的《四角号码检字法序》，载于《胡适全集》第3册(合肥：安徽教育出版社，2003)，847-848页。

就连洗衣工：林语堂，*From Pagan to Christian* (Cleveland: World Publication Co., 1959), p. 35。

有人看到了：万国鼎，《各家新检字法述评》，载于《图书馆学季刊》第2期，no. 4 (1928)：46-79页。

整理出来的另一份清单：蒋一前的《中国检字法沿革史略及七十七种新简字法表》(未出版：中国索引社，1933)；马瀛的《综合检字法绪言》，载于《浙江省图书馆馆刊》第3期, no. 5 (1934)：29-54页；《综合检字法排字例言》，载于《浙江省图书馆馆刊》第3期, no. 6 (1934)：1-17页。

利用自己的地位：沈有乾，《"汉字排检"问题谈话》，《书人月刊》第1期, no. 1 (1937)：37-40页。

向外扩散：《四角号码检字法采用机关及出版物》，《同舟》第3期, no.9 (1935)：第7页。

每当有人问他：王云五，《我的生活与读书》，载于《我的生活与读书》(台北：Jinxue, 1970)，143-149页，尤其是143页。

早年的自学：王云五，《号码检字法（附表）》，载于《东方杂志》22, no. 12 (1925)：82-98页，特别是86-87页。

一家小学对比了：黄大伦，《部首检字法与四角号码检字法的比较试验报告》，《教育周刊》第177期 (1933)：27-43页。

1928年：温梓川，《张凤的面线点》，载于《文人的另一面》(桂林：广西师范大学出版社，2004)，18-20页。

显然思考得周到透彻：张凤，《张凤形数检字法》，载于《民铎杂志》第9期, no. 5 (1928)：1-11页；Qi Feng,《张凤形数检字法》，《民国日报》(1928年9月3日)，第1版

"张凤可杀"：张凤,《张凤形数检字法》, 1-2 页。王云五在一次公开演讲中, 自称"臭虫", 因为他家里的电话号码和汉字"臭"的四角号码一样。See Shi Yanye, "Shuqi yanjiu suo zhi chigua dahui," *Shenbao* (August 6, 1928), p. 17。

走街串巷推销：温梓川,《张凤的面线点》, 第 19 页。

按照合同规定, 林语堂：王云五,《检字法与分类法》, 载于《岫庐八十自述》（台北：商务印书馆, 1967）, 85-96 页, 特别是 91-92 页。

后来, 王云五坚称：王云五,《检字法与分类法》, 85-96 页, 特别是 91-92 页。

承认了林语堂对笔画的研究：Cf. 王云五, *Wong's System of Chinese Lexicography: The Four-Corner Numeral System in Arranging Chinese Characters* (Shanghai: The Commercial Press, 1926), pp. 7-8; *Wong's System for Arranging Chinese Characters* (Shanghai: The Commercial Press, 1928)。

时隔几十年：林语堂, "Invention of a Chinese Typewriter," *Asia and the Americas* 46 (1946): 58-61, esp. 60。

纺织工人都说：杜定友,《汉字形位排检法》（上海：中华书局, 1932）。

接下来的 72 小时内：杜定友,《图书与逃命》, 载于《国难杂作》（广州：未出版, 1938）, 第 2 页。

别的人恳求说：杜定友,《图书与逃命》, 第 2 页。

关于使用汉字作索引的论文：杜定友,《汉字形位排检法》（上海：中华书局, 1932）。

把每个字视为：杜定友,《谈"六书"问题》（上海：东方书店, 1956）。

每人只有大约：杜燕,《慈父杜定友回忆录》, 载于《杜定友文集》第 22 册（广州：广东教育出版社, 2012）, 385-386 页。

于是, 杜定友设计了：Ding U Doo（杜定友）, "A Librarian in Wartime," American Library Association Bulletin 38, no. 1 (1944): 5。

并且能转换成：Ding, "A Librarian in Wartime," p. 5。

"用智于善"：杜定友,《抗建时期业务艺术》,《杜定友文集》第 11 卷（广州：广东教育出版社, 2012）, 第 299 页。

一个试点项目：Charles Knowles Bolton, *American Library History* (Chicago: American Library Association Publishing Board, 1911), p. 6。

以写给爱人的情书的口吻：杜定友,《我与圕》, 载于《杜定友文集》第 21 册（广州：广东教育出版社, 2012）, 151-159 页。

美国空军把林语堂的键盘交给了：W. John Hutchins, ed., *Early Years in Machine Translation: Memoirs and Biographies of Pioneers* (Amsterdam, Philadelphia: J. Benjamins, 2000), pp. 21-72, 171-76。

第五章

关于20世纪50年代汉字简化和拼音罗马化的语言政策,从个人叙述到中国共产党官方文件,各种材料汗牛充栋。一个尚未得到充分利用的信息来源是台湾国民党档案馆的资料,那些资料在斯坦福大学胡佛研究所存有一份微缩胶卷的副本。档案中有吴玉章关于设计汉语罗马字系统的手稿和手写笔记,包括他自己的方案草稿。文字改革委员会出版的重要系列丛书包括《拼音文字史料丛书》。关于国语罗马字和拉丁化新文字之间的斗争有详细记录,不过却是分散埋藏在各种资料中,包括报刊、小册子、调查、政府文件、地方政府报告、语言改革者的回忆录、文学作品等等。周有光的全部作品载于15册的《周有光文集》(北京:中央编译出版社,2013)中,对了解这方面的情况很有帮助。瞿秋白、吴玉章、赵元任、黎锦熙和钱玄同等关键人物的全集或选集同样有帮助。1949年后海峡两岸的看法鲜明地反映了对这段历史以政治和意识形态划界的僵硬叙事。国民党方面有代表性的观点见魏建功共5册的《魏建功文集》(南京:江苏教育出版社,2001)。最近的一篇论汉语拉丁化和苏联突厥民族扫盲运动的论文从亚欧大陆角度提出了新的见解。见Ulug Kuzuoglu, "Codes of Modernity: Infrastructures of Language and Chinese Scripts in an Age of Global Information Revolution" (Ph.D. dissertation, Columbia University, 2018)。要了解苏联语言政策推动汉语拉丁化的背景,可参阅Terry Martin, *Affirmative Action Empire: Nations and Nationalism in the Soviet Union, 1923—1939* (Ithaca, London: Cornell University Press, 2001); Michael G. Smith, *Language and Power in the Creation of the U.S.S.R., 1917—1953* (Berlin, New York: Mouton de Gruyter, 1998); A. G. Shprintsin, "From the History of the New Chinese Alphabet," in D. A. Olderogge, V. Maretin, and B. A. Valskaya, eds., *The Countries and Peoples of the East: Selected Articles* (Moscow: Nauka Publishing House, 1974); M. Mobin Shorish, "Planning by Decree: The Soviet Language Policy in Central Asia," *Language Problems and Language Planning* 8, no. 1 (Spring 1984): 35–49。1930年到1937年那段重要时期里,苏联出版了一些教授拉丁化新文字的材料,书目见史萍青的《1930年到1937年在苏联出版的北方话拉丁化新文字读物的目录》,载于《文字改革》第21期(1959)第10页。关于东干语的重要研究包括Mantaro Hashimoto, "Current Development in Zhunyanese (Soviet Dunganese) Studies," *Journal of Chinese Linguistics* 6, no. 2 (June 1978): 243–67; Svetlana Rimsky-Korsakoff Dyer, V. Tsibuzgin, and A. Shmakov, "Karakunuz: An Early Settlement of the Chinese Muslims in Russia," *Asian Folklore Studies* 51, no. 2 (1992): 243–78。关于十娃子生平的主要英文著作是Rimsky-Korsakoff Dyer, *Iasyr Shivaza: The Life and Works of a Soviet Dungan Poet* (Frankfurt am Main, New York: P. Lang, 1991)。也见石静远的"Romanization without Rome: China's Latin New Script and Soviet Central Asia," in Eric Tagliacozzo, Helen

F. Siu, and Peter C. Perdue, eds., *Asia Inside Out: Connected Places* (Cambridge, MA: Harvard University Press, 2015), pp. 321–53。

对中国语言改革运动的英文总结，见德范克（John DeFrancis）, *Nationalism and Language Reform in China* (Princeton, NJ: Princeton University Press, 1950); *The Chinese Language: Fact and Fantasy* (Honolulu: University of Hawaii Press, 1984); *In the Steps of Genghis Kahn* (Honolulu: University of Hawaii Press, 1993)。从已故的德范克的学术著作中可以看出，他坚定支持汉语罗马化。我很感激他在去世一年前的2008年和我在他位于火奴鲁鲁的家——Uluwehi Place 的交谈。

第一个具体的汉字简化建议："我们唯一的目标是减少汉字的笔画，所以，只要符合这一标准，无论是从古字、白话字、原字、外来同源字、楷书或草书都可以。"钱玄同，《减省汉字笔画的提议》，《新青年》第 7 期, no. 3（1920）：第 114 页。

简体字的使用：《关于汉字简化工作的报告》，载于《第一次全国文字改革会议文件汇编》（北京：文字改革，1957），20–37 页。

一位语言学家回忆说：殷焕先，《热烈欢迎汉字简化方案草案》，载于吴玉章《简化汉字问题》（北京：中华书局，1956）。

发表了一版：《排字工人是文字改革的促进派》，载于《工农兵是文字改革的主力军》（北京：文字改革，1975），1–8 页。

文盲率开始下降，到 1982 年：http://uis.unesco.org/en/country/cn。

"爱"：https://web.shobserver.com/wx/detail.do?id=114364。

他们说，简体的"爱"：https://zhuanlan.zhihu.com/p/26480178。

"我听说"：Quoted in David Porter, *Ideographia: The Chinese Cipher in Early Modern Europe* (Stanford, CA: Stanford University Press, 1991), p. 77。

表达得十分生动：故事的英文翻译与评论见 Wolfgang Behr, "In the Interstices of Representation: Lucid Writing and the Locus of Polysemy in the Chinese Sign," in Alex de Voogt and Irving Finkel, eds., *The Idea of Writing : Play and Complexity* (Leiden, Boston: Brill, 2010), pp. 283–36。

一位苏联塔吉克诗人解释说："When the Latin letters adorned the new alphabet / Soon the demand became slow for the Arab alphabet / In the scientific era the new alphabet is like a plane / The Arabic alphabet is like a weak donkey in pain." As quoted in M. Mobin Shorish, "Planning by Decree: The Soviet Language Policy in Central Asia," *Language Problems and Language Planning* 8, no. 1 (Spring 1984): 39。

1931 年到 1936 年：聂绀弩，《从白话文到新文字》（北京：北京中献拓方科技发展有限公司，2007）。

在此方面，俄罗斯人：See Ulug Kuzuoglu, "Codes of Modernity: Infrastructures of Language and Chinese Scripts in an Age of Global Information Revolution" (Ph.D. dissertation, Columbia University, 2018), pp. 241–89, 292–324。

"没有克服不了的困难"：Quoted in A. G. Shprintsin, "From the History of the New Chinese Alphabet," in D. A. Olderogge, V. Maretin, and B. A. Valskaya, eds., *The Countries and Peoples of the East: Selected Articles* (Moscow: Nauka Publishing House, 1974), p. 335。

在 1929 年的草案中：瞿秋白，《中国拉丁化的字母》，载于《瞿秋白文集》，第 3 册（北京：人民文学出版社，1989），第 354 页。

重新引进中国，不到一年：倪海曙，《中国拼音文字运动史简编》（上海：现代书报，1948），150–172 页。

他们说，需要：Terry Martin, *The Affirmative Action Empire: Nations and Nationalism in the Soviet Union, 1923—1939* (Ithaca, London: Cornell University Press, 2001), pp. 199–200。

委员马叙伦：费锦昌和王凡的《中国语文现代化百年记事》（北京：语文出版社，1997），第 171 页。

既然这是为人民开展的语言运动：《中国文字改革研究会秘书处拼音方案工作组》，载于《各地人士寄来汉语拼音文字方案汇编》（北京：中国文字改革研究会秘书处拼音方案工作组，1955）。

光是第一年：《拼音字母为扫盲和推广普通话开辟了捷径》，《人民日报》（1959 年 4 月 5 日）。

第六章

要了解支秉彝的经历和他发明的"见字识码"输入法的详细情况，可以综合报纸报道以及他自己的论文、采访记录和文章中披露的信息：《汉字进入了计算机：支秉彝创造"见字识码"法的事迹》，《文汇报》（1978 年 7 月 19 日）；支秉彝和钱锋的《"见字识码"汉字编码方法及其在计算机实现》，载于中国语文编辑部主编的《汉字信息处理》（北京：新华出版社，1979），28–53 页；支秉彝和钱锋的《浅谈"见字识码"》，《自然杂志》第 1 期，no.6（1978）：350–353 页、第 367 页；支秉彝，《汉字编码问题》，载于《科学》第 3 期（1981）：7–9 页。关于"748 工程"和中国计算机产业的英文信息很少。Qiwen Lu, *China's Leap into the Information Age: Innovation and Organization in the Computer Industry* (New York, Oxford: Oxford University Press, 2000) 一书中有一章是讲方正集团的。本书关于这一过程的叙述来自亲身参与过"748 工程"的设计或执行的一些人的第一手证词：纪念"748 工程"二十周年工作组主编的《"748 工程"周年纪念文集》（北京：未发表，1994）。存于北京大学图书馆的这套文集是为了纪念方正集团创办 20 周年撰写的。文集包括了大约 50 个人的叙述，他们作为工程师、决策者、管理人或科学家是"748 工程"的亲历者。一个重要的辅助性信息来源是从 20 世纪 70 年代晚期到 80 年代晚期的历次全国汉字编码学术交流会的众多会议记录，第一届全国汉字编码学术交流会于 1978 年 12 月在青岛举办。耶鲁大学的博士研究生 Bo An 正在写关于中国计算机发展史的第一篇英文博士论文。我感谢他和我谈话并就这些材料向我提供了帮助。新华社讲述过自己希望获得并发展的不同印刷技术，这样的叙述是关于印刷技术自动化的有用的信息来源：孙宝传，《插翅飞翔：新华社通信技术发展纪实》（北京：新华出版社，2015）。20 世纪 70 年代中美之间各种学术或工业科学交流产生了十余份英文访问报告。这些报告包括：F. E. Allen and J. T. Schwartz, "Computing in China: A Trip Report" (July 1973), unpublished; "Computing in China: A Second Trip Report" (October 1977), unpublished; H. Chang, Y. Chu, and H. C. Lin, "Report of a Visit to People's Republic of China" (April 14, 1975), unpublished; T. E. Cheatham, W. A. Clark, A. W. Holt et al., "Computing in China: A Travel Report," Science 182 (October 12, 1973): 134–40; B. J. Culliton, "China's 'Four Modernizations' Lead to Closer Sino-U.S. Science Ties," Science 201 (August 11, 1978): 512–13; H. L. Garner, Y. L. Garner et al., eds., "Report of the IEE Computer Society Delegation to China" (January 1979), unpublished; H. L. Garner, "1978: Computing in China," Computer (March 1979): 81–96; R. L. Garwin, "Trip Report of a Visit to China" (1974), unpublished。

王选的中文传记多如牛毛，本章从他本人的回忆录和他的技术性学术论文中摘取了资料。王选的中文著述丰富，但关于他的研究的英文资料却少之又少，那时中华人民共和国的大部分科学研究都是如此情形，见王选和其他人合著"A High Resolution Chinese Character Generator," Journal of Computer Science and Technology 1, no. 2 (1986): 1–14。王选的中文著作见 http://www.wangxuan.net/。

关于李凡生平的详细资料，我要感谢李凡原来的同事查尔斯·巴尼奥斯奇（Charles Bagnoschi）帮我找到了住在得克萨斯州奥斯汀的他的女儿格洛丽亚·李。我感激格洛丽亚慷慨地让我看了她父亲的私人信件，还对我回忆了她的家庭情况。有关 "Sinotype" 的发明，包括它的起源、发展、制造、销售、技术规范、当时的环境在内的文件收藏在麻省理工学院特别收藏的图形艺术研究基金会档案中。后来 RCA 按照与美国陆军 Natick 研究实验室的合同对 "Sinotype" 所做调整适用（成为汉字照排机）的记录存于特拉华州威尔明顿（Wilmington）的哈格利图书馆。五角大楼工作组的内部备忘录和五角大楼借助 "Sinotype" 在中文打印技术领域抢在中国前面的计划（最终没有落实）收藏于堪萨斯州阿比林（Abilene）的德怀特·D.艾森豪威尔总统图书馆，在"白宫办公室，国家安全委员会工作文件，1948—1961"项下。关于早期纽约卡内基公司对图形艺术研究基金会的赞助，详细情况存于哥伦比亚大学图书馆珍本和手稿部。我感谢档案管理员詹妮弗·S.科明斯（Jennifer S. Comins）为我提供的超出她职责范围的出色协助。

注释—255

他被戴上了：支秉彝后来的遭遇来自报纸报道和他在采访中的回忆。见《汉字进入了计算机》,《文汇报》(1978年7月19日)；支秉彝和钱锋的《浅谈"见字识码"》,《自然杂志》第1期，no. 9 (1978): 350-353页，第367页；支秉彝的《汉字编码问题》,《科学》第3期 (1981): 7-9页。

王选需要以一种简洁明了的方法：王选、吕之敏、汤玉海和向阳，《高分辨率汉字字形在计算机中的压缩表示及字形点阵的复原设备》,《1983年中文信息处理国际研讨会论文集》，北京，1983年10月12-14日，第2册，71-92页。该研讨会由CIPSC和联合国教科文组织共同赞助。

几个月后，李凡：Francis F. Lee, "A Chinese Typesetting Machine," Quarterly Progress Report, Research Laboratory of Electronics (April 15, 1953), pp. 69-70。

"自从中文机器的合同完成后": Letter from W. W. Garth to Vannevar Bush, dated November 2, 1960, Manuscript Library, Columbia University。

"符号处理的课题": Francis F. Lee's private correspondence with his daughter, Gloria Lee, dated February 28, 2018。

北京大学及其下属单位：1980年2月22日江泽民的信，收于纪念"748工程"二十周年工作组主编《"748工程"二十周年纪念文集》(北京：未发表，1994)。

第七章

本章几乎全部基于访谈和实地调查，并吸收了参与了20世纪70年代初步讨论的一些东亚人士的回忆。台湾地区的角度见谢清俊和黄克东的《国字整理小组十年》(台北：资讯应用国字整理小组，1989)。日本的角度见Tatsuo Kobayashi, *Yunikōdo senki: moji fugō no kokusai hyōjunka batoru* (Tokyo: Denki Daigaku Shuppankyoku, 2011)。统一码联盟和表意文字工作组的代表给了我重要的指点，令我受益匪浅，他们是：陆勤、肯·伦德、米歇尔·叙尼亚尔（Michel Suignard)、李·科林斯、乔·贝克尔、Eiso Chan、Wang Yifan、Tao Yang、Tseng Shih-Shyeng、塞莱娜·魏（Selena Wei）和Ngô Thanh Nhàn。我感谢曾先生与我分享他的私人文件，里面记录了早期台湾地区就汉字信息交换码所做的编码工作。我深深地感激陆勤和李·科林斯对我慷慨相助，并给我介绍了这项工作中的关键人物，也要感谢Eiso Chan和Tao Yang后来与我的交谈，使我大为获益。表意文字工作组准许我参加它2018年的河内会议和2020年的深圳会议。关于统一码总的情况，见https://home.unicode.org/。专业人士张贴最新技术发展和参与进程的网站是https://www.unicode.org/main.html。汉字统一历史见"Appendix E: Han Unification History"，http://www.unicode.org/versions/Unicode13.0.0/appE.pdf。另一个经常参照的来源是肯·伦德的标准著作*CJKV Information Processing* 2nd ed. (Sebastopol, CA:

O'Reilly, 2008）。该书是为计算机编程者撰写的，但也含有对外行人有用的信息。同样有用的还有 Huang Kedong et al., *An Introduction to Chinese, Japanese and Korean Computing* (Singapore, Teaneck, NJ: World Scientific, 1989); William C. Hannas, *Asia's Orthographic Dilemma* (Honolulu: University of Hawaii Press, 1997); Viniti Vaish, ed., *Globalization of Language and Culture in Asia: The Impact of Globalization Processes on Language* (London, New York: Continuum, 2010); Daniel Pargman and Jacob Palme, "ASCII Imperialism," in Martha Lampland and Susan Leigh Star, eds., *Standards and Their Stories: How Quantifying, Classifying, and Formalizing Practices Shape Everyday Life* (Ithaca, NY: Cornell University Press, 2009）。我感谢 Karen Smith-Yoshimura 和 John W. Haeger 谈了他们对研究图书馆组织早期工作的回忆。该组织的原始文件可见斯坦福大学特别收藏的研究图书馆组织的记录。统一码的创立以及它早期与国际标准化组织斗争的整个历史与本章内容有关联，但说到底还是超出了本章的范围。统一码那令人着迷的历史，特别是统一码联盟成立前的早期历史，至今仍无人撰写。汉字字体设计专家——Chris Wu、Caspar Lam 和 Eric Liu——不吝赐教，他们对我阐述的卓见未能全部反映在本章之中，但我对他们改进汉字字体始终不变的决心满怀钦佩。

世界各地的华侨社区中，对汉字形式的各种实验和文化上的尊敬到处可见。马来西亚的华人作家和知识分子近年来著述尤其丰富。对他们来说，怀疑汉字遗产是对泛华身份的一种挑战。见张贵兴和黄锦树的作品。当代中国艺术中对汉字新颖的再创作包括出生在古巴的邝美云（Flora Fong）这样的海外华人艺术家的作品。她的作品，如 *Chino en las Américas* (2010) 和 *Cucú, baja, Cucú, baja* (2019) 利用汉字的图画性质讲述了流散海外的故事。2019 年 9 月，邝美云在古巴哈瓦那的家里和画室接待了我，对此我深表感谢。也应把当代艺术对汉语文字的再创造与历史上外国人挪用汉语文字的先例（见第一章的注释）做个比较，后者同样极具创造性。

关于围绕孔子学院的争议，见 Marshall Sahlins, "China U," The Nation (October 29, 2013); "McCaul Statement on the Biden Administration's Withdrawal of a Proposed Rule on Confucius Institutes" (February 9, 2021); "China Task Force Report," U.S. House of Representatives (September 2020), https://gop-foreignaffairs.house.gov/wp-content/uploads/2020/09/CHINA-TASK-FORCE-REPORT-FINAL-9.30.20.pdf；Jan Petter Myklebust, "Confucius Institutes Close as China Relations Deteriorate" (May 16, 2020), https://www.universityworldnews.com/post.php?story=20200513092025679，以及中国的回应，https://sverigesradio.se/artikel/74496。

台湾地区的人也许：http://www.newhua.com/2020/0714/351298.shtml。
第一套得到广泛认可的编码标准：控制代码具有指令功能，如移动托纸盘以使装置开始新的一行；有些代码是打字时代遗留下来的。

光是 20 世纪 60 年代那个十年：*East Asian Libraries—Problems and Prospects: A Report and Recommendations* (ACLA, 1977), p. 5。

把这些藏书数字化：*Library of Congress Information Bulletin 1982*, appendix, p. 95; Chi Wang, *Building a Better Chinese Collection for the Library of Congress* (Lanham, MD: The Scarecrow Press, 2012), p. 98。

"解决问题"：*Automation, Cooperation and Scholarship: East Asian Libraries in the 1980's: Final Report of the Joint Advisory Committee to the East Asian Library Program* (Washington, D.C.: The American Council of Learned Societies, 1981), p. 24。

在汉语语汇中早已存在：沈克成，《书同文：现代汉字论稿》（上海：锦绣文章出版社，2008）。

他们想把简体字：Weiying Wan et al., "Libraries and Institutions," *Journal of East Asian Libraries* 63 (1980): 17–18。

"龙翔在天"：《名字用生僻字 69 字库打不出，民警建议用常用字》，www.anfone.com；《总在证明"我是我"，生僻字统一字库到底有多难？》，http://xinhuanet.com/politics/2017-05/12/c_1120958591.htm。

越南人对汉字在本国千年传承的态度：Alexander Woodside, "Conceptions of Change and Human Responsibility for Change in Late Traditional Vietnam," in D. K. Wyatt and A. B. Woodside, eds., *Moral Order and the Question of Change: Essays on Southeast Asian Thought* (New Haven, CT: Yale University Press, 1982), p. 104。

在 1988 年最初提出统一码主张的文件中：Joe Becker, Unicode 88 (Palo Alto, CA: Xerox Corporation, 1988), p. 5。

使中国认识到基础设施建设无比重要：https://www.wsj.com/articles/from-lightbulbs-to-5g-china-battles-west-for-control-of-vital-technology-standards-11612722698。

中国不是铺设：Jonathan E. Hillman, *The Emperor's New Road: China and the Project of the Century* (New Haven, CT; London: Yale University Press, 2020), p. 24。